성경에 기록된 홍수는 창조 못지않게 많은 질문을 일으키는 사건이다. 성경에 기록된 지구적 홍수가 정말로 발생했을까? 성경의 홍수 이야기는 다른 지역의 홍수 신화와 어떻게 다른가? 홍수 이야기가 주는 메시지는 무엇인가? 이 책은 17개의 명제를 통해 역사, 과학, 신학의 관점에서 성경의 홍수 이야기를 분석한다. 이 책의 저자들은 홍수 '사건'이 아니라 그에 대한 성경 '기록'이 영감된 것임을 주장하고, 그 영감된 기록이 입은 문학적 옷이 어떤 모양과 색깔인지 설명하고, 영감된 말씀을 통해 전달되는 신학적 메시지를 탐구한다. 홍수 이야기의 역사성에 대해 문제 의식을 가진 사람들은 이 책에 제시된 접근과 통찰들을 통해 큰 도움을 받을 수 있을 것이다.

김구원 | 서양고대문화사학회 연구 이사

이 책은 창세기 6-9장을 고대 근동의 유사, 병행문서들이 그려내는 고대 근동인들의 세계 이해라는 큰 맥락에서 읽고 해석하려는 시도다. 그동안 창세기 원역사(1-11장) 해석에서 두 가지 극단적인 갈래가 논쟁을 이어왔다. 창세기의 신학적 고유성과 독특성을 아예 무시하고 고대 근동의 세계 기원론의 일부로 창세기를 격하시키는 종교사학파와 창세기의 신학적 고유성과 독특성을 과장하는 미국 성서신학운동(1950년대)이 그것이다. 본서는 이 양극단을 잘 아우르면서도 창세기 노아 홍수 설화의 신학적 고유성과 독특성을 부각시키는 데 고대 근동의 유사, 병행문서(아트라하시스, 길가메시 서사시 등)를 적절하게 활용한다. 이 책을 읽고 나면 창세기 노아 홍수 이야기가 얼마나 잘 교직된, 현대 독자들에게 여전히 적실성 있는 교훈을 제시하는지를 깨닫게 될 것이다.

김회권 | 숭실대학교 기독교학과 구약학 교수

『노아 홍수의 잃어버린 세계』는 숨겨진 고대 왕국을 찾아 나선 노련한 탐험가의 보고서다. 고대 근동과 성경에 정통한 인디아나 존스 존 월튼과 트렘퍼 롱맨이 한 팀이 되었다. '잃어버린 세계 시리즈'의 기본 입장이 여기서도 반복된다. 창세기 1-11장의 문맥 안에 있는 홍수 이야기(창 6-9장)는 고대 근동이라는 문화적 강에서 사용되는 문예적 도구(수사적 장치)를 사용하여 기록된 신학적 메시지라는 것이다. 홍수 이야기는 분명 역사적 사실에 기반을 두었지만, 단순히 역사적 사실을 전달하는 것이 목적이 아니다. 저자들은 한목소리로 현대적 역사 실증주의 렌즈로 고대 문헌을 읽는 어리석음에서 벗어나야 한다고 주장한다. 홍수 이야기는 신학적 역사다. 즉 하나님께서 홍수를 초래한 무질서를 극복하고 홍수 후의 새로운 질서를 확립하신다는 신학적 메시지를 문예적으로 그려낸 것이 홍수 이야기다. 이를 위해 수사학적 장치로서 과장된 언어 사용이 고대 근동 문헌의 인습인 점을 반복적으로 강조한다. 이와 함께 저자들은 현대의 홍수 지질학 논쟁이 고대 근동 문헌으로서 구약성경의 기본적 특성을 잘못 다루지 않아야 한다는 경고를 잊지 않는다. 신뢰할 만한 전문 학자의 주장이다. 재미있고 흥미진진하다. 전통적 사고를 뒤흔든다. 성경 해석의 진수를 보여준다. 사이비 과학에 찌든 영혼에 충격파가 클 것이다. 목회자와 신학도에게 정독해 볼 것을 권한다.

류호준 | 백석대학교 신학대학원 은퇴 교수

노아 홍수에 대한 이해는 늘 논쟁거리가 되어왔다. 노아 홍수는 문자적으로 읽는 근본주의적 성서 읽기와 문학적인 허구인 신화로만 받아들이는 극단적인 비평주의적 성서 읽기라는 양극단의 볼모로 잡혀 있다. 반갑게도 저자들은 이러한 양극단과 다른 길을 모색한다. 창세기 6-9장을 '신학적 역사'로 간주하고, 역사적 홍수 사건이 실제로 존재했을 것으로 주장한다. 그러나 한 번의 국지적인 엄청난 대홍수가 수사적인 목적과 신학적인 이유로 의도적으로 과장되어 현재와 같은 전 지구적 홍수로 묘사되었다고 본다. 창세기 1-11장은 비유적인 언어를 사용하여 과거의 실제 사건들에 대하여 신학적으로 진술하고 있다는 것이다. 이와 더불어 지질학자의 홍수에 관한 전문적인 연구 결과도 포함하여 노아 홍수에 대하여 보다 객관적으로 이해하는 데 도움을 준다. 이를 통해서 건전한 과학과 종교는 서로를 공격하거나 배제하지 않고, 오히려 상호 정화하는 기능을 갖고 있음도 설득력 있게 논증한다. 이 책은 '잃어버린 세계' 시리즈에 속한, 또 하나의 걸작이다. 이 책의 의도는 본문에 대한 유일무이한 정확한 해석을 제공하려는 것이 아니다. 다만 본문과 씨름할 때 도움이 되는 정보를 제공하는 선에서 만족한다. 특히 근본주의적이고 문자적인 성서 읽기에 의해서 왜곡되고 상실되어버린 노아 홍수의 참된 모습과 의도에 근접하는 데 큰 도움이 될 것이다.

차준희 | 한세대학교 구약학 교수, 한국구약학회 회장 역임, 한국구약학연구소 소장

『노아 홍수의 잃어버린 세계』는 진지한 성경 독자들 앞에 본문 자체에 대한 일관된 고찰, 홍수 내러티브에 담긴 과장법에 대한 솔직한 태도, 홍수 이야기를 고대 근동의 배경 속에 멋지게 배치시켜 설명하는 모습, 본문의 신학적 가치에 대한 심오한 이해, 성경을 하나님의 말씀으로 읽는 방법의 귀한 본보기를 제시한다. 멋지고 견실한 성과다.

스캇 맥나이트 | 노던 신학교 줄리어스 R. 맨티 신약학 석좌 교수

성경의 홍수 이야기에 대한 '상식적' 해석은 거의 한 세기 전에 '홍수 지질학'이 시작된 이래로 사면초가에 빠졌다. 그 대신 좋은 의도를 품은 많은 기독교인이 성경의 진리를 옹호하기 위한 시도로 성경 본문과 지질학 분야를 함께 황폐화시켰다. 『노아 홍수의 잃어버린 세계』에서 롱맨과 월튼은 빈약한 성경 해석과 그에 못지않게 빈약한 과학에 바탕을 둔 창세기 6-9장의 해석으로부

터 성경의 권위를 되찾아오는 데서 장족의 발전을 이루었다. 저자들은 확고하지만 부드러운 손길로 독자들을 고대 이스라엘의 세계로 인도하며 성경의 권위를 높이고 지질학적인 문제에 대한 과학의 일치된 견해를 존중하는 성경의 홍수 이야기에 대한 해석을 내놓는다.

카일 그린우드 | 콜로라도 기독교 대학 구약 및 히브리어 담당 조교수

고대 근동과 성경을 연구하는 두 학자가 한 지질학자와 의기투합하여 '성경의 노아 홍수의 성격과 범위는 무엇이었는가?'라는 창세기의 곤혹스러운 문제를 다룬다. 그들은 명확성과 논리로 전통적인 복음주의 '정통'과는 다르지만 반박하려면 똑같이 명확성과 논리로 다룰 필요가 있는 입장을 제시한다.

데이비드 W. 베이커 | 애시랜드 신학교 구약학 및 셈어 담당 교수

『노아 홍수의 잃어버린 세계』에서 존 월튼과 트렘퍼 롱맨 3세는 '잃어버린 세계' 시리즈에 속한 월튼의 이전 책에 뒤이어 이번에는 창세기 6-11장의 홍수와 바벨탑 이야기를 그 이전 장들과 아브라함, 심지어 신약에 기록된 사건 및 설교와 연결시킨다. 월튼과 롱맨은 아브라함 이전의 창세기 내러티브에 관한 메소포타미아의 지리적·문화적 배경을 살펴본다. 그들은 창세기의 처음 몇 장에서 선별된 역사적 삽화들이 수사적으로 구성되어 신중하게 사용되었음을 입증한다. 의미심장하게도 월튼과 롱맨은 창세기에서 그 문화적 배경을 사용하는 데 있어서 과장된 언어가 수행하는 역할을 입증한다. 그렇게 함으로써 두 사람은 노아 홍수가 전 지구적인 규모의 대재앙이 아닌 중요한 지역적 사건과 관련된 것이 분명한 이유를 설명한다. 그리고 원 계시의 독자들을 무시하는 이들은 월권행위를 하고 있다고 강하게 주장한다. 그들의 말이 옳다면, 전 세계적인 지진 해일 같은 홍수가 존재했다고 말하는 이들의 여러 주장은 기껏해야 자신감이 지나친 것이고 최악의 경우 사람들을 호도하는 것

이다. 월튼과 롱맨은 노아 내러티브에 대한 통찰력 있는 접근과 유익한 논의로 인해 많은 칭찬을 받아 마땅하다.

랠프 스털리 | 칼빈 대학 지리학 및 환경학 교수

저자들은 믿음을 더욱더 굳세게 하기 위해 논란이 되는 주제에 대해 깊이 파고드는 독자들에게 '잃어버린 세계' 시리즈의 또 다른 탁월한 책을 내놓았다. 이 책은 이해를 추구하는 믿음의 본보기가 되는 모든 이들에게 큰 도움이 될 것이다.

빌 T. 아놀드 | 애즈베리 신학교 폴 S. 에이모스 구약 해석학 교수

성경의 '잃어버린 세계'의 인디아나 존스인 존 월튼이 또다시 해냈다! 월튼은 창세기 1장, 성경, 아담과 하와의 '잃어버린 세계'에 담긴 고대 근동의 문화적 풍경 속에서 덤불을 헤치고 지형을 살펴본 뒤 『노아 홍수의 잃어버린 세계』의 지형도를 작성한다. 이 여행에서 월튼의 동반자는 구약학자 트렘퍼 롱맨과 지질학자 스티븐 모쉬어다. '잃어버린 세계'로 들어가는 이전의 모험에서와 같이 롱맨과 월튼은 성경에 대한 복음주의적인 진지한 관점을 바탕으로 일련의 명제들로 자신들의 연구 결과를 제시한다. 그들은 창세기의 홍수 내러티브와 하나님의 아들들 및 바벨탑 내러티브에 대한 해석에 고대 근동의 문화적 배경에서 얻은 통찰을 적용하며 이러한 배경은 이스라엘과 그 이웃 나라들의 공통된 배경이었다고 주장한다. 또한 신적인 임재와 관련해서 무질서, 질서, 혼란을 모두 포함하는 주제가 이 이야기들의 핵심이라고 결론짓는다. 본질적으로 이 익숙한 이야기들은 중요한 지역적 홍수와 같은 실제 역사적 사건에 뿌리를 두고 있지만 하나님의 임재에 대한 중요한 신학적 주장을 펼치기 위해 과장을 수반하는 비유적인 언어로 묘사되었다. 저자들은 이 이야기들의 의도가 역사적 사건 그 자체를 재구성하기 위한 정보를 제공하려는

것이 아니었다고 주장한다. 그런 주장을 뒷받침하기 위해 모쉬어는 창세기에서 지구의 화석층 대부분을 퇴적시킨 1년간 계속된 전 세계적인 홍수가 있었다고 가리키는 관점인 홍수 지질학에 대한 지질학적 비판을 제기한다. 『노아 홍수의 잃어버린 세계』는 '잃어버린 세계' 시리즈의 모든 팬, 특히 창세기 1-11장을 현대 과학의 배경에서 이해하려 하는 모든 이에게 필독서다. 이 책은 창의적이고 생각을 자극하는 제안과 통찰의 보고이며 재미있게 읽을 수 있다.

데이비스 A. 영 | 칼빈 대학 지질학 명예 교수

성경을 읽는 많은 독자들은 전설처럼 보이는 창세기 1-11장의 이야기를 어떻게 이해해야 할지 난감해한다. 월튼이 이전에 쓴 '잃어버린 세계'의 다른 책들과의 연장선상에서 롱맨과 월튼—둘 다 창세기 주석을 쓴 적이 있다—은 홍수 내러티브를 창세기 1-11장의 보다 큰 이야기의 일부로, 다른 고대 근동 문헌을 배경 삼아 읽는 데 필요한 예리한 지침을 제공한다. 그들은 많은 독자들이 본문에 끌어들이는 과학과 역사에 관한 현대적인 질문에 주목하면서 홍수 이야기가 어떤 종류의 문학인지에 초점을 맞추고 이 이야기의 신학적 주장을 더 잘 이해하도록 도와준다. 이 주장들은 고대와 현대를 막론하고 인간의 삶에 영향을 끼치려는 의도를 담고 있다.

J. 리처드 미들턴 | 로버츠 웨슬리안 대학 노스이스턴 신학교 성경적 세계관 및 해석학 담당 교수

The Lost World of the Flood

Mythology, Theology, and the Deluge Debate

Tremper Longman III · John H. Walton

Originally published by InterVarsity Press as *The Lost World Of The Flood*
by Tremper Longman III and John H. Walton with a contribution by Stephen O. Moshier.

Translated and printed by permission of InterVarsity Press, P.O. Box 1400, Downers Grove, IL 60515, USA.
www.ivpress.com.
License arranged through rMaeng2, Seoul, Republic of Korea.

노아 홍수의 잃어버린 세계

신화, 신학, 홍수 논쟁

트렘퍼 롱맨 3세 · 존 H. 월튼 지음
이용중 옮김

새물결플러스

차례

서론

'잃어버린 세계' 시리즈의 앞서 나온 네 권의 책은 다음과 같은 특징을 확고한 기본 개념으로 삼았다.

- 현재 (학문적 관심사만이 아닌) 대중적 관심사인 주제에 대해 이해하기 쉽게 논의한다.
- 독자들을 주요 논쟁점의 논리적 순서에 따라 안내하는 명제를 통해 주제를 다룬다.
- 히브리어 본문에 대한 신선하고 면밀한 해석에 바탕을 둔다.
- 고대 근동 문헌 및 인지 환경에 대한 지식을 바탕으로 한다.
- 본문에서 인적 정보원(화자 또는 저자)과 그의 청중이 이해한 의미 전달(communication)로 표현된 하나님의 권위 있는 메시지를 발견하는—성경은 우리에게 기록된 것이 아니라 우리를 위해 기록된 것이라는 원리를 구체화하는—해석학을 일관되게 적용한다.

(창세기 1-11장의 문맥 속에 놓여 있는) 홍수 이야기는 명백히 이러한 연구가 가능한 훌륭한 예다. 해석자들이 변증학과 사건의 과학적·역사적 재구성에 초점을 맞추는 상황에서 이 이야기는 많은 현대적인 해석의 대상이 된 본문의 한 예를 제시한다. 우리는 이런 해석들이 요점을 놓치고 있을 뿐만 아니라 잠재적으로 성경의 메시지를 왜곡하고 있다고 주장할 것이다.

'잃어버린 세계' 시리즈가 다루는 주제는 본질적으로 논쟁적이다. 이 책들이 여전히 논란거리가 되고 있는 이유는 바로 그 때문이다. 결과적으로 이 주제들에 대한 어떤 논의라도 이 책과 마찬가지로 논란의 대상이 될 것이다. 이해가 되는 해석을 찾고 있는 열린 마음을 가진 독자들에게 우리는 우리가 제안한 대안들을 깊이 검토해 보기를 권한다.

'잃어버린 세계' 시리즈의 일관된 의도는 본문에 대한 단 하나의 '정확한' 해석을 제시하는 것이 아니다. 그 대신 우리는 성경이 하나님의 말씀—진실하게 말씀하는 성경—이라는 확신에 바탕을 둔 해석을 제시하고자 한다. 그와 동시에 장르와 고대 세계에 대한 이해의 중요성, 그 진리에 대한 이해에 이르기 위한 건전한 해석학의 중요성을 인식하고 있다. 우리의 목표는 독자를 우리의 결론에 동조하게 하는 것이 아니며, 심지어 독자가 우리의 사고방식을 받아들이도록 설득하는 것도 아니다. 그 대신 우리가 본문과 씨름할 때 도움이 된 정보에 독자들의 관심을 환기시키려 한다. 독자들이 그 정보가 유용하고 유익하다고 여긴다면 우리는 만족한다. 그러나 성경이 다른 결론을 주장한다고 생각하여 우리의 연구 결과를 받아들일 수 없는 독자들에게는 최소한 우리의 구체적인 해석이 충실한 해석의 결과임을 보여주었기를 희망한다.

약어

AfO	*Archiv für Orientforschung*
ANE	ancient Near East(ern)
ANET	*Ancient Near Eastern Texts Relating to the Old Testament.* Edited by James B. Pritchard. 3rd ed. Princeton, NJ: Princeton University Press, 1969.
BSac	*Bibliotheca Sacra*
BSOT	*Behind the Scenes of the Old Testament.* Edited by Jonathan Greer, John Hilber, and John Walton. Grand Rapids: Baker, forthcoming.
CAD	*The Assyrian Dictionary of the Oriental Institute of the University of Chicago.* 21 vols. Chicago: Oriental Institute of Chicago, 1956-2006.
COS	*The Context of Scripture.* Edited by William W. Hallo. 3 vols. Leiden: Brill, 1997-2002.
EI	*Eretz Israel*
FOTL	Forms of the Old Testament Literature
IDB	*The Interpreter's Dictionary of the Bible.* Edited by George A. Buttrick. 4 vols. New York: Abingdon, 1962.
JBL	*Journal of Biblical Literature*
JNES	*Journal of Near Eastern Studies*
JSOT	*Journal for the Study of the Old Testament*
NICOT	New International Commentary on the Old Testament
NIVAC	NIV Application Commentary
NT	New Testament
OBO	Orbis Biblicus et Orientalis
OT	Old Testament
RAI	Recontre assyriologique internationale
RIME	The Royal Inscriptions of Mesopotamia, Early Periods
SGBC	Story of God Bible Commentary
TynBul	*Tyndale Bulletin*
WBC	Word Biblical Commentary
ZAW	*Zeitschrift für die alttestamentliche Wissenschaft*

제1부

방법: 해석에 관한 관점

명제 1

창세기는 고대 문헌이다

우리는 모두 하나님이 우리에게 주신 계시의 온전한 유익을 확실히 얻기 위해 하나님 말씀의 신실한 해석자가 되기를 열망한다. 우리는 성경을 권위 있는 책으로 간주하며 그 권위에 우리 자신과 삶을 복종시키기 원한다. 성경의 권위는 저자의 의도와 불가분적으로 결합되어 있다. 하나님은 인간 저자에게 권위를 부여하셨고 따라서 하나님의 메시지가 무엇인지 이해하기를 원한다면 인간 저자가 전달하고자 한 것이 무엇인지를 고려해야 한다. 화자는 둘이다. 인간 저자는 하나님의 의도와 메시지라는 방으로 들어가는 입구다. 따라서 우리는 창세기를 읽을 때 고대 문헌을 읽고 있는 것이며 고대 세계와 관련해서 적절한 가정들만을 사용해서 읽기 시작해야 한다. 고대인들이 어떤 식으로 생각했고 어떤 개념이 그들의 의사소통 밑바탕에 깔려 있는지를 이해해야 한다.

우리는 고대 근동의 특정 문헌을 염두에 둔 것이 거의 분명한 성경 본문은 좀처럼 발견할 수 없겠지만, 대개 구약 시대의 이스라엘이 어떻게 고대 세계 속에 포함되어 있었는지를 이해하는 일에는 관심이 있다. 구약에 있는 하나님의 계시가 고대 세계 전체에 일반적이었던 사고방식을 반영하든, 또는 이스라엘 민족에게 고대 세계의 일반적인 사고를 버릴 것을 촉구하든 성경에서 벌어지는 대화는 분명히 고대 세계 속에 자리하고 있다. 따라서 고대 세계에 대해 더 많이 알면 알수록 우리의 해석도 더 충실해질 것이다.

어떤 의미에서 성공적인 모든 의사소통 행위는 정도의 차이만 있을 뿐 전달자 편에서의 적응에 의해 이루어지지만 그것은 오직 전달자가 염두에 둔 청중을 위해서만 이루어진다. 전달자와 청중이 똑같은 언어, 똑같은 언어 구사력, 똑같은 문화, 또는 똑같은 경험을 공유하지 않을 때 적응으로 그 간격을 메워야 하지만 우리는 전달자가 자신이 모르거나 예상치 않은 청중을 염두에 둘 것이라고 기대하지 않는다. 고맥락(high context) 의사소통은 전달자와 청중이 공통점이 많은 상황에서 내부자들 사이에 발생한다. 그런 상황에서는 효율적인 의사소통이 이루어지는 데 필요한 노력은 적고, 따라서 외부인을 완벽히 이해시키기 위해 많은 내용을 말하지 않아도 된다.

시카고에서 듣는 교통 정보를 예로 들어 보자. 이 경우 이동 예상 시간이나 체증 구간에 대한 언급은 청취자가 고속도로에 대해 잘 이해하고 있음을 전제로 한다. 확인된 여러 지점으로부터의 이동 시간과 교통 체증을 겪을 수 있는 구간을 알려주는 교통 정보는 고정 통행자들에게는 매우 의미 있다. 고정 통행자는 '케이브'(Cave)에서 '정션'(Junction)까지 운전하는 데 38분이 걸리며 '슬립(Slip)에서 네이글 커브(Nagle curve)까지'는 차가 막힌다는 교통 정보를 통해 앞으로 예상되는 상황을 정확히 알 수 있다. 하지만 타지에 사는 방문객이 시카고를 방문할 때 이 정보는 방문객에게 혼란을 준다. 방문객은 '슬립'이나 '케이브'가 어디인지 모른다(그런 곳들을 지도에서 찾을 수도 없다). 방문객은 이런 곳들이 서로 얼마나 떨어져 있는지 모르며 교통이 원활한 날에는 '케이브'부터 '정션'까지 약 8분 만에 갈 수 있다는 사실도 모른다.

이와 대조적으로 저맥락(low context) 의사소통에서는 내부자가 외부인과 의사소통을 시도하기 때문에 높은 수준의 적응이 필요하다. 저맥락 상황에서의 교통 정보는 타지의 청취자나 경험이 없는 통행자에게 다양한 장소들이 어디에 있으며 한 장소에서 다른 장소까지 정상 소요 시간이 얼마인지를 설명해주어야 한다. 그렇게 되면 교통 정보가 훨씬 길어질 것이다. 리포터가 교통 정보를 타지의 방문자가 알아들을 수 있게 만든다면 그 교통 정보는 고정 통행자에게는 너무 지루해서 별 소용이 없을 것이다.

우리는 성경에서 인간 전달자가 고맥락의 (즉, 고대 이스라엘의) 청중에게 맞춰진 메시지를 표현하고 있다고 주장한다. 예를 들면 예언자와 그의 청중은 역사, 문화, 언어, 당대의 삶의 경험을 공유하고 있다. 하나님은 이러한 의사소통을 하나님의 계획과 목적에 대한 계시로 사용하셨다. 성경을 읽을 때 우리는 고대적 배경에서 벌어지는 의사소통의 특성을 식별할 뿐만 아니라 하나님이 그 의사소통을 통해 주신 계시도 식별할 수 있는 모든 추론 도구들을 사용할 필요가 있는 저맥락의 외부인으로서 그 의사소통의 상황으로 들어간다. 우리는 예언자가 고맥락의 의사소통 속에서 청중에게 말할 필요가 없었을 모든 정보를 보충하기 위해 연구 결과를 사용해야 한다. 오늘날의 독자인 우리는 고대 문헌과 이런 식으로 소통해야 한다.

성경을 진지하게 받아들이는 이들은 전달자가 (의도, 주장, 단언,

그리고 궁극적으로 의미에 대한 이해로 이어지는) 공동의 (신적 저자와 인간 저자의) 발화 내 행위(illocution)를 이루기 위해 사용한 발화(locution, 입으로 말한 것이든 글로 쓴 것이든, 말)에 영감을 주셨다고 믿지만 그 토대를 이루는 발화는 전달자의 세계와 연결되어 있다.[1] 인간 전달자의 발화 내 행위가 무엇이든 하나님은 거기에 2차 발화 내 행위(계시)를 더하셨다. 영감은 발화와 연결되어 있으며(발화의 근원은 하나님이다) 발화 내 행위는 권위를 특징으로 한다고 정의할 수 있는, 의미로 통하는 필연적인 경로를 정의한다.

때때로 우리와 고대 전달자 간의 거리는 우리에게 생소한 요소들 때문에, 또는 우리가 전달자와 공통된 사고방식을 갖고 있지 않아서 전달된 의미를 오해하고 있음을 의미할 수도 있다. 비교 연구는 성경 저자가 사용한 장르의 형식과 수사적 장치의 성격을 보다 충분히 이해하여 이런 요소들을 그와 관계없는 다른 것으로 착각하지 않도록 도와준다. 그러한 활동은 성경의 권위를 약화시키는 것이 아니라 전달자가 실제로 전달하고 있었던 내용에 권위를 귀속시킨다. 우리는 또한 우리에게는 생소한 전달자들의 인지 환경의 여러 측면을 인식하고 본문을 그들의 세계와 세계관에 비추어 읽기 위해 비교 연구를 할 필요가 있다. 이는 본문에 어떤 이질적인 것을 강요

1 발화 내 행위는 발화 행위(예. 약속, 명령, 축복, 지시)의 초점이다. 발화 내 행위는 전달자가 말을 가지고 하는 일을 가리킨다.

하는 것이 아니다. 그것은 본문의 정황—저자와 청중은 고대 세계에 포함되어 있다—에 의해 본문에 내재해 있는 것을 인식하려는 시도다. 우리는 본문을 원어로 읽으려 할 때 본문에 히브리어를 강요하는 것이 아니듯이 이를 본문에 강요하고 있는 것이 아니다.

문화의 강이라는 비유를 사용하여 이 점을 예시할 것이다. 현대 세계에서 문화의 강은 쉽게 확인된다. 그 강의 흐름 중 몇 가지만 언급하자면 권리, 자유, 자본주의, 민주주의, 개인주의, 세계주의, 시장 경제, 과학적 자연주의, 팽창하는 우주, 경험주의, 자연법칙 등과 같은 다양한 기본 요소들이 있다. 어떤 이들은 이런 흐름 속에서 떠다니고 싶을 수도 있고, 또 어떤 이들은 이 흐름을 거슬러 올라가려고 몸부림칠 수도 있지만, 오늘날 이 시대에 속한 모든 사람은 필연적으로 이 물속에 있다. 다양한 사고방식에도 불구하고 우리는 모두 이 문화적인 강 속에 있고 이 강의 흐름은 우리에게 익숙하다.

고대 세계에는 이와 매우 다른 문화의 강이 이집트, 페니키아, 아시리아, 또는 이스라엘 등 모든 다양한 문화들을 관통하여 흘렀다. 문화와 시대의 차이에도 불구하고 어떤 요소들은 여전히 대체로 고정적이다. 지속적인 경로 조정은 가장 지속적인 물결에는 거의 영향을 끼치지 않는다. 사람들은 예나 지금이나 동일한 사람들이지만, 고대 문화의 공통된 물결 중에 오늘날 우리가 속한 문화의 강에서 발견되는 것은 거의 없다. 고대 문화의 강에서 우리는 공동체적 정체성, 포괄적이고 편재한 신들의 지배, 왕권의 역할, 점술, 신전의 중심적 역할, 신상들의 중재자적 역할, 영의 세계와 마술의 실재 등과 같은 물결을 발견할 수 있다.

이스라엘 민족은 때때로 아무런 저항 없이 그러한 문화의 강의 물결 위를 떠다녔고 우리는 그 사실에 대해 놀라거나 비판적이어선 안 된다. 그러나 하나님의 계시는 그들에게 그 물결에서 여울로 빠져나오거나 심지어 격렬하게 물살을 거슬러 올라가도록 북돋았다. 이스라엘 민족과 그 문화적 강 사이의 상호작용 범위가 어떠하든 그들은 오늘날 문화의 강의 물결 속에 잠겨 있는 것이 아니라 고대 문화의 강 속에 있다는 점을 기억하는 것이 중요하다.

우리는 성경 본문을 충실히 해석하기 위해 이러한 배경을 이해하려고 애쓴다. 하나님은 그들의 문화의 강이라는 배경 속에서 의사소통하셨다. 하나님의 메시지, 하나님의 목적, 하나님의 권위는 모두 이스라엘 청중을 위해 이스라엘 전달자들에게 부여되었고 그 메시지는 그들의 언어와 문화 안에 있는 내적 논리에 따라 형성되었다. 우리는 다른 어떤 원천을 통한 권위 있는 의사 전달에 대해서도 확신을 가질 수 없다. 따라서 하나님의 메시지를 고대 문화의 강 속에서 그 중재자들을 통해 전달된 대로 발견해야 한다.

우리가 성경을 해석하여 하나님의 권위 있는 메시지의 영향을 충분히 받고 건전한 신학의 토대를 세우려면 우선 온갖 현대적인 주제나 관점과 더불어 우리가 속한 문화의 강을 떠나서 고대의 중재자들이 속한 문화의 강을 이해해야 한다. 구약성경에서 만나는 전달자들은 우리가 속한 문화의 강을—그 모든 과학적 측면을 포함해서—알지 못한다. 그들은 우리가 속한 문화의 강을 다루지도 않고 예상하지도 않는다. 따라서 우리는 우리가 속한 문화의 강의 어떤 고정된 요소나 흐름도 성경에서 다루고 있다고 가정할 수 없다.

결과적으로 본문의 종류와 그 본문이 제시하는 메시지의 성격을 인식함으로써 본문을 존중해야 한다. 그런 측면에서 우리는 오래전부터 성경은 현대적 상황에서 나온 주제들을 다루는 과학 교과서가 아니라는 점을 인식해왔다. 즉, 하나님의 의도는 사건이나 현상의 과학적 측면에 대해 가르치려는 것이 아니다. 하나님은 분명 세상 속에서 자신이 행하신 일을 계시하지만 세상이 어떻게 운행되는지를 계시하지는 않는다.

인지 환경의 생소한 측면을 보여주는 한 예로 고대 세계의 사람들에게는 우리가 자연법칙이라고 부르는 것에 해당하는 범주가 없었다. 그들은 원인과 결과에 대해 생각할 때 우리가 하는 모든 관찰을 다 할 수 있었지만 (예. 어떤 물체를 밀면 그 물체는 움직이고 어떤 물체를 떨어뜨리면 그 물체는 떨어진다) 세상의 운행을 신적인 작용의 관점에서 보는 경향이 더 짙었다. 모든 것은 하나님이 그런 식으로 정해놓으시고 그 체계를 유지하시기 때문에 그런 식으로 움직인다고 여겨졌다. 그들은 우주를 일종의 기계가 아닌 하나의 왕국으로 보았고 하나님은 세상에 대해 그들에게 그런 관점에서 메시지를 전달하셨다. 하나님의 계시는 그들에게 자연 세계의 역할을 보다 세련되게 이해시키는 데 초점이 맞추어져 있지 않았다.

마찬가지로 하나님은 본문에 후대의 독자들이 발견할 만한 종류의 정보를 숨겨놓지도 않았다. 하나님이 그렇게 하셨을 것이라는 우리 편에서의 가정은 어떤 신뢰할 만한 통제력도 갖지 못할 것이다. 예를 들어 우리가 정상우주론을 믿었던 시절에 사람들은 성경에서 그 과학에 대한 증거를 쉽게 찾아낼 수 있었다. 그러나 오늘날은 더 이상 정상우주론을 사실로 믿지 않는다. 오늘날 우리는 대폭발이나 팽창하는 우주에 대한 증거를 발견했다고 생각할지 모르지만 언젠가는 그것들도 더는 사실이 아닌 것으로 간주할 수 있다. 그러한 접근 방식은 권위의 틀 안에 받아들일 수 없다.

마찬가지로 고대 과학의 일부분인 성경의 진술들이 마치 현대의 과학적 관점에 대한 하나님의 묘사인 것처럼 이용될 때는 본문의 권위가 존중되지 않는다.[2] 본문이 우리에게 심장이나 창자로 생각하라고 말할 때 그것이 우리가 확인해야 할 과학적 개념을 제시하는 것이라고 해석하는 것이 성경의 권위를 진지하게 받아들이는 것은 아니다. 우리는 혈액을 뿜어내는 기관이나 소화계가 인지 과정에 생리학적으로 관여하는 방식을 제시하려고 애쓸 필요가 없다. 이는 단지 고대 과학의 문맥 속에서의 의미 전달일 뿐이다. 마찬가지로 본

2 다음 책의 이 점에 대한 논의를 보라. Kenneth Keathley, J. B. Stump, Joe Aguirre, eds., *Old-Earth or Evolutionary Creation?* (Downers Grove, IL: InterVarsity Press, 2017), 27-48.

문에서 '위의 물'에 대해 말할 때 위에 물이 있는 우주의 체계를 구성할 필요는 없다. 고대 세계의 사람들은 모두 우주적인 대양이 단단한 하늘 위에 매달려 있다고 믿었다. 그러므로 성경 본문이 '위의 물'에 대해 말할 때는 과학적 사실에 대한 권위 있는 계시를 제시하는 것이 아니다. 엄밀히 말해서 우리가 위의 물은 없다는 결론을 내리더라도 그로 인해 성경의 오류를 발견한 것은 아니다. 오히려 우리는 하나님이 본문의 권위를 다른 곳에 부여하셨다는 점을 인식한 것이다. 권위는 저자가 하나님의 계시의 대리자로서 전달하고자 하는 메시지와 결합되어 있다. 이러한 하나님에 의한 의미 전달은 고대 이스라엘의 세계를 다루는 한 인간에 의한 의미 전달을 등에 업고 그 계시를 전달한다. 성경은 우리를 위해 기록되었지만 우리를 향해 기록된 것은 아니다. 성경이 제공하는 계시는 우리가 하나님과 그분의 계획과 목적을 알고, 그렇게 해서 우리 앞에 놓여 있는 세상에 하나님과 함께 참여하도록 준비시켜준다. 그러나 성경은 우리가 사는 세상을 염두에 두고 기록되지 않았다. 그 배경이 우리의 언어로 전달되지도 않았고, 우리의 문화를 대상으로 하지도 않으며, 우리의 현대 상황과 문제에서 비롯한 세상과 그 운행에 대한 질문들을 예상하지도 않는다.

현대적인 개념을 본문에 투영시켜 읽으면 본문의 권위를 회피하고 사실상 그 권위를 약화시키는 것이다. 그 결과 우리는 우리 자신과 우리의 개념에 부당하게 권위를 부여하게 될 것이다. 본문이 결코 원래 의미가 아닌 것을 의미할 리는 없다. 본문이 말하는 내용이 현대 과학에 수렴될 수는 있지만 본문은 현대 과학과 관련한 권위 있는 주장을 하지 않는다(예. 어떤 진술들은 대폭발 우주론과 일치할 수 있지만 본문은 대폭발 우주론을 권위 있게 입증하지 않는다). 저자가 의도한 내용과 청중이 이해한 내용은 권위 있는 내용에 제한 조건을 부여한다. 우리가 구약 저자의 의도를 뛰어넘어 확실하게 말할 수 있는 유일한 경우는 또 다른 권위 있는 목소리(예. 신약 저자)가 우리에게 그러한 의미의 확장을 허락한 경우다.

그 대신 우리는 성경에 대한 우리의 교리적 주장(권위, 무오성, 무류성 등)이 인간 전달자의 의도된 메시지에 (신적인 전달자가 그 메시지를 사용한 것처럼) 부여된다고 주장한다. 이는 우리가 인간 전달자가 믿는 모든 것(그는 단단한 하늘이 존재한다고 실제로 믿었다)을 다 믿는다는 말은 아니다. 그러나 그의 의사소통 행위에 대한 우리의 굳건한 믿음을 표현한다. 전달자의 메시지 형태는 그의 언어와 문화에 바탕을 두고 있으므로 전달자가 믿고 있다고 추론할 수 있는 내용과 그가 의도한 가르침의 초점을 구분하는 것이 중요하다.[3] 사람들이 자신의 심장과 창자로 생각한다는 개념은 그들이 사용하는 표현과 성

---

3 히에로니무스조차 다음과 같이 말하면서 이러한 구별을 인정했다. "성경의 많은 내용은…문제의 실제 사실에 부합한다기보다 사건이 발생한 시대의 견해와 부합한다." Jerome, *Commentary on Jeremiah* 28:10-11. 나는 이 참고 문헌과 관련해서 Michael Graves에게 감사를 표한다.

경 전달자들의 믿음 안에 내재되어 있지만 그 계시적 의도는 생리학이나 해부학에 대한 주장을 하려는 것이 아니다. 그러한 문화적 한계를 지닌 개념을 제쳐놓는다고 해서 본문의 메시지나 권위가 위험에 처하는 것은 아니다. 장르는 의사소통의 틀 가운데 일부이고 따라서 문화적 제약을 받는다. 우리가 전달자의 의도를 제대로 이해하려면 그 전에 장르의 문화적 측면과 형태를 설명해야 한다.[4] 다른 한편으로는 일단 메시지를 이해했으면 장르로 둘러싸인 전달자의 메시지를 배경지식이자 잠재적으로 잘못된 것으로 일축하는 일반화된 적용(예. "하나님과 네 이웃을 사랑하라. 그러면 당신은 잘 해낼 것이다")만을 받아들이기 위해 그 메시지를 회피할 수는 없다.

본문의 권위와 무오성은 지금도 그렇고 전통적으로도 본문이 주장하는 내용에 부여되었다. 그러한 주장들은 과학적 성격을 띠지 않는다. 본문은 (그것이 고대의 청중이 믿었던 내용이므로 그런 말들로 전달하지만) 우리가 내장으로 생각한다고 주장하지는 않는다. 본문은 위에 물(즉, 단단한 하늘이 떠받치고 있는 우주적 대양)이 있다고 단언하지 않는다. 따라서 우리가 다루어야 할 문제는 본문이 그 권위로 홍수의 범위와 성격에 대한 주장을 오늘날의 과학자가 홍수에 대해 생각

4 이는 다음 책들에서 예시한 기법이다. K. Lawson Younger Jr., *Ancient Conquest Accounts* (Sheffield, UK: JSOT Press, 1990); John H. Walton, *Lost World of Genesis One* (Downers Grove, IL: InterVarsity Press, 2009). 『창세기 1장의 잃어버린 세계』(그리심 역간).

하듯이 하고 있느냐는 것이다. 본문의 의미 전달이 '과학'과 고대 세계의 모든 이들이 믿었던 개념을 (생리학이나 위의 물에 대해 믿었던 것처럼) 받아들인다면 우리는 그들의 관점을 본문의 권위 있는 메시지와 구별하기 원할 것이다.

이 패러다임은 다음과 같이 작동한다. 첫째, 실제 세계가 있지만 성경은 그 세계를 권위 있게 묘사하지 않는다. 성경의 묘사는 (단단한 하늘이나 위의 물처럼) 문화적으로 결정되어 있는 동시에 수사적으로 형성되어 있다. 우리는 성경에 대한 과학적 설명을 성경에서 유도할 수 없으며 그러한 묘사에 대한 과학적 증거를 찾으려 애쓴다면 이는 잘못된 일일 것이다. 그럼에도 불구하고 성경은 실제로 세상을 권위 있게 해석한다(하나님이 세상 속에서 하시는 일 혹은 세상과 하나님의 관계).

홍수에도 똑같은 패러다임을 적용할 수 있다. 실제 대재앙적인 사건이 있었지만 성경은 그 사건을 권위 있게 묘사하지 않는다. 성경의 묘사는 문화적으로 결정되어 있고(우리가 모두 아는 홍수 전승) 수사적으로 형성되어 있다(보편주의적인 우주적 균형). 우리는 성경에서 홍수에 대한 과학적 설명을 이끌어낼 수 없으며 그런 묘사에 대한 과학적 증거를 찾으려 애쓴다면 이는 잘못된 일일 것이다. 그럼에도 성경은 그 사건을 권위 있게 해석한다(하나님이 행하신 일, 그 사건이 발생한 이유, 즉 심판, 재창조, 무질서에 대한 반응으로서의 비질서, 언약 등).

이로 인해 본문이 고대인들이 이해하지 못한 과학(예. 홍수의 역학)을 수반했을 역사적 사건들을 전하는 일이 불가능해지는 것은 아니다. 그런 경우에 성경은 과학적 계시를 제공하는 것이 아니다. 성경은 과학적인 문제에 대해 침묵하고 있다. 우리가 사실로 가정할 수 있는 어떤 과학적 설명이든 (우리의 해석이 권위를 지니고 있지는 않은 것처럼) 본문의 권위를 지니고 있지는 않을 것이다. 우리는 성경에서 홍수와 같은 사건에 대한 권위 있는 해석을 발견하기를 기대하는 것이지 권위 있는 과학적인 홍수 이야기를 재구성할 수 있기를 기대하는 것은 아니다. 성경의 이야기는 과거에 있었던 실제 사건을 그 지시 대상으로 삼지만, 하나님의 계시는 그 사건이 아니라 그 사건에 대한 해석이다(이 점에 대해서는 명제 14에서 더 자세히 다룰 것이다).

우리는 먼저 본문이 말하는 내용과 말하지 않는 내용에 면밀히 주의를 기울임으로써 비로소 본문의 주장을 하나의 고대 문헌으로 이해할 수 있다. 우리 자신의 문화, 인지적 환경, 전통 또는 문제(즉, 우리 문화의 강)를 바탕으로 주제넘은 가정을 하기는 너무 쉽다. 외부인인 독자들이 우리의 현대적 관점을 당연시하고 그 관점을 본문에 부과하지 않으려면 어느 정도의 절제가 필요하지만 우리 자신의 배경은 우리의 사고에 내재해 있고 고대 세계는 미지의 영역이기 때문에 우리는 흔히 그런 실수를 저지르고 있다는 것을 알지 못한다. 고대적 사고와 현대적 사고의 차이를 인식할 수 있는 가장 좋은 방법은 고대 세계에 주의를 기울이는 것이다. 여기에는 고대 세계 문헌에 몰입하는 일이 수반된다. 이 일은 결코 성경을 대체하지 않지만 성경을 이해하기 위한 도구가 될 수 있다. 창세기의 처음 몇 장을 이해하려 노력할 때 우리의 몰입은 고대 세계의 우주론 문헌이나 홍수 이야기에만 국한되지 않는다. 인지 환경에 대한 단서들은 다양한 고대 문헌에서 취합할 수 있다. 모두가 다 히브리어와 그리스어를 익히는 데 필요한 시간을 투자할 수는 없는 것처럼 모든 사람이 다 이 일을 떠맡을 수는 없다. 원어에 대한 재능, 소명, 열정을 가지고 있으면서 연구하고 글을 쓸 기회가 있는 사람들은 그렇지 않은 이들에게 유익을 끼치기 위해 자신들의 전문 지식을 사용한다. 마찬가지로 고대 세계 연구에 대한 재능, 소명, 열정을 가지고 있으면서 연구하고 글을 쓸 기회가 있는 사람들은 그렇지 못한 이들에게 유익을 끼치기 위해 자신들의 전문 지식을 사용할 수 있다.

그런 연구는 종교 개혁자들이 전파한 성경의 명료성(명확성)을 침해하지 않는다. 종교 개혁자들은 성경의 모든 부분을 어떤 평범한 독자라도 분명히 이해할 수 있다고 주장하지 않았다. 그들이 그렇게 믿었다면 성경 해석과 신학적 수준에서 해석의 복잡성을 설명하려 애쓰는 수백 권의 책을 쓸 필요가 없었을 것이다. 그 대신 그들은 난해하거나 신비하거나 비유적이거나 영적으로만 분별할 수 있는 것이 아닌 성경의 명백한 의미가 존재한다고 주장하려고 애썼다. 누구든 이 명백한 의미를 이해할 수 있었다(명제 17에 있는 웨스트민스터 신앙고백서에 대한 언급을 보라).

역사의 대부분 기간 학자들은 고대 세계에서 나온 정보에 접근하지 못했고 따라서 자신들의 해석을 보충하는 데 그 정보를 이용할 수 없었다. 초기 기독교 저술가들조차 (기원전 3세기 바빌로니아 제사장인 베로수스에 대한 그들의 잦은 언급에서 잘 나타나듯이) 고대 세계에 접근하는 일에 관심은 있었지만 아주 제한된 자료밖에 없었다. 그러나 19세기 중엽부터 이라크에서 대규모의 고고학적 기획이 시작된 이래로 백만 개가 넘는 설형문자 명문들이 발굴됨으로써 고대 세계에 대한 중요하고도 새로운 통찰을 얻을 수 있는 고대 문헌이 빛을 보게 되었다. 이는 창세기의 처음 몇 장을 고대 문헌으로 해석하기 위한 토대를 제공해주었다.

창세기를 고대 문헌으로 연구하려 할 때 우리는 교회 역사에 존재했던 해석자들의 통찰을 무시하고 싶지 않다. 그와 동시에 그 해석자들이 거의 같은 목소리를 내지 않았다는 점을 인정한다. 신조들과 공의회들이 핵심적인 신학적 쟁점에 대해 결론을 제시해온 것은 사실이며 그런 결론들은 흔히 오늘날의 교리에 대한 일치된 견해가 되었다. 그러나 그들의 선조들이 다양한 결론에 도달했기에 해석자들은 창세기의 처음 몇 장을 해석하려는 새로운 시도를 무시하지 않는 것이 관행이었다. 마르틴 루터는 창세기에 관한 책의 첫 장을 다음과 같이 주장하며 시작한다. "지금까지 이 장 안에 있는 모든 내용을 적절히 능숙하게 설명한 사람이 교회 안에 아무도 없었다."[5] 따라

5 다음 글의 논의를 보라. Theo M. M. A. C. Bell, "Humanity is a Microcosm: Adam and Eve in Luther's Lectures on Genesis (1534-45)," *Out of Paradise: Eve and Adam and Their Interpreters*, ed. B. Becking, S. Hennecke (Sheffield, UK: Phoenix

서 우리는 재해석에 이를 수 있는 새로운 지식을 찾는 일을 단념해선 안 된다. 그렇게 할 때 우리보다 앞선 해석자들의 발자취를, 심지어 그들의 어깨 위에 서 있을 때도, 따르고 있는 것이기 때문이다.

Sheffield, 2011), 67-89.

명제 2

창세기 1-11장은 과거에 있었던 실제 사건에 대한 주장을 하고 있다

이 책에서 우리의 목적은 창세기 6-9장에 나오는 홍수 이야기에 대한 적절한 해석을 이해하는 것이다. 거기에는 그 이야기가 묘사하는 것이 전 세계적인 대홍수인가, 국지적인 홍수인가, 아니면 또 다른 어떤 것인가 하는 질문이 포함되지만 홍수의 범위가 가장 중요한 쟁점은 아니다. 우리는 무엇보다도 본문이 제시하는 문학적-신학적 해석을 추구하고 있으므로 홍수 이야기의 보다 넓은 문맥, 즉 창세기 1-11장에서부터 논의를 시작한다. 개별적인 내러티브를 다루기 전에 이 장들의 저자나 편집자가 독자로 하여금 이 장들이 시간과 공간 속에서 발생한 사건들을 언급한다고 받아들이도록 의도했는가 하는 보다 큰 주제를 다룰 것이다.

우리가 답하고자 하는 질문은 (홍수 이야기를 포함하는) 창세기 1-11장이 역사적 주장을 하고 있는가다.[1] 이 연구는 창세기 전체의 문맥에서 이 장들의 장르나 문학적 유형을 확인하는 일을 수반한다. 우리는 어떤 이유로 창세기 저자가 우리에게 실제 과거의 사건에 대해 말하려 했다고 생각할 수 있는가?

저자는 (고대와 현대의) 독자들이 조상 내러티브와 요셉 이야기

---

1 '역사적'이라는 단어를 사용할 때는 독자들이 현대 세계에서의 역사에 관한 글쓰기에 수반되는 모든 것을 즉시 떠올릴 위험성이 있다. 고대 세계에서 사람들은 사건에 대해 우리와 다르게 글을 썼다. 이 책에서 '역사'라는 용어는 문헌 속의 글이 과거에 있었던 실제 사건을 내러티브를 위한 지시 대상으로 사용하고 있다는 기본적인 개념을 가리킨다.

를 역사로 받아들이기를 의도했다는, 대체로 논쟁의 대상이 되지 않는 가정부터 따져보자.[2] 그럴 경우 문제는 창세기 1-11장도 독자에게 실제 과거 사건에 대해 말해주려 하고 있는가다. 이 첫머리의 몇 장과 창세기의 나머지 부분 사이의 문체상의 차이로 인해 그와 같은 연속성은 종종 논쟁거리가 되었다. 창세기 1-11장은 흔히 시, 비유, 또는 심지어 신화라고 불렸다.[3]

그러나 연속성의 중요한 핵심 하나는 창세기 전체를 가로지르는 '톨레도트'(*toledot*) 형식 어구에서 발견된다. '톨레도트'는 영어 번역본에서 '이야기'(account)와 비슷한 말로 번역되는 히브리어 단어다. 이 단어는 최초의 용례인 한 사람의 인명을 제외하고는 '이것은 X에 대한 이야기다'와 비슷한 말로 번역할 수 있는 형식 어구에서 등장한다. 이 형식 어구는 창세기 저자가 책을 편집하기 위해 사용한 기록된 문헌(창세기 5:1을 보라)이나 구전 문헌을 가리키는 말로 이해하는 것이 가장 좋다. 결국 모세가 창세기의 저자라 하더라도 모세는 먼 과거에 대해 이야기하기 위해 과거의 사료를 사용했을 것이다. 더 나아가 우리는 "X의 '톨레도트'"는 X의 자손에 대한 이야기

2 이는 반드시 그것이 우리가 오늘날 쓸 법한 역사를 의미한다기보다는 시공간 속의 사건들을 알려준다는 의미에서 역사가 되도록 의도되었음을 의미한다. 다음 책을 보라. John Van Seters, *Prologue to History: The Yahwist as Historian in Genesis* (Louisville, KY: Westminster John Knox, 1992).

3 George W. Coats, *Genesis with an Introduction to Narrative Literature*, FOTL 1 (Grand Rapids: Eerdmans, 1983), 1-5.

라는 점에 주목해야 한다. 따라서 데라(창 11:27)의 '톨레도트'는 데라의 아들 아브라함의 이야기를 소개한다(창 11:27-25:11).

첫 번째 '톨레도트'는 창세기 2:4에 등장하며 그 뒤로 열 번 더 나오는데 창세기 1-11장의 나머지 부분에서 네 번(창 5:1; 6:9[노아의 '톨레도트']; 10:1; 11:10), 그 외의 나머지 부분에서 여섯 번 나온다(창 11:27; 25:12, 19; 36:1, 9; 37:2). 다시 말해서 우리가 생각하기에 '톨레도트' 형식 어구는 창세기 1-11장과 창세기 12-50장 사이의 문학적 연속성을 보여준다.

더 나아가 우리는 '톨레도트' 형식 어구가 조심스럽게 선별된 과거의 일련의 사건들에 대한 일관된 관심을 나타낸다고 말하고 싶다. 작가는 과거에 대한 이야기를 창작하기 위해 이러한 자료들을 과거에서 얻은 기록으로 통합시킨다. 이는 창세기 12-50장뿐만 아니라 1-11장에 대해서도 마찬가지다. 이 결론이 반드시 작가가 우리가 알고 있는 본문을 창작할 때 '톨레도트' 형식을 직접 부여하지 않았음을 의미하는 것은 아니다.

창세기의 처음 몇 장에 대한 논의는 흔히 이 이야기들이 신화인가 아니면 역사인가라는 질문에 초점을 맞춘다. 그것은 중요한 질문이지만 창세기의 틀을 이런 식으로 짜는 것은 최선의 접근 방법이 아닐 수도 있다. 오늘날 우리는 흔히 '신화'라는 호칭이 '사실이 아님'을 의미한다고 간주한다. 그러나 고대 세계에서 사람들은 우리가 그들의 신화라고 부르는 것을 사실이 아니라고 간주하지 않았다. 그와 반대로 그들은 자신들의 신화가 가장 중요한 실재—엄격하게 인간의 영역에서 발생한 사건이라는 관점에서 전달할 수 있는 내용을 초월하는 심오한 실재—를 표현한다고 믿었다. 실제로 그들은 더 나아가 우리가 '역사'라고 이름 붙일 만한 인간의 영역에서 발생한 사건들도 그 속에서 인간 목격자들이 볼 수 없는 측면—신적인 손의 개입—에 가장 큰 의미가 있다고 생각했다.

결과적으로 우리는 ('실제'와 마찬가지인) 역사와 ('실제가 아닌 것'과 마찬가지인) 신화를 이분법적으로 나누는 데 신중해야 한다. 그러한 사고는 성경이든 그 밖의 문헌이든 고대 문헌을 제대로 다루기에는 현대적 범주에 지나치게 짓눌려 있다. 가장 심오한 실재, 가장 진실한 것은 목격자가 '실제로 발생했음'을 증언하거나 입증할 수 있는 것에 국한되지 않아야 한다. 창세기 1-11장의 이야기들은 실제 사건을 지시 대상으로 삼고 있다고 주장할 수 있지만 사건들 그 자체(그 사건들은 실제로 일어났다)는 성경 본문 속에 주어진 해석에서 그 의미가 발견된다. 그러한 의미는 사건들의 역사성이 아닌 사건들에 관한 신학에 기반을 두고, 무슨 일이 벌어졌는가(또는 어떤 일이 실제로 일어났는가)가 아닌 왜 그 일이 일어났는가에 기반을 둔다. 하나님은 무슨 일을 행하셨는가? 그것이 곧 의미를 발견해야 할 지점이다.

역사성에 대한 변호는 저자가 추적하고 있는 신학적 의미에 대한 해석을 받아들이는 일보다 사건의 사실성을 입증하는 일에 너무 집중할 경우 환원주의적이 될 수 있다. 본문은 사건이 발생했음을 입증하는 일에 아무런 관심이 없다. 그들은 우리와 마찬가지로 사건이 실제로 일어났다고 가정한다. 대신 본문의 권위를 지닌 신적-인간적 메시지를 구성하는 해석을 제시한다. 사건은 권위가 없지만 화자의 해석은 권위가 있다.

우리는 화자가 독자로 하여금 창세기 1-11장은 실제 사건을 지시 대상으로 삼고 있다고 믿도록 의도했다고 주장했지만 여전히 고대 세계의 이스라엘 민족이 그 사건에 대해 어떻게 생각했는지를 더 자세히 고찰할 필요가 있다.

우리는 그들이 몇 가지 점에서 사건을 우리와 같은 방식으로 생각하지 않았다고 주장한다. 고대 세계에서 그들은 실재를 단지 경험주의의 렌즈를 통해서만이 아니라 형이상학적인(영적인) 세계를 보는 눈으로 바라보았다. 그 결과 목격자의 역할은 지금처럼 높이 평가되지 않았다. 인간적인 세계뿐만 아니라 영적인 세계를 포함하는 렌즈를 통해 사건을 바라본다는 것은 '신비적인' 범주 내지 '신화적인' 범주라고 부를 만한 것들이 우리가 실제 세계라고 부르는 것과 식별 불가능하게 불가분적으로 중첩되어 있음을 의미했다. 따라서 그들이 보기에 사건은 우리가 역사라고 부르는 것보다 많은 요소로 구성되어 있다. 그러나 확대된 관점에도 불구하고 그로 인해 사건에 대한 관점이 그들에게 조금이라도 덜 실제적으로 바뀌는 것은 아니다. 그들은 사건을 어떤 내러티브식 이야기와 관계된 지시 대상으로 삼을 수 있지만 그것을 우리와 다른 방식으로 바라본다. 고대 세계 전체는 우리와 다른 인식 방식을 갖고 있다.[4] 이 사실을 보여주는 한 가지 현상은 그들이 신화와 역사를 구분하지 않는다는 점이다. 둘 다 사건과 실재에 포함된다. 이스라엘 사람들도 이와 비슷하게 생각하는 한 이러한 사고방식을 구별하려 하지 않았을 것이다. 상황이 이렇다면 그들이 홍수를 실제 사건으로 간주한다는 진술은 우리가 희망하는 만큼 명확하지 않다. 그들이 우리와 똑같은 구분선을 그리지 않는다면 우리가 흥미를 느끼는 내러티브에 관한 구별을 그릴 수 없다.

우리가 사건—더 중요하게는 사건 기록—에 대해 이야기할 때는 형이상학적 측면과 경험적 측면 사이에 놓인 아래와 같은 스펙트럼을 상상하는 것이 유익하다.

4 Marc Van de Mieroop, *Philosophy Before the Greeks* (Princeton, NJ: Princeton University Press, 2016). Gebhard J. Selz, ed., *Empirical Dimension of Ancient Near Eastern Studies* (Wien, Austria: LIT Verlag, 2011)와 특히 그의 논문인 "Remarks on the Empirical Foundation and Scholastic Traditions of Early Mesopotamian Acquisition of Knowledge," 49-70도 함께 보라. 특히 그의 결론에서 다음과 같은 내용을 보라. "지식 습득에 대한 고대 메소포타미아 사람들의 태도는 일반적으로 그들의 '경험주의'에 대한 개념에 바탕을 두고 있었다. 현대적 개념과의 주된 차이점은 '실재'에 대한 서로 다른 개념에서 비롯되었다고 간주할 수 있다. 특히 실재의 일차적 질서와 그 이후의 질서 구별은 메소포타미아 사상에서 한 번도 부각되지 못했다"(61).

사건 기록들은 이 스펙트럼 위에 골고루 분포해 있다. 현대 문화의 강 속에서 역사는 전적으로 경험적인 것으로 간주되며 사실 경험적인 것만이 실제적인 것으로 간주된다. 결국 변증학은 경험적인 것에 몰두한다. 창세기 1-11장에서 발견되는 사건 기록들은 우주적 사건이라고 부를 만한 것과 관련이 있고 이는 이 사건들이 이 스펙트럼의 형이상학적 측면에 훨씬 더 가깝게 위치해 있음을 의미한다. 그러나 우리가 경험적 측면이 전혀 없고 따라서 이 스펙트럼의 형이상학적 측면 맨 끝에 위치해 있다고 간주하는, 고대 세계의 신화라고 부르는 것과 달리 창세기 1-11장은 몇 가지 경험적 측면을 간직하고 있다.[5] 창세기 1-11장을 12-50장과 비교해보면 조상들과 관련한 사건 기록은 이 스펙트럼에서 경험적 측면에 훨씬 더 가까이 위치해 있음을 알 수 있다. 그렇더라도 형이상학적 측면은 여전히 경험적 측면보다 더 중요하다. 현대 문화의 강에 속한 많은 것들과 달리 우리는 형이상학적 측면을 경험적 측면만큼이나 실제적인 것으로 간주한다. 사건 기록이 이 스펙트럼 위에서 둘 중 어느 한쪽 측면에 더 치우쳐 있을수록 다른 측면은 그만큼 덜 감지된다. 사건 기록이 형이상학적 측면에 관심을 더 많이 보이면 그 기록에 대한 우리의 분석은 형이상학적 측면에 더 초점을 맞추어야 한다.

---

5 고대 세계의 사람들은 이 두 영역을 서로 반대되는 양극으로 구분하지 않았을 것이므로 이러한 개념을 전달하기 위해 스펙트럼을 사용하는 것조차 오해의 소지가 있다. 스펙트럼을 이용한 표현 방식은 단지 설명의 편의를 위한 것이다.

어떤 기록을 스펙트럼 위의 정확히 어느 지점에서 찾을 수 있는지는 그다지 중요한 문제가 아니다. 그러나 이 두 측면은 그들이 사건을 바라본 방식의 일부라는 점을 인식하는 것이 중요하다. 형이상학적 측면과 경험적 측면의 총합을 100%로 간주하여 가령 36%는 한쪽 측면에 속하고 64%는 다른 한쪽 측면에 속한다는 식으로 생각해선 안 된다는 점도 중요하다. 이 두 범주를 서로 배타적으로 구별할 수 없다.

결과적으로 우리는 저자가 이 이야기들을 과거에 있었던 실제 사건으로 생각했다고 단언하더라도 그들은 사건과 실재를 우리와 다르게 보았을 것이고 따라서 우리가 증언하는 방식과는 다른 증언을 내놓았을 것이라는 점을 인정한다.[6] 그들의 증언은 현저하게 형이상학적 측면에 관심이 있다.[7] 이 점은 홍수와 같은 우주적인 사건

---

6 도상 체계(iconography)에 관해 이와 비슷한 주장이 제기되었다. "고대 근동에서는 지각적 이미지가 아닌 개념적 이미지를 창조했다. 그것은 보이는 것의 문제라기보다는 보는 사람이 보거나 지각해야 할 것에 대한 문제—전달되었거나 전달되어야 할 개념이나 상징—다. 이미지는 실재를 표현한다는 의미에서 언제나 사실적이거나 역사적이지는 않다. 중요한 것은 어떤 통치자나 역사적 인물이 실제로 어떤 사람이었는지, 또는 실제로 무슨 일이 일어났는지가 아니라 (예를 들어) 전달되는 왕권의 '개념'이다. 이것은 도상 체계가 고대 근동의 '개념의 세계'에 대한 정보를 제공한다는 것을 의미하기 때문에 중요하다." I. Cornelius, "An Introduction to Ancient Near Eastern Iconography," *BSOT.*

7 보다 최근의 역사에서도 이것이 얼마나 사실인지—예를 들어 잔다르크를 둘러싼 사건에 대한 기록이 전투와 그녀에 대한 환상의 여러 측면을 포함하는 방식—를 생각해보라. 심지어 21세기에도 이러한 사고의 흔적은 남아 있다. 2004년에 거

들에서 특히 더 그렇다. 무엇이 본문 분석의 가장 적절한 초점이 되어야 할지를 결정할 때 이 점을 염두에 둘 필요가 있다.

대한 지진 해일이 인도네시아를 강타하여 수십만 명이 죽었을 때 현장을 촬영한 사진들은 이슬람교 사원들만 남아 있는 완전히 황폐한 지역을 보여주었다(사람들은 그곳으로 피난했다). 신실한 이슬람교도들은 이슬람교 사원이 보다 튼튼한 건물이어서 살아남았다는 사실을 받아들이지 않았다. 그들은 알라가 이슬람교 사원과 그 안에 있는 사람들을 살려주었다고 확신했다. 그들에게 경험적인 측면은 형이상학적인 측면에 의해 조절된다. Edward Harris, "Sturdy Mosques Survived Tsunami," *Seattle Times*, January 14, 2005, www.seattletimes.com/nation-world/sturdy-mosques-survived-tsunami.

명제 3

창세기 1-11장은 수사적 장치를 사용한다

앞의 두 명제에서 우리는 무엇이 독자에게 창세기 1-11장이 창조와 타락부터 시작해서 실제 시공간상의 사건들로 구성되어 있음을 알려주는지 살펴보았다. 다시 말해서 저자는 독자에게 자신이 실제 과거에 대해 기록하고 있다는 점을 이해시키고자 한다.

그러나 우리는 또한 이 기록이 대상을 지시하기는 하지만 우리로 하여금 사건을 재구성할 수 있도록 전달하는 데 특별히 관심이 있는 것이 아니라 오히려 사건에 대한 해석에 초점을 맞추고 있다는 점에도 주목했다. 다시 말해 저자는 사건을 자신의 신학적 메시지를 뒷받침하는 방식으로 묘사한다.

이러한 관찰은 창세기 1-11장에만 해당하는 것이 아니라 성경 역사 전체—실제로 모든 역사—에 해당한다. 사건들에 대한 기록인 역사는 언제나 해석적이며 우리에게 선별과 강조를 통해 사건을 바라보는 저자의 관점을 제시한다. 기록이 반드시 우리를 사건 자체에 대한 완전하거나 불편부당한 이해에 도달하게 하는 것은 아니다. 우리는 사건 진술의 동기가 되는 사건에 대한 적절한 지식을 얻을 수는 있지만 이를 일종의 가치중립적이거나 적나라한 사실만 보여주는 방식으로는 얻을 수 없다.

모든 역사 기록은 수사적으로 구성된다. 저자들은 사건을 빠짐없이 진술할 수 없으므로 중요하거나 더 정확히 말해서 그들이 사건과 관련해서 중요하다고 생각하는 것을 선택한다. 따라서 저자들은 관점을 제공하며 우리는 그 관점을 통해 사건에 대해 듣거나 읽는다.

더 나아가 저자들은 그들의 세계관으로 이야기하기 때문에 역사적-비평적 방법의 틀 안에서 연구하는 성경학자들은 성경 사가들이 제시하는 과거에 대한 묘사를 인정할 수 없다. 결국 역사비평은 성경 저자들의 초자연적 세계관을 즉각 무시하는 관점을 가지고 연구하지만, 성경 저자들은 하나님이 세상에 개입하시는 데 대한 확고한 인식을 가지고 과거를 이야기한다. 아마도 성경적 세계관에 가장 치명적인 역사비평의 신념은 유비의 원리일 것이다. 이 원리는 역사가에게 현재의 경험에 부합하는 사건만을 과거에 있었을 법한 사건으로 다룰 것을 요구한다.[1] 따라서 우리가 홍수 이야기에 대한 역사비평적 접근 방식을 거부하는 까닭은, 이 방식에서는 홍수 이야기가 성경 저자들의 세계관에서 진술되고 있다는 사실을 존중하지 않기 때문이다. 우리는 지오니 제빗(Ziony Zevit)의 말에 더 동의하고 싶다. 그는 (역사비평적 접근 방식의 특징인) 회의론을 역사적 해석학으로 사용할 수 있는 방법에 관한 어떤 제한이 필요하다고 주장한다. 그러면서 부정 가능성이 주된 시금석이 되는 접근 방식을 요구한다. 즉 "무엇이든 효과적으로 부정되거나 오류가 입증되지 않는 것은 사실

1 John J. Collins가 그의 책 *The Bible After Babel: Historical Criticism in a Postmodern Age* (Grand Rapids: Eerdmans, 2005)에서 지적하듯이 그 자신의 접근 방식인 현대 역사비평은 Ernst Troeltsch가 제시한 철학사를 바탕으로 한다("Über historische und dogmatische Methode in der Theologie," *Gesammelte Schriften* [Tübingen: Mohr, 1913]). 영어로는 다음 글을 보라. "Historiography," *Encyclopedia of Religion and Ethics*, ed. James Hastings et al. (New York: Scribner's, 1914), 6:716-23.

로 간주해야 한다."[2]

성경 화자들은 이처럼 자신들의 세계관을 통해 말하며 하나님에 대한 그들의 관심과 하나님과 인간 피조물 간의 관계를 알려주는 과거의 측면을 선택하여 강조한다. 이런 이유로 과거를 신학적 역사로 바라보는 성경의 책들을 언급하는 것은 적절하다.

더 나아가 과거에 대해 쓴 성경 저자들을 포함하여 역사가들은 단순히 사건(단지 사실들)을 기록만 하는 것이 아니다. 그들은 사건의 의미를 해석한다. 게다가 성경 저자들은 사건을 순수하게 사실대로 재구성하여 우리에게 필요한 정보를 주는 것이 아니라 사건을 이용하여 그들의 신학적 메시지를 전달하는 데 관심이 있다. 하나님이 그들에게 부여하신 권위를 지닌 것은 바로 그들의 신학적 메시지다. 사건은 영감받은 것이 아니다. 사건에 대한 해석이 영감받은 것이다. 성경 저자들이 신학적인 메시지를 제시하기 위해 우리에게 과거에 대한 선별적이고 해석적인 설명을 하고 있다는 점은 복음서 저자의 다음과 같은 인용구를 통해 잘 확인된다. "예수께서 제자들 앞에서 이 책에 기록되지 아니한 다른 표적도 많이 행하셨으나 오직 이것을

---

2 Ziony Zevit, *Religions of Ancient Israel* (London: Continuum, 2001), 78-79. Zevit이 다음 글을 인용하고 있다는 점도 주목해야 한다. Leona Toker, "Toward a Poetics of Documentary Prose—From the Perspective of Gulag Testimonies," *Poetics Today* 18 (1997): 190-92, 194. 또한 공평하게 말하자면 Zevit은 홍수 이야기를 자신이 논의했던 역사적 증언과 같은 범주에 속한 것으로 간주하려 하지 않는 듯하다.

기록함은 너희로 예수께서 하나님의 아들 그리스도이심을 믿게 하려 함이요 또 너희로 믿고 그 이름을 힘입어 생명을 얻게 하려 함이니라"(요 20:30-31).

예수님의 말씀에 관한 기사를 신약의 한 예로 사용해보자. 마태와 누가는 둘 다 우리가 팔복으로 알고 있는 한 단락과 원수를 사랑하고 다른 사람을 판단하지 말라는 가르침, 나무와 그 열매, 지혜로운 건축자와 어리석은 건축자에 대한 가르침 등을 포함한, 예수님이 행하신 한 편의 설교를 전한다(비교. 마 5-7장; 눅 6:17-49). 마태복음의 가르침은 누가복음의 가르침보다 훨씬 더 광범위하며 그 밖에 다른 차이점도 있지만 우리는 이 설교의 배경에 관한 한 정보를 가지고 우리의 요점을 예증할 것이다.

예수님은 이 설교를 누가복음 6:17에서는 "평지"에서 전하셨지만 마태에 따르면 예수님은 "산"에서 말씀하셨다(마 5:1). 우리는 이 설교의 실제 배경을 재구성할 수 있는가? 추측은 할 수 있지만 확실히 알 수는 없다. 어떤 이들은 예수님이 산 위의 평평한 장소에서 말씀하셨다고 생각한다. 그럴지도 모른다. 우리는 이 본문 뒤에 역사적 사건이 있었다고 말해도 무방하지만 이 본문의 배경이 되는 역사적 사건을 확실하게 재구성할 수는 없다.

그보다 중요한 것은 수사적으로 구성된 역사적 사건에 대한 표현이 전달하는 신학적인 메시지다. 예수님이 설교하신 장소의 의미는 무엇인가? 마태가 유대인 출신 기독교인 독자들을 겨냥해서 마태복음을 기록했다는 점을 기억한다면 마태의 신학적 목적을 꽤 쉽게 확인할 수 있다. 우리가 언급한 바와 같이 산상설교의 장소는 예수님을 출애굽의 성취로 표현하는 데 기여한다.[3] 예수님은 요단강에서 세례를 받고(예수님의 홍해 도해) 광야에서 (이스라엘 백성이 광야에서 40년을 보낸 것처럼) 40일 동안 시험을 받은 뒤 (이스라엘 열두 지파를 반영하는) 열두 제자를 택하고 나서 산상설교를 전하고 산 위에서 율법에 대해 말씀하셨다. 이 점을 파악하지 못한 유대인 출신 기독교인은 없었을 것이다. 산 위에서 율법에 대해 말씀하시는 예수님은 그들에게 시내산에서 모세에게 율법을 주시는 하나님을 떠올리게 했을 것이다. 출애굽기와의 유사 관계는 계속 이어져 해마다 출애굽을 기념하는 날인 유월절 전야에 예수님이 십자가에 달리신 사건에서 절정에 이른다.

이러한 배경을 염두에 두고 이제 창세기 1-11장으로 되돌아가 보면 거기서 우리는 특별히 과거를 묘사하는 **비유적** 언어가 편만하고 강렬하게 사용되는 모습에 매료된다. 비유적인 언어에 대해 말할 때 거기에는 저자가 요점을 전달하기 위해 비유나 과장 같은 수사적·문학적 장치들을 의도적으로 사용하는 것이 포함된다. 우리는 창세기 1-11장이나 여타 내러티브에 대한 진정으로 문리적인 해석

---

3 Tremper Longman III, *How to Read Exodus* (Downers Grove, IL: InterVarsity Press, 2009), 145-55.

은 저자가 비유적 언어를 의도했을 때 그 언어를 인식한다는 관점을 믿고 옹호한다. 어떤 사람들은 문리적 해석이 상징적이거나 비유적인 언어를 상징적이거나 비유적인 언어로 존중하지 않고 비상징적인 방식으로 읽는다고 생각하기 때문에 우리는 '문자적', '비문자적'이라는 표현을 되도록 피할 것이다. 우리는 그러한 해석이 문자적인 해석이 아니라 단지 그 언어를 저자가 우리에게 받아들이도록 의도한 방식으로 받아들이지 않는다는 점에서 잘못되었다고 생각한다.

저자가 언제 비유적인 뜻으로 말하려 했는지를 우리가 어떻게 아는가? 이 문제는 언제나 쉽지는 않지만 때로는 특정 본문에 대한 가장 자연스러운 해석은 명백히 비유적인 해석이라는 주장을 강하게 제기할 수 있다. 우리가 그러한 해석이 가장 자연스럽다고 말할 수 있는 까닭은 그 본문을 다른 식으로 해석하려면 애를 많이 써야 하기 때문이다.

예를 들어 시편 23편은 "여호와는 나의 목자시니"로 시작한다. 내가 아는 한 누구나 이 진술을 비유적으로 이해하며, 이 경우에는 자기 백성을 보호하고 인도하며 부양하는 분이신 하나님에 대한 비유적인 묘사로 이해한다. 결과적으로 문리적 해석에서는 이 진술을 하나의 비유로 이해한다. 왜 그런가? 시편 저자는 양이 아니라 인간이기 때문이다. 하나님은 시편 저자에게 목자가 양을 대하듯이 하신다.

창세기 1-11장에 명백히 비유적인 언어가 존재하는가? 첫째, 우리는 거의 모든 이들이 비유적인 의미라는 데 동의할 여러 가지 내용이 존재한다고 말해야 한다. 흙에서 나오는 짐승들에 대한 묘사(창 2:19), 하나님이 아담과 하와의 눈을 밝히셨다는 묘사(창 3:7), 아벨의 피가 땅에서부터 호소하고 있다는 가인을 향한 하나님의 주장(창 4:10) 등을 몇 가지 예로 들 수 있다.

그러나 우리는 이 이야기들의 다른 더 많은 논란거리가 된 특징들도 수사적으로 구성되어 있고 독자들이 과거에 벌어진 사건을 재구성할 수 있도록 제시되어 있지 않다고 생각한다. 이 이야기들의 언어가 비유적임을 부정하는 해석자들이 내러티브에 대한 비유적이지 않은 해석을 제시하기 위해 얼마나 애를 써야 하는지를 통해 우리는 이 이야기들이 수사적으로 구성된 것임을 알 수 있다.

해석사의 초기부터 대부분의 사람이 명백히 알았지만 이른바 젊은 지구 창조론자들은 부정하는 하나의 예를 들어보자. 즉 창세기 1장의 날들의 예다. 창조가 하루의 안식일과 일반적인 6일간의 노동일로 이루어진 한 주간의 사역으로 묘사되고 있다는 점에는 의심의 여지가 없지만 우리가 이를 이용하여 실제 한 주 동안의 창조 과정을 재구성하는 것은 저자의 의도가 아님을 암시하는 징표도 존재한다. 실제로 수사적 구조는 우리에게 창조 기사는 물질적 기원에 대한 설명을 제시하는 것이 아니라 오히려 7일간의 성전 준공식과 같다는 점을 인식하도록 도와준다.[4]

---

4 이 점은 다음 책에 자세히 설명되어 있다. John H. Walton, *The Lost World of*

창세기 1장에 대한 문리적 해석은 독자들에게 창조의 6일을 실제 저녁과 아침을 동반한 24시간으로 이루어진 날들로 이해해선 안 된다는 점을 납득시켜줄 것이다. 어쨌든 해, 달, 별은 넷째 날까지는 생겨나지 않는다(또는 기능을 발휘하지 못한다). 초기 교부인 오리게네스는 이렇게 말한다.

> 나는 묻고 싶다. 해도 없고 달도 없고 별도 없이, 심지어 첫째 날의 경우에는 하늘도 없이, '저녁'과 '아침'까지 언급되는 '첫째 날', '둘째 날', '셋째 날'이 존재했다는 이야기가 어떤 총명한 사람에게 논리적으로 일관되게 보일까?

오리게네스가 여기서 약간 고압적인 태도를 보이는 이유는 실제로 천체가 존재하지 않음에도 불구하고 창세기 1장이 문자적인 날들을 묘사하고 있다고 믿는 총명한 사람들이 있기 때문이라는 점을 우리는 인정한다. 문제는 그들이 어떤 면에서는 지나치게 총명한지도(또는 영리한지도) 모른다는 점이다.

이날들은 실제 24시간으로 이루어진 하나님의 창조의 날들을 묘사한다는 견해를 고수하기 위해 다소 독창적인 여러 설명이 제시

Genesis One (Downers Grove, IL: InterVarsity Press, 2009). 『창세기 1장의 잃어버린 세계』(그리심 역간, 2011).

되어왔다. 한 가지 견해는, 하나님이 단순히 다른 형태의 빛을 사용하셨다는 것이다(어쨌든 빛은 첫째 날에 생겨난다). 이에 대한 응답으로 우리는 아침과 저녁은 해가 뜨고 지는 것에 따라 정의되지, 하나님이 24시간 주기로 켜고 끄시는 다른 어떤 가상의 광원에 의해 정의되는 것이 아니라는 점을 지적한다. 또 다른 견해에 따르면 해, 달, 별이 실제로 첫째 날에 (빛의 일부로) 창조되었지만 이 이야기는 지구 위에 살고 있는 누군가의 관점에서 진술되고 이 천체들은 넷째 날 이전에 창조되었지만 넷째 날에야 비로소 처음으로 관찰될 수 있었다고 한다. 그렇지만 넷째 날에는 해, 달, 별을 볼 수 있는 인간이 존재하지 않았는데 왜 이런 식으로 이야기하는가?

우리가 말하는 소위 '너무 애를 쓰는' 또 다른 예도 있다. 창조의 날들은 실제 한 주가 아니라 창세기 기사가 기록된 시대의 일반적인 일주일을 바탕으로 한 창조에 대한 비유적인 묘사로 해석하는 것이 훨씬 더 자연스럽다.

하지만 오리게네스는 창조의 날들에서 멈추지 않는다. 그는 계속해서 창세기 3장의 비유적 언어를 인정하지 않으려는 이들을 호되게 비판한다.

> 어떤 농부처럼 '하나님이 동쪽 에덴동산에 나무들을 심으셨고' 그 안에 만질 수 있는 눈에 보이는 나무인 '생명나무'를 심으셔서 누군가가 실제로 이 나무의 열매를 먹어 생명을 얻을 수 있었고 더 나아가 또 다

른 나무 열매를 먹고 '선악'을 아는 지식을 얻을 수 있었다고 믿을 만큼 어리석은 사람이 누가 있겠는가? 더구나 성경은 하나님이 오후에 동산을 거니셨고 아담은 나무 아래 숨었다고 말한다. 확실히 나는 이 진술들은 성경에서 비유의 형태로 이루어졌으며 이를 통해 이 진술들은 어떤 신비를 가리킨다는 점을 아무도 의심하지 않는다고 생각한다.[5]

이 경우에도 우리는 오리게네스의 다소 모욕적인 말투에는 공감하지 않지만 창세기 저자는 자신이 역사적 사건(바울이 훗날 롬 5:12-20에서 밝히는 대로 죄와 사망이 세상에 들어온 일을 설명해주는, 하나님께 대한 인간의 반역)을 비유적 언어를 사용하여 묘사하고 있다는 점을 독자들이 이해해주기를 기대했으리라는 오리게네스의 견해는 확실히 옳다.[6]

---

5 Origen, *On First Principles* 4.3.1, 다음 책에서 인용되고 논의됨. Conor Cunningham, *Darwin's Pious Idea: Why the Ultra-Darwinists and Creationists Both Get It Wrong* (Grand Rapids: Eerdmans, 2010), 381-82. 『다윈의 경건한 생각』(새물결플러스 역간, 2012).

6 오리게네스의 말을 인용할 때 내 목적은 많은 복음주의 개신교인들이 못마땅하게 여기는 그의 전반적인 해석학적 접근 방식을 인정하려는 것이 아니라 초기 교회의 전부는 아니더라도 많은 지도자들이 창조 기사의 비유적 성격을 인식했다는 점을 입증하려는 것이다. 아우구스티누스가 더 도움이 된다고 생각하는 이들을 위해 (그가 칼뱅에게 끼친 엄청난 영향으로 인해 많은 개혁주의 기독교인들을 포함해서) 그도 증인으로 추가할 수 있다. 그는 창조 기사의 날들이 '태양일'이라는 생각을 부정하기 때문이다(Augustine, *The Literal Meaning of Genesis*, 2 vols. [Mahwah, NJ:

우리는 오리게네스의 예에다 창세기 2:7에 대한 언급을 추가하고 싶다. "여호와 하나님이 땅의 흙으로 사람을 지으시고 생기를 그 코에 불어넣으시니 사람이 생령이 되니라." 일단 하나님은 영적인 존재이며 허파가 없다는 점을 인식한다면, 최초의 인간 창조에 대한 이러한 묘사는 명백히 비유적이다.

하나님이 이 일을 하시기 위해 인간의 형상을 취하실 수도 있었을까? 나는 그렇다고 생각하지만 왜 우리는 그렇게 생각하려 하는가? 왜 우리는 고대의 저자가 하나님이 실제로 그 일을 어떻게 하셨는지 우리에게 말해주는 일에 관심이 있다고 추정해야 하는가?

창세기 1-2장은 독자에게 하나님이 인간을 포함해서 모든 것을 창조하셨다는 사실을 놀랍게 알려준다. 창세기 2:7에 나오는 최초의 인간 창조에 대한 묘사는 또한 인간과 하나님과 창조세계 그 자체의 관계에 대한 놀라운 진술을 한다. 하나님이 인간을 만들기 위해 흙을 취하시는 모습은 인간이 창조세계의 일부임을 보여준다. 화자가 하나님을 인간에게 생기를 주기 위해 흙에 숨을 불어넣는 분으로 묘사한다는 사실은 우리와 하나님과의 특별한 관계를 보여준다.[7]

창세기 1-11장의 명백히 비유적인 언어는 본문의 배경이 되는

Paulist, 1982], 154. 다음 책에서 인용. Cunningham, *Darwin's Pious Idea*, 296).

7 명제 7을 보라. 이 명제는 성경 저자가 최초의 인간 창조에 대해 이러한 특정한 묘사를 선택한 이유를 더 자세히 설명해주는 창 2:7과 고대 바빌로니아의 창조 문헌과의 관계를 서술한다.

역사적 사건들이 저자가 수사적으로 구성한 것이라는 우리의 주장을 뒷받침하기에 충분하다고 생각하지만 그와 같은 방향을 가리키는 또 다른 비유적 특징, 즉 시대착오적 표현을 덧붙일 것이다.

시대착오적 표현이란 어떤 것이 그것이 속한 시대가 아닌 시대—실은 (휴대전화나 개인용 컴퓨터가 등장하는 제2차 세계대전 영화와 같이) 그것이 존재할 수 없었던 시대—에 놓여 있는 것을 가리킨다. 창세기의 처음 몇 장은 우리가 고대 세계에서 얻은 증거에 아무런 관심을 보이지 않는 이들을 제외한 모든 이들에게 명백히 보이는 여러 시대착오적 표현을 담고 있다. (전부가 아닌) 몇 가지 예를 다음과 같이 열거할 수 있다.

1. 인간의 두 번째 세대에 등장하는 가축 기르기(창 4:2-5)
2. 인간의 두 번째 세대에 최초의 성이 건설됨(창 4:17)
3. 여덟 번째 세대에 등장하는 악기(창 4:21)
4. 여덟 번째 세대에 등장하는 놋과 철의 제조(창 4:22)

우리가 이런 시대착오적 표현을 지적하는 이유는 실제 사건들이 신학적인 이유로 수사적으로 구성되었다는 사실을 이 표현들이 암시하기 때문이다. 성경 저자들은 이 사건들을 우리가 비디오테이프로 보듯이 묘사하는 일에는 관심이 없다.

우리는 명제 5가 등장할 때까지는 홍수 이야기에 비유적 언어가 사용된 데 대한 구체적인 논의를 유보할 것이다. 그러나 우리가 창세기 1-3장에서 든 예들은 원시 역사가 신학적인 목적에서 실제 과거 사건에 대한 묘사를 수사적으로 진행하고 있음을 보여주려는 목적에 기여한다. 저자는 우리에게 본문의 배경이 되는 사건을 어떤 식으로든 자세히 재구성할 수 있을 만한 자료를 제공하는 일에 별로 관심이 없다. 오히려 우리가 이 사건들의 신학적 의미를 이해하기를 원하며 고대 독자들이 실제로 인식한 (그리고 현대 독자들도 인식해야 하는) 비유적 언어를 활용한다.

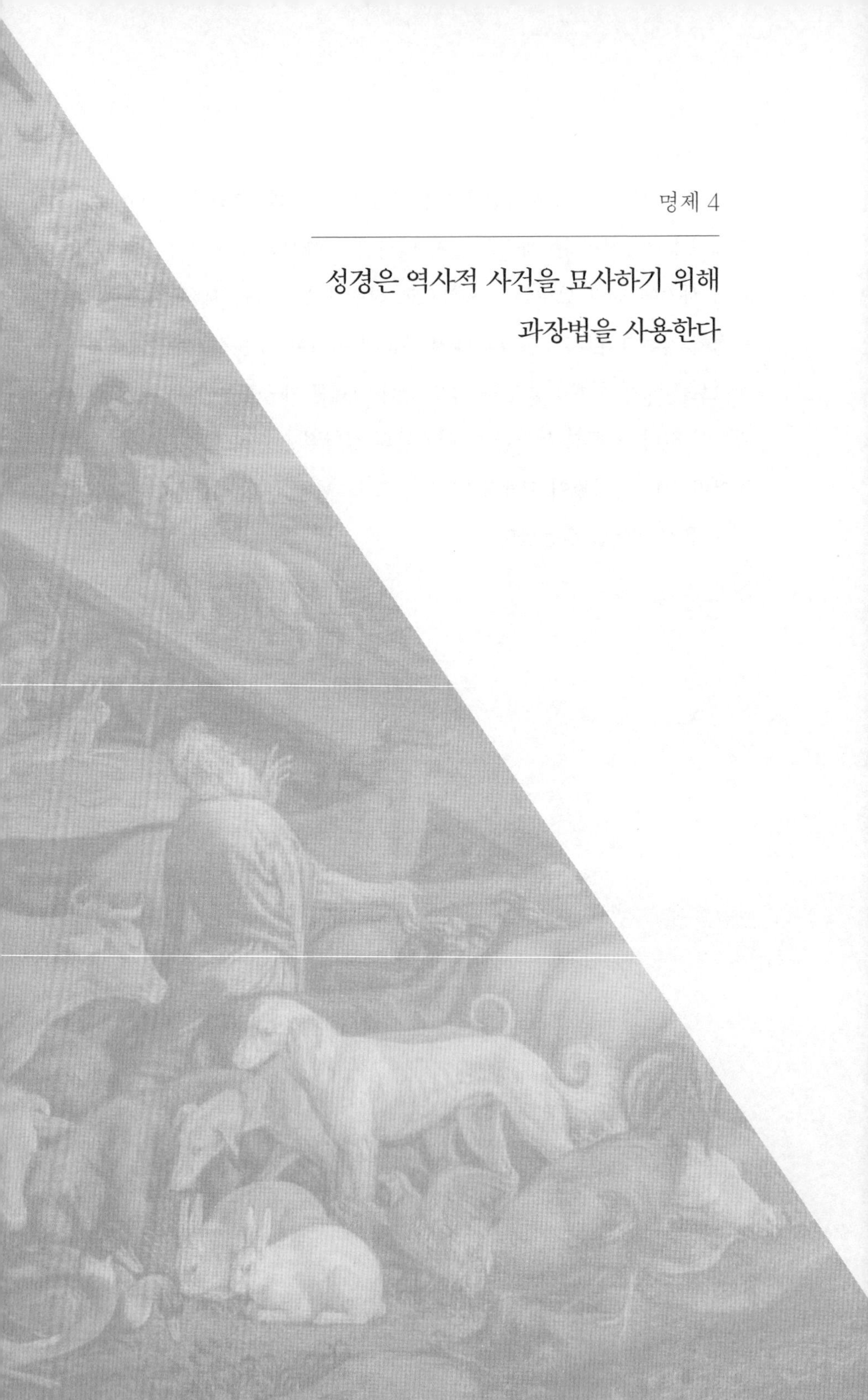

명제 4

성경은 역사적 사건을 묘사하기 위해 과장법을 사용한다

홍수 내러티브의 수사법에서 사용된 비유적 언어의 중요한 유형 중 하나는 과장법이다. 우리는 성경이 신학적 주장을 펼치기 위해 독자의 마음에 어떤 효과를 불러일으키고자 역사적 사건들을 과장되게 묘사하기를 주저하지 않는다는 점을 입증할 것이다. 분명한 것은 홍수에 관한 이야기가 과장법의 유일한 예는 아니라는 것이다.

여호수아 1-12장에 나오는 약속의 땅 정복에 대한 묘사는 여기에 딱 들어맞는 사례다. 여호수아 1-12장은 약속의 땅에 대한 완전하고 철저한 정복을 묘사하는데 이러한 묘사는 우리가 고대의 청중들이라면 분명히 이해했을 사실, 즉 여호수아 1-12장이 중요한 신학적 주장을 제기할 목적으로 과장된 표현을 사용한다는 점을 이해하지 못하면 그 본문은 여호수아 13-24장과 사사기 1장에 모순될 것이다.

여호수아는 군사적이고 특별히 영적인 준비를 마친 뒤 이스라엘 백성을 약속의 땅으로 인도한다. 일시적인 좌절도 있었지만 화자는 이스라엘 백성이 신적인 용사이신 하나님의 임재 덕분에 전쟁터에서 큰 승리를 얻었다고 말한다. 몇 번의 충돌에 대한 묘사의 마지막 부분에서 우리는 다음과 같은 요약적 진술을 발견한다.

> 이와 같이 여호수아가 그 온 땅 곧 산지와 네겝과 평지와 경사지와 그 모든 왕을 쳐서 하나도 남기지 아니하고 호흡이 있는 모든 자는 다 진멸하여 바쳤으니 이스라엘의 하나님 여호와께서 명령하신 것과 같았

> 더라. 여호수아가 또 가데스 바네아에서 가사까지와 온 고센 땅을 기브온에 이르기까지 치매 이스라엘의 하나님 여호와께서 이스라엘을 위하여 싸우셨으므로 여호수아가 이 모든 왕들과 그들의 땅을 단번에 빼앗으니라(수 10:40-42).

그다음 일련의 충돌이 끝나고 이스라엘 자손이 하나님의 도움으로 승리한 순간에 화자는 우리에게 또 다른 요약적 진술을 제시한다.

> 여호수아가 이같이 그 온 땅 곧 산지와 온 네겝과 고센 온 땅과 평지와 아라바와 이스라엘 산지와 평지를 점령하였으니 곧 세일로 올라가는 할락산에서부터 헤르몬산 아래 레바논 골짜기의 바알갓까지라. 그들의 왕들을 모두 잡아 쳐죽였으며(수 11:16-17).

같은 장에서 조금 뒤에 화자는 이렇게 덧붙인다. "이와 같이 여호수아가 여호와께서 모세에게 말씀하신 대로 그 온 땅을 점령하여 이스라엘 지파의 구분에 따라 기업으로 주매 그 땅에 전쟁이 그쳤더라"(수 11:23). 그다음으로 여호수아 12장은 요단강 동편과 서편에서 모두 승리한 전쟁에 대한 긴 요약적 진술을 제시한다.

여호수아 1-12장을 여호수아 전쟁에 대한 솔직하고 냉정한 보고로 해석한다면 이스라엘 백성은 가나안 전체를 점령했고 가나안 족속은 라합처럼 이스라엘 편으로 넘어오지 않으면 한 사람도 살아

남지 못했다고 결론지어야 할 것이다.

그러나 다음 장을 넘겨보면 그렇지 않다는 사실을 바로 알 수 있다.

> 여호수아가 나이가 많아 늙으매 여호와께서 그에게 이르시되 "너는 나이가 많아 늙었고 얻을 땅이 매우 많이 남아 있도다. 이 남은 땅은 이러하니 블레셋 사람의 모든 지역과 그술 족속의 모든 지역 곧 애굽 앞 시홀 시내에서부터 가나안 사람에게 속한 북쪽 에그론 경계까지와 블레셋 사람의 다섯 통치자들의 땅 곧 가사 족속과 아스돗 족속과 아스글론 족속과 가드 족속과 에그론 족속과 또 남쪽 아위 족속의 땅과 또 가나안 족속의 모든 땅과 시돈 사람에게 속한 므아라와 아모리 족속의 경계 아벡까지와 또 그발 족속의 땅과 해 뜨는 곳의 온 레바논 곧 헤르몬 산 아래 바알갓에서부터 하맛에 들어가는 곳까지와 또 레바논에서부터 미스르봇마임까지 산지의 모든 주민 곧 모든 시돈 사람의 땅이라. 내가 그들을 이스라엘 자손 앞에서 쫓아내리니 너는 내가 명령한 대로 그 땅을 이스라엘에게 분배하여 기업이 되게 하되"(수 13:1-6).

성서 지도책은 이러한 묘사에 상당히 많은 땅이 포함되어 있음을 시각적으로 보여준다.[1] 실제로 대충 추정하더라도 정복 성공률은 기껏

---

1 예를 들어 다음 책을 보라. Barry J. Beitzel, *The New Moody Atlas of the Bible*

해야 50% 정도에 머물 것이다. 게다가 이스라엘이 점령했다고 하는 중요한 몇몇 성읍들, 그중에서 특히 예루살렘과 헤브론은 여전히 가나안 족속의 수중에 확고하게 남아 있었지만 두 성읍 모두 여호수아 12장에서는 패배한 왕들의 명단에 언급되어 있다(10절을 보라).

사사기 1장에 따르면 심지어 "여호수아가 죽은 후"(삿 1:1)에도 상황은 극적으로 변하지 않았고 거기서 우리는 이스라엘이 여전히 가나안 영토의 많은 부분을 점령하지 못했다는 말씀을 듣게 된다. 사실 가나안은 수백 년 뒤인 다윗 시대까지도 완전히 정복되지 않았다. 저자는 의도적으로 보편적인 언어를 사용하고 수사적으로 정복이 완결되었다는 뜻을 전달하려 하지만 이는 정복의 실제 지리적 범위가 아니라 정복의 의미와만 일치했다. 따라서 저자는 신학적인 주장을 펴기 위해 과장법을 사용한다.

총체적 정복에 대한 여호수아 1-12장의 강조와 많은 땅이 남아 있다는 여호수아 13-24장 및 사사기 1장의 인식으로 인해 어떤 학자들은 어느 기록이 실제로 벌어진 일에 대한 신뢰할 만한 표현인지를 묻는다. 이 질문을 제기하는 대부분의 학자는 후자가 사실에 더 가깝고 전자는 정복에 대한 이상화되거나 신학적으로 초점이 맞춰진 표현이라고 답한다. 또 어떤 학자들은 그 땅이 완전히 점령되었

(Chicago: Moody Publishers, 2009), 지도 42, 43 (pp. 128-29). 『NEW 무디 성서지도』(아가페출판사 역간, 2016).

다가 다시 상실되어 또다시 정복해야 할 필요성을 제기한다고 주장함으로써 그 둘을 조화시킬 방법을 찾으려 애쓴다.

그러나 여호수아 1-12장과 13-24장 및 사사기 1장 간의 관계를 이해하려는 이러한 전략들은 둘 다 성경 사가가 중요한 신학적 메시지를 전달하기 위해 과장법을 효과적으로 사용할 수 있다는 점을 이해한다면 불필요하다.[2]

우선 우리는 여호수아 13-24장과 사사기 1장이 땅을 차지하는 일과 관련한 성공과 분투를 정확히 묘사한다는 점에 동의한다. 우리는 이 두 기록을 억지로 조화시키려 애쓰기보다는 여호수아서 저자가 아브라함이 받은 땅에 대한 약속 성취의 시작을 기념하기 위해 승리의 기록을 강조하고 좌절과 패배를 생략했다는 점을 인식해야 한다. 마텐 와우스트라(Marten Woudstra)가 표현한 대로 "즐거운 낙관주의의 분위기가 여호수아서에 만연해 있다. 여호수아서의 요지는 가나안 땅의 소유에 관해 조상들이 받은 약속의 성취다."[3]

따라서 정복 내러티브는 하나님이 창세기 12:1-3에서 땅에 대해 하신 약속을 성취하고 계심을 보여주기 때문에 정복의 성공에 관심이 있다. 이 약속이 주어진 지 수백 년이 흘렀으므로 우리는 하나

---

2 다음 책의 논의를 보라. John H. Walton, J. Harvey Walton, *The Lost World of the Israelite Conquest* (Downers Grove, IL: InterVarsity Press, 2017), 178.

3 Marten H. Woudstra, *The Book of Joshua*, NICOT (Grand Rapids: Eerdmans, 1981), 32.

님이 도와주신 승리에 따른 기쁨을 상상해볼 수 있다.

이처럼 사사기 첫머리뿐만 아니라 정복과 지파별 땅 분배에 관한 본문에도 여호수아 1-12장에서의 과장법 사용을 돋보이게 하는, 그 땅에 존재하는 이스라엘 백성의 초창기를 다룬 내용이 등장한다.

마지막으로 우리는 여호수아서의 정복 기사에 대한 고대 근동의 배경을 다룬 로슨 영거(Lawson Younger)의 중요한 저작에도 주목해야 한다. 그는 과장법이 이집트, 아시리아, 바빌로니아와 실로 고대 이스라엘의 주변 지역 곳곳에서 나온 전쟁 기록의 예상되는 특징이었다는 자신의 명제를 탐구하기 위해 많은 예를 제시한다.[4] 그의 표현대로 "다른 고대 근동의 정복 기사들과 똑같이 성경의 내러티브도 이야기를 부풀리기 위해 과장되고 상투적인 복합구문을 활용한다."[5] 이집트의 여러 예 중에서 그는 투트모세 3세의 제벨 바르칼(Gebel Barkal) 석비를 인용한다.

미탄니의 큰 군대
그 군대가 눈 깜짝할 사이에 격파된다.
그 군대는 완전히 멸망당했다.

---

4 K. Lawson Younger, *Ancient Conquest Accounts: A Study in Ancient Near Eastern and Biblical History Writing* (Sheffield, UK: JSOT Press, 1990), 190-92.
5 같은 책, 228.

마치 한 번도 존재하지 않았던 것처럼.[6]

또는 이스라엘의 메르네프타 석비에 대한 언급을 추가할 수도 있다. "야노암은 존재하지 않는 것으로 바뀐다. 이스라엘은 황폐하고 그 씨는 존재하지 않는다."[7]

우리는 여호수아 1-12장과 같은 본문에서 살펴본 대로 과장법이 존재하는 것이 명백하더라도 일부 독자들이 성경에 과장법이 존재한다는 사실에 당혹감을 느낄 것이라는 점을 인정한다. 그러나 성경의 무오성이라는 복음주의 교리는 성경이 가르치거나 주장하는 모든 것에서 성경의 전적인 진실성을 단언한다는 점을 상기시키며 이 장을 마무리하고자 한다. 우리의 요점은 성경 저자들이 때때로 그들의 자료 속에서 독자들이 인식하기를 기대하는 방식으로 과장법을 사용했다는 것이다. 다시 말해 과장법은 고대 저자들이 중요한 신학적 주장을 펼치기 위해 사용한 글쓰기의 관례다. 무오성에 대한 이 관점이 복음주의 개신교인들에게 수용 가능하다는 점은 성경의 무오성에 관한 시카고 선언을 인용함으로써 뒷받침할 수 있다. 이 선언은 주요 복음주의 신학자들과 성경학자들이 1978년에 쓴 대표

6 같은 책, 191.

7 다음 글에서 인용했다. "The (Israel) Stela of Merneptah," trans. James K. Hoffmeier, *COS* 2:41. Younger는 *Ancient Conquest Accounts*, 191에서 야노암에 관한 첫 번째 시행을 인용한다.

적인 교리 진술서다. 이 문서 제13조는 일련의 단언과 부정 속에서 이렇게 진술한다.

> 우리는 무오성을 성경의 완전한 진실성에 관한 신학적 용어로 사용하는 것의 적절성을 단언한다.
>
> 우리는 성경을 성경의 어법이나 목적과 이질적인 진리와 오류의 기준에 따라 평가하는 것이 적절하다는 견해를 부정한다. 더 나아가 무오성이 현대적인 기술적 정확성의 부족, 문법이나 철자의 불규칙성, 관찰의 성격, 허위 사실의 보고, **과장법**과 어림수의 사용, 자료의 주제별 배열, 평행 기사 속에서의 자료의 상이한 선택, 또는 자유로운 인용문 사용 등과 같은 성경적 현상에 의해 부정된다는 생각을 부정한다.[8]

따라서 우리는 성경이 중요한 신학적 메시지를 전달하기 위해 과장법을 아무런 거리낌이나 망설임 없이 활용한다는 사실을 알 수 있고, 무오성 교리에 대한 가장 최근의 표현은 이러한 활용을 충분히 인식하고 이는 성경의 진실성을 결코 약화하지 않는다고 단언한다. 이러한 과장된 진술 뒤에는 역사적인 사건들이 있고 이런 사건들을 자세히 재구성하는 일은 불가능하지는 않지만 어렵다. 성경 저자들

---

8 "The Chicago Statement on Biblical Inerrancy," 다음 웹페이지에서 접속 가능. www.bible-researcher.com/chicago1.html. 강조는 덧붙인 것임.

은 사건 그 자체보다는 그 사건이 하나님과 그의 백성과의 관계와 관련해서 갖는 의미에 더 관심이 많다.

명제 5

창세기는 과장된 홍수 이야기를 적절히 제시한다

성경에서 입증된 과장법의 수사적 사용에 대한 명제 4에서의 논의를 바탕으로 우리는 이제 그 논의를 우리의 홍수에 대한 이해에 적용할 준비가 되었다. 우리는 홍수의 영향과 의미를 우주적인 대재앙으로 묘사하기 위해 보편적인 수사법을 사용하는 것이 고대 이스라엘 민족이나 저자가 물리적·지리적 범위를 보편적인 것으로 간주했음을 의미하는 것은 아니라고 주장한다. 수사법상 과장법으로 사용된 보편적인 언어의 다른 용례들은 예레미야애가 2:22(바빌로니아의 예루살렘 파괴로 인한 애가는 생존자가 한 사람도 없었음을 보여주나, 우리는 구약의 다른 내용을 통해 어떤 이들은 포로로 잡혀갔고 어떤 이들은 그 땅에 남았다는 사실을 익히 알고 있다)과 스바냐 1장에 나오는, 야웨가 예루살렘에 임하시는 날에 대한 그와 비슷한 논의에서 확인할 수 있으며 스바냐 1장은 멸망이 완전하고 우주적임을 보여준다.

홍수 이야기에 나오는 태초의 우주적 대재앙에 대한 논의를 묵시 문학에서 발견되는 내용과 비교하는 것은 유익하며 묵시 문학은 미래의 우주적 대재앙을 자주 묘사한다. 이 두 종류의 대재앙 기사는 모두 우주적인 규모의 영역을 특징으로 삼기 위해 수사적으로 구성되어 있다. 묵시 장르는 우리에게 사회정치적 대재앙에 대한 묘사가 우주적인 규모로 수사적으로 구성될 수 있다는 점을 보여준다. 그 점을 의식하면서 우리는 자연적 대재앙에 대한 묘사가 이론적으로도 우주적인 규모로 수사적으로 구성될 수 있다고 주장하며 사실 홍수에 관한 용어들이 고대 근동 문헌에서 두 종류의 대재앙 모두에 대해 사용되고 있음을 발견한다. 이 새뮤얼 첸(Yi Samuel Chen)은 심지어 수메르 홍수 기사(자연적 대재앙)의 표현이 "수메르와 우르의 멸망에 대한 애가"(사회정치적 대재앙)에서 차용한 것이라는 증거를 제시한다.[1]

전반적으로 창세기 1-11장에 대한 우리의 이해(구체적으로 창 1-3장에 대한 앞서의 면밀한 연구; 명제 3을 보라)와 부합하게 우리는 창세기 6-8장에 나오는 홍수 이야기의 표현에서 다음 두 가지를 예상한다. 첫째, 홍수 이야기가 실제 사건에 뿌리를 두고 있다고 예상한다. 둘째, 역사적 사건이 우리가 사건 그 자체를 재구성하는 데 필요한 정보를 주는 일보다는 그 사건의 신학적 의미에 더 관심을 보여주는 비유적 언어를 사용하여 묘사될 것을 예상한다.

명제 14에서 사건 그 자체에 대해 숙고하겠지만 이 장에서는 사건의 수사적 구체화를 탐구할 것이다. 홍수 이야기의 관점에서 가장 확연한 수사적 특징은 명백히 과장법이다.

과장법은 일종의 비유적 언어다. 어떤 효과를 낳거나 요점을 강조하기 위해 과장한다. 일상적인 대화에서 예를 하나 들어보자. 아내가 내 여행 가방을 집어 들며 "무게가 1톤은 되겠네"라고 말할 때(실제로 나는 가방을 무겁게 싸는 경향이 있고 짐은 다 책이다) 우리는 둘 다 여

---

1 Yi Samuel Chen, *The Primeval Flood Catastrophe* (Oxford: Oxford University Press, 2013), 204.

행 가방이 말 그대로 1톤이 나가지는 않는다는 것을 알지만 아내는 요점을 강조한 것이다. 아내가 내게 거짓말을 하거나 오해를 하게 만드는 것은 아니지만 만일 내가 아내의 말을 곧이곧대로 믿는다면 나는 아내가 거짓말을 하고 있다고 생각할지도 모른다. 실제로 만일 내가 "아니야. 가방 무게는 30kg이야. 1톤에 한참 못 미쳐"라고 대답했다면 나의 아둔함을 입증하는 셈이 될 것이다.

우리가 보기에 과장법은 만연한 비질서에 대한 묘사부터 시작해서 홍수 이야기 곳곳에 스며들어 있다. "여호와께서 사람의 죄악이 세상에 가득함과 그의 마음으로 생각하는 모든 계획이 항상 악할 뿐임을 보시고"(6:5). 우리가 이를 있는 그대로의 사실에 대한 진술로 받아들인다면 다음과 같은 구절은 어떻게 설명하겠는가? "노아는 의인이요 당대에 완전한 자라. 그는 하나님과 동행하였으며"(6:9). 지극히 문자적인 사고방식을 가진 이들은 이 표현을 지상의 모든 사람이 모든 행동에 대해 악한 동기만 품었다는 뜻으로 받아들일 것이다. 그러나 과장법은 악이 전례 없는 수준에 도달했고 하나님이 질서를 회복시키기 위해 곧 행동하실 것이라는 사실을 확실히 잘 표현한다.

둘째, 과장법은 방주의 크기를 설명해준다. 창세기 6:15에서 묘사된 것과 같은 방주는 대략 길이 140m(300규빗), 너비 20m(50규빗),

높이 13m(30규빗)다.[2] 이것은 큰 배다! 크기 그 자체가 우리로 하여금 이 숫자들은 과장되었다고, 다시 말해서 어떤 (신학적인) 요점을 강조하려고 수사적인 효과를 위해 의도적으로 과장했다고 믿게 한다. 고대의 독자들이 이러한 묘사를 실제 배를 가리키는 것처럼 받아들이는 모습을 상상하기란 어렵다. 고대 세계에는 이 배와 비슷한 물건이나 심지어 근접한 물건도 전혀 없었을 것이다.

사실 현대의 독자가 이 본문을 오해해서 마치 이 본문이 실제 배를 묘사하고 있다고 받아들일 가능성이 더 높아 보인다. 주요 젊은 지구 창조론자인 켄 햄(Ken Ham)의 경우는 확실히 그렇다. 2016년 7월에 켄 햄은 사람들이 승선할 수 있는 방주의 '실물 크기' 모형인 '아크 인카운터'(Ark Encounter)를 공개했다. 그는 이러한 크기의 문자적인 방주가 지어질 수 있고 홍수에서 살아남는 데 필요한 모든 동물을 수용할 수 있음을 보여주려 했다. 나는 햄이 내가 알지 못하는 이유로 방주를 성경의 묘사보다 조금 더 크게(길이 155m, 너비 25m, 높이 15m) 지었다는 점을 지적하지 않을 수 없다.[3]

햄은 그처럼 거대한 배를 지을 수 있다는 사실을 보여주었다. 그 배는 (비록 켄터키주 땅에서 만들었지만) 심지어 항해에 적합할 수도

2 단위 환산은 (가운뎃손가락 끝부터 팔꿈치 끝까지 팔뚝의 전형적인 길이인) 규빗이 대략 45cm라는 전통적인 이해에 근거한다.

3 그는 한 규빗이 오늘날 대다수의 학자들이 생각하는 것보다 길다고 보는 것 같다.

있다. 그러나 배를 짓는 과정을 담은 비디오를 보면 전동 공구, 기중기, 배가 산산이 갈라지지 않게 보호하는 강철 비계, 이 배를 지은 전동 공구를 사용하는 (수백 명은 아니라 해도) 수십 명의 숙련된 노동자들을 발견하게 된다.[4] 노아와 그의 가족이 이 일을 완수하는 모습을 상상하기란 어렵다!

이 질문에 대해 제안된 대답들은 근거 없는 추측들이며 성경은 그 가운데 어느 것도 타당함을 증명해주지 않는다. 아마도 노아는 더 우월한 기술을 사용할 수 있었을 것이다. 또한 그는 홍수에 의해 곧 멸망당할 많은 사람을 고용했을 것이다. (아이러니한 일이지만 이는 메소포타미아의 기록과 일치한다.) 아마도 하나님은 노아에게 초인적인 힘과 공학 기술을 주셨을 것이다. 그리고 타락한 천사들이 노아를 도와주었을 것이다. (초기 유대교 전설을 바탕으로 한 2014년의 노아 영화를 보라.) 이 중에 어떤 것도, 또는 다른 어떤 설명도 그럴듯하지 않다. 그리고 성경은 오직 노아와 그의 가족만이 방주를 지었음을 암시한다.

성경에 묘사된 방주를 실제 배의 정확한 치수로 받아들인다면

---

4 방주의 크기와 세부 실행 계획, 여덟 사람이 그처럼 큰 무리의 짐승들을 돌보고 먹이는 일을 그럴듯하게 설명하기 위해 제시해야 할 다소 과장된 설명을 보려면 다음 책을 보라. John Woodmorappe, *Noah's Ark: A Feasibility Study* (Santee, CA: Institute of Creation Research, 1996). 남의 말을 아주 잘 믿는 사람들만이 아마도 홍수 이야기에 대한 묘사가 결코 과장되지 않았다고 이해하는 데 필요한 온갖 예외적인 조건들을 믿을 수 있을 것이다.

고대뿐만 아니라 오늘날을 포함한 어느 시대에 지어진 목제 선박보다도 크다는 점을 기억하자. 그리고 만일 햄이 만든 방주가 원리적으로 항해에 적합하든 그렇지 않든 (그 배는 항해에 적합한지 매우 의심스럽고 당연히 물에 띄워지지 않을 것이다) 방주만 한 크기의 목제 선박은 결코 존재했던 적이 없다는 점을 직시하자.

역사를 통틀어 조선술을 들여다보면 길이가 3m를 거의 넘지 않았던 최초의 배들은 가죽과 갈대로 만들어졌고 일반적으로 습지와 강둑을 따라 항해했다. 기술이 발전해 고기잡이에 사용되는 배를 넘어섰을 때 지중해에서 항해할 수 있는 범선이 등장하기 시작했다. 고왕국(기원전 2500년)까지 거슬러 올라가는 이집트 미술은 길이가 50m에 이를지도 모르는 배들을 묘사한다. 기원전 2천 년대와 천 년대의 우가리트와 페니키아 문헌에 등장하는 배들은 이보다 길지 않다. 로마 시대로 넘어가 보면 기원후 몇백 년 동안 가장 유명했던 대형 선박은 이시스였는데 이 배는 알렉산드리아와 로마 사이를 운항했다. 놀랍게도 이 배는 크기가 54m×14m×13m나 됐지만 방주의 4분의 1도 안 됐다.[5]

좀 더 최근 시대로 와 보면 18세기 중엽부터 20세기 초까지 90m 이상의 목제 선박은 극소수만 건조되었다. 미 해군 전함 던더

---

5 이 주제를 자세히 다룬 글을 보려면 다음 책을 보라. Lionel Casson, *Ships and Seamanship in the Ancient World* (Baltimore: Johns Hopkins University Press, 1995).

버그호는 115m 길이의 가장 긴 배로 분류되지만 그중 15m는 충각(ram)이므로 방주와 비교하기 위해서는 배의 길이를 100m로 간주해야 한다. 19세기에 건조된 와이오밍호도 136m로 분류되지만 여기에는 이물 제2사장(斜檣)이 포함되므로 실제 길이는 100m다. 또한 현대의 긴 목선들은 철 볼트와 강철 지지대로 지어졌는데 이는 노아가 사용할 수 없었던 것들이다.[6] 그런데도 현대의 목선들은 수중에서 불안정하기로 악명이 높았다.

거듭 말하지만 우리는 성경을 부정하기 위해서가 아니라 진실을 고대 독자들이 이해했을 법한 대로 이해해보기 위해 이런 문제들을 제기하는 것이다. 원 독자들은 우리가 홍수에 대한 비유적인 묘사를 이 이야기의 저자가 의도한 대로 다루고 있다고 인식했을 것이다. 이 점은 배의 크기와 모양이 과장되고 본질적으로 항해에 적합하지 않은 것이 고대 근동의 홍수 이야기들의 특징이라는 사실에 의해 뒷받침된다(명제 8을 보라).

다음으로 홍수 그 자체도 고대 독자들에게는 과장된 표현으로 보였을 것으로 묘사된다. 물이 "큰 깊음의 샘들"에서 나오고 "하늘의 창문들"로부터 흘러나오는데(창 7:11) 이는 평평한 땅 아래 지하수가 있고 궁창 위에 하늘의 문을 열면 쏟아질 수 있는 물이 있다고

---

6 가장 이른 시대에는 엮어 만든 배가 표준이었고 그런 배에서는 밧줄이 널빤지에 난 구멍을 통과하여 널빤지들을 하나로 묶어주었다. 갈대도 배를 만드는 데 중요한 재료였다.

믿었던 (파란 하늘에 주목하라) 고대의 우주론을 반영한다.

물이 땅속 깊은 곳과 하늘에서 흘러나왔을 때 "물이 많아져 방주가 땅에서" 떠올랐다(창 7:11). 심지어 "높은 산"도 잠겼고(창 7:19) 단지 잠기기만 한 것이 아니라 물이 산 위로 15규빗(7m) 이상 솟아올랐다. 이런 묘사는 정말로 국지적인 홍수가 아니라 전 세계적인 홍수에 대한 묘사다. 현대의 일부 독자들은 인식하지 못했더라도 최초의 청중은 이와 같은 묘사가 과장법이라는 점을 이해했을 것이다.

명제 6

창세기는 홍수를 전 세계적인 사건으로 묘사한다

우리는 창세기 1-11장에서 저자가 실제 사건을 기초로 삼아 태고 시대를 신학적으로 표현하려 한다는 결론에 도달했다. 또한 저자가 이 사건들에 대한 표현을 수사적으로 구성하고 있다고 결론지었다. 이제 구체적으로 창세기 6-9장과 홍수 기사로 관심을 돌리며 우리가 맨 먼저 할 일은 저자가 적용한 수사법이 홍수를 국지적인 현상이 아닌 전 세계적인 현상으로 제시한다는 점을 인정하는 것이다.

전 세계적인 홍수에 대한 지질학적 증거가 부족하다는 점(명제 15를 보라)을 절감하는 어떤 학자들은 홍수는 국지적인 사건이었고 성경 본문은 그와 같은 홍수를 묘사한다고 주장하고 싶어 한다. 이런 식의 해석은 장점이 많고 과학적 증거(또는 증거 부족)뿐만 아니라 성경 본문도 진지하게 받아들인다.

국지적 홍수 이론의 지지자들은 보통 '땅'이라고 번역하는 '에레츠'라는 단어를 '육지'라고 번역해야 한다고 주장한다. 이러한 결정은 '에레츠'가 나오는 곳마다 육지가 땅을 대체하는 번역으로 귀결된다.

> 여호와께서 사람의 죄악이 [세상]육지에 가득함과 그의 마음으로 생각하는 모든 계획이 항상 악할 뿐임을 보시고 [땅]육지 위에 사람 지으셨음을 한탄하사 마음에 근심하시고 이르시되 "내가 창조한 사람을 내가 지면['아다마']에서 쓸어버리되 사람으로부터 가축과 기는 것과 공중의 새까지 그리하리니 이는 내가 그것들을 지었음을 한탄함이니라" 하시니라(창 6:5-7).

내가 홍수를 [땅]육지에 일으켜 무릇 생명의 기운이 있는 모든 육체를 천하에서 멸절하리니 [땅]육지에 있는 것들이 다 죽으리라(창 6:17).

지금부터 칠 일이면 내가 사십 주야를 [땅]육지에 비를 내려 내가 지은 모든 생물을 지면에서 쓸어버리리라(창 7:4).

홍수가 [땅]육지에 있을 때에 노아가 육백 세라(창 7:6).

칠 일 후에 홍수가 [땅]육지에 덮이니(창 7:10).

사십 주야를 비가 [땅]육지에 쏟아졌더라(창 7:12).

홍수가 [땅]육지에 사십 일 동안 계속된지라. 물이 많아져 방주가 [땅]육지에서 떠올랐고 물이 더 많아져 [땅]육지에 넘치매 방주가 물 위에 떠다녔으며 물이 [땅]육지에 더욱 넘치매 천하의 높은 산이 다 잠겼더니 물이 불어서 십오 규빗이나 오르니 산들이 잠긴지라.[1] [땅]육지 위에 움직이는 생물이 다 죽었으니 곧 새와 가축과 들짐승과 [땅]육지에 기는 모든 것과 모든 사람이라. 육지에 있어 그 코에 생명의 기운의 숨

1 또는 국지적 홍수 이론에 유리하게 번역하자면 이렇게 할 수도 있다. "물이 십오 규빗 이상 차올라 산들이 잠긴지라"(NIV 각주). 그러나 겨우 7m밖에 차오르지 않은 물에는 어떤 산도 잠기지 않을 것이다.

이 있는 것은 다 죽었더라. 지면의 모든 생물을 쓸어버리시니 곧 사람과 가축과 기는 것과 공중의 새까지라. 이들은 [땅]육지에서 쓸어버림을 당하였으되 오직 노아와 그와 함께 방주에 있던 자들만 남았더라. 물이 백오십 일을 [땅]육지에 넘쳤더라(창 7:17-24).

하나님이 노아와 그와 함께 방주에 있는 모든 들짐승과 가축을 기억하사 하나님이 바람을 [땅]육지 위에 불게 하시매 물이 줄어들었고(창 8:1).

물이 [땅]육지에서 물러가고 점점 물러가서 백오십 일 후에 줄어들고(창 8:3).

[노아가] 까마귀를 내놓으매 까마귀가 물이 [땅]육지에서 마르기까지 날아 왕래하였더라(창 8:7).

온 [지면]육지 표면에 물이 있으므로 비둘기가 발붙일 곳을 찾지 못하고(창 8:9).

이에 노아가 [땅]육지에 물이 줄어든 줄을 알았으며(창 8:11).

둘째 달 스무이렛날에 [땅]육지가 말랐더라(창 8:14).

"너와 함께 한 모든 혈육 있는 생물 곧 새와 가축과 [땅]육지에 기는 모든 것을 다 이끌어내라. 이것들이 [땅]육지에서 생육하고 [땅]육지에서 번성하리라" 하시매(창 8:17).

우선 국지적 홍수 이론의 해석은 성경을 확고히 견지하면서 전 지구적 홍수에 대한 과학적 증거가 현저히 부족하다는 점도 이해해보려는 귀한 시도라는 점부터 언급해두자.[2] 표면적으로는 심지어 더 설득력 있게 보일 수도 있다. 그러나 결론적으로 우리와 다른 많은 이들은 여전히 이 이론에 설득당하지 않는다. 창세기의 홍수에 대한 묘사의 다른 세부적인 내용은 창세기 6-8장의 내용이 국지적 홍수, 부분적인 범위만의 홍수, 심지어 엄청난 규모의 홍수에 대한 묘사라는 생각과 조화를 이루기가 어려워 보이고 심지어 불가능해 보인다.

예를 들어 이 이야기의 첫머리에서 강조점은 인간의 죄가 만연해 있고 이로 인해 하나님은 단지 제한된 장소 안에 있는 인간만이 아니라 인간의 창조 전체를 후회하신다는 것이다(창 6:11-13). 이 시대의 인간들이 거대한 국지적인 홍수로 덮일 수 있는 특정한 장소에

---

2 우리는 여기서 '전 지구적'이라는 말을 전 세계적이라는 의미로 사용한다. 고대의 인간 저자와 그의 원 청중은 지구가 구(globe)라는 사실을 알지 못했을 것이다. 따라서 '전 지구적'이란 말은 시대착오적인 표현이지만 이 단어가 오늘날의 논쟁에서 사용되고 있으므로 이를 사용한다. 그렇더라도 우리는 '전 세계적인'이라는 말을 더 자주 사용할 것이다.

모두 모여 있었다고 상상할 수 있는가? 물론 성경은 우리에게 홍수가 언제 일어났는지를 말해주지 않으므로 이 질문에 대답하기는 어렵다. 창조된 순간부터의 인간 분포에 대한 정보도 제공하지 않는다. 그 문제에서는 노아 가족이 있었던 곳도 언급되지 않는다.[3] 이 정보가 이 이야기와 관련해서 반드시 필요하지는 않은 까닭은 창세기 6-8장에서 묘사된 상황이 국지적인 홍수가 아니라 온 땅을 뒤덮고 방주에 올라탄 인간과 짐승 외에는 모든 인간과 짐승을 멸한 홍수이기 때문이다. 어쨌든 창세기 4장 이후의 강조점은 최소한 인간들의 확산에 있었다는 점도 주목해야 한다.[4] 홍수의 영향과 중요성은 전 세계적이지만 이 경우에도 그것이 곧 홍수의 지리적 범위가 전 세계적이라는 의미는 아니다.

성경 본문 자체로도 본문이 국지적 홍수를 묘사한다는 생각을 약화하기에 충분하지만 과학은 또 다른 중요한 고려 사항을 제공한다. 과학적 연구에 의하면 인간의 역사는 아프리카에서 시작되었고 마침내 중동과 유럽과 그 너머로 확산되었다. 따라서 우리가 아프리카에서 초기에 있었던 국지적 홍수에 대해 이야기하지 않는다면(그렇게 되면 방주가 아라랏산에 머문 사실을 이해하기가 어려워질 것이다) 모든

3 이 이야기에서 유일한 지리학적 언급은 아라랏산이다(창 8:4). 특정 산에 대한 구체적인 언급은 아니지만 이 지역은 터키 동부 반호(Lake Van) 근처에서 발견된다.

4 창 4:12과 가인이 "땅에서"(육지에서?) "피하며 유리하는 자"가 될 것이라는 하나님의 선언을 주목해보라.

인간이 어떤 특정 지역에 몰려 있어서 강력한 지역적 홍수로도 그들을 전부 몰살시킬 수 있었던 때는 없다.

우리는 이 이야기가 노아와 그의 가족을 제외한 모든 인간의 멸망을 묘사한다는 점을 강조할 필요가 있다. 홍수는 창조의 역전이며, 세상을 무질서한 상태('토후 와보후', "혼돈하고 공허하며"; 창 1:2)로 창조하신 하나님에 의해 시작되었다. 우리는 이 '토후 와보후'의 단계를 물로 가득한 둥근 덩어리로 묘사할 수 있다. 창세기 1장의 창조의 날들은 비질서에서 질서로의 변화를 묘사하지만 하나님은 먼저 세상을 창조 이전의 물로 가득한 상태(비질서)로 되돌려놓으신 뒤에 질서를 회복시키신다. 하나님은 새 단장을 하고 계신다. 하나님의 행동은 하나님 자신이 인정한 바에 의하면 무질서(인간의 죄; 창 8:21)를 제거하지는 않지만 질서를 가져다주는 계획을 계속 수행하시겠다는 굳은 의지를 입증한다(창 8:22).

더 나아가서 창세기 6-9장의 내용이 국지적 홍수에 대한 묘사라면 왜 새를 포함한 모든 종류의 동물을 쌍으로 취하는가? 인간은 국지적 홍수의 범위 밖에 살지 않았더라도 대부분의 동물은 분명 그 범위 밖에서 살았을 것이다. 새들이 방주에 포함될 필요가 있었다는 사실은 홍수의 물이 실제로 매우 높이 솟아올랐음이 틀림없다는 점을 입증한다.

그 문제에서 만일 홍수가 국지적이었다면 왜 그토록 큰 배를 지었는가? 왜 하나님은 단순히 노아와 그의 가족만 배에 타라고 말씀하시지 않았는가?

그 이유는 어느 한 지역에 있는 샘들만이 아니라 "큰 깊음의 샘들이 터지며 하늘의 창문들이 열려"버렸기 때문이다(창 7:11).

그다음에는 홍수의 물의 깊이에 대한 묘사가 나온다. 창세기 7:20의 히브리어에 대한 가장 자연스러운 해석은 NIV에서 제시된다. "물이 솟아올라 산들을 15규빗[7m] 이상의 깊이로 뒤덮었다." 이 산들이 전혀 낮지 않다는 점도 기억하자. 물이 빠진 뒤에는 "방주가 아라랏산에" 머물렀다. 아라랏산의 정체에 대한 통속적인 인식에도 불구하고 성경은 단지 터키 동부 반호(Lake Van) 근처에 있는 대략적인 한 지역만을 언급할 뿐이다. 그러나 우리가 아라랏 산지 중에서 어떤 특정한 봉우리에 대해 이야기하든 간에 홍수의 물이 그 산들보다 7m나 더 높게 솟아올랐다는 묘사는 성경 본문이 국지적인 홍수를 묘사하고 있는 것이 아님을 의미한다. 그와 달리 본문은 수사적으로 홍수 사건의 중요성에 대해 말하기 위해 의도적으로 보편적인 언어를 사용하고 있다.

성경 본문을 고의적으로 국지적 홍수를 묘사하는 것으로 해석하려는 시도는 좋은 의도와 적절한 동기에도 불구하고 여전히 설득력이 없다. 그러나 이 주제에서 벗어나기 전에 우리는 성경 본문이 국지적 홍수를 묘사한다고 이해하기 위한 또 다른 전략을 다루어야 한다.

이러한 관점의 한 변형에 따르면 노아 홍수는 전 세계적인 홍수가 아니라 국지적인 홍수다. 그러나 고대의 경험자들(노아와 그의 가족)

의 관점에서 보면 물은 (그들이 아는 한) 온 땅을 덮었다. 다시 말해 이 사건의 최초의 보고자이기도 한 경험자들이 보기에 이 국지적 홍수는 온 땅을 덮었다. 그 뒤로 이 이야기는 아마도 구두로, 또는 아마도 어느 단계에서는 기록된 형태로 전해 내려오다가 모세에게까지 이르렀을 것이다. 이 견해의 지지자들은 보통 모세를 저자로 보며 저자는 그 이야기를 오늘날 우리가 창세기로 알고 있는 책 속에 포함시켰다. 이런 관점에서 보면 '에레츠'를 '육지'로 번역할 필요가 없다. 최초의 보고자에 관한 한 (실제로) 국지적 홍수가 세상을 뒤덮었기 때문이다.

이 경우에도 우리는 이러한 접근 방식의 많은 요소를 칭찬한다. 특히 이 접근 방식은 성경 본문(이 경우에는 성경 본문에 포함된 이전 자료인 노아의 '톨레도트'[창 6:9-9:28])이 저자의 '인지 환경'[5]에서 기록되었다는 원리를 존중한다. 성경은 우리를 위해 쓰였지만 우리에게 쓰인 것은 아니다. 우리는 하나님이 고대의 저자들에게 지질학, 우주론, 천문학, 또는 그 당시에 알려진 정보를 뛰어넘는 다른 어떤 과학적 정보에 대한 특별한 지식을 주셨다고 믿을 이유가 없다. 또한 하나님이 인간 저자의 의식적인 지식을 뛰어넘는 정보를 인간 저자의 글 속에 심어놓으셨다고 생각할 이유도 없다.[6]

---

5 명제 1을 보라.

6 이는 '믿어야 할 이유'(Reason to Believe)라고 알려진 단체에서 일하는 Hugh Ross와 그 밖의 사람들의 생각과 반대된다. 예를 들어 다음 글을 보라. Kenneth Keathley, J. B. Stump, Joe Aguirre, eds., *Old-Earth or Evolutionary Creation?* (Downers

이 국지적 홍수 이론의 변종은 여러 가지 이유에서 칭찬할 만하지만, 마찬가지로 설득력이 없으며 같은 이유로 앞에서 설명한 형태의 이론도 설득력이 없다. 홍수 이야기에서 사용된 표현은 홍수가 광범위했더라도 국지적인 홍수에 불과했다는 생각을 뒷받침하지 않는다. 그리고 이 결론은 우리가 생각하기에 이야기의 저자가 홍수를 국지적인 사건으로 묘사했든, 결국 창세기에 그 이야기를 실은 최초의 보고자가 국지적인 홍수를 실제로 전 세계적인 홍수로 생각했든지와 관계없이 불가피하다.

창세기에서 이 홍수는 (과장되게) 국지적이 아닌 전 세계적인 홍수로 묘사되고 있다고 결론짓게 하는 이야기의 요소들을 요약한 다음의 목록으로 이 단락을 마무리해보자.

1. 인간의 죄는 만연해 있으며 어느 한 지역에 사는 사람들만이 아니라 모든 인간을 아우른다.

Grove, IL: InterVarsity Press, 2017). 다음 글들도 마찬가지다. Paul Copan et al., eds., *The Dictionary of Christianity and Science* (Grand Rapids: Zondervan, 2017): "Reasons to Believe," 565; "Hugh Ross," 577-78; "Concordism," 104-5. 이에 대한 우리의 견해는 구약의 예언자들이 성경의 핵심 메시지—즉 구속—에 관해 '그들이 아는 것보다 더 잘 말했는지'의 여부에 대한 논의를 배제하지 않는다. 복음주의 개신교 학자들은 성경의 신학적인 메시지와 관련해서 보다 깊은 의미(*sensus plenior*)가 존재하는지의 여부에 대해 의견이 분분하다. 우리는 성경에 과학적인 '센수스 플레니오르'가 있다고 생각할 이유가 없다. 성경은 우주론과 같은 과학적인 주제에 대해 가르치는 일에 어떤 관심도 보이지 않기 때문이다.

2. 하나님은 어느 한 지역에 사는 사람들뿐만 아니라 지상에 인간들을 만든 일을 후회하셨다.
3. 하나님의 심판으로서의 홍수는 재창조의 첫 부분이다. 창조 기사에서 하나님은 우주를 질서가 없는 상태(nonorder)에서 질서 잡힌 상태로 바꾸신다. 최초의 단계는 물로 가득한 둥근 덩어리로 묘사해야 하며 이 덩어리는 창조 6일 후에 기능적 질서를 갖추게 된다. 홍수는 질서를 다시 세우려는 궁극적인 목적을 지닌 질서에서 비질서로의 역전이다. 이 시나리오에 따르면 홍수는 전 세계적일 필요가 있다.
4. 새들을 포함하여 배에 오를 모든 동물을 쌍으로(어떤 경우에는 일곱 쌍으로) 취해야 할 필요성은 단지 국지적인 홍수가 아니라 전 세계적인 홍수를 암시한다.
5. 배의 크기는 홍수의 물이 국지적 홍수에 대한 상상을 뛰어넘음을 보여준다.
6. "큰 깊음의 샘들이 터지며 하늘의 창문들이" 열렸다는 것(창 7:11)은 전 세계적인 홍수를 암시한다.
7. 산들 위로 오른 물의 높이가 15규빗(7m)이나 된다는 점과 유일하게 언급된 산이 상당히 높은 "아라랏산"(창 8:4)이라는 점은 전 지구적인 홍수를 가리킨다.

따라서 창세기 6-8장은 국지적 홍수가 아닌 전 세계적인 홍수를 묘사한다는 것이 우리의 결론이다. 이러한 결론에 따르면 우리에게 남는 것은 21세기의 서구적 관점에서 언뜻 읽으면 오류이거나 최소한 모순처럼 보이는 말씀이다. 성경은 전 세계적인 홍수를 묘사하지만 전 세계적인 홍수를 뒷받침하는 지질학적 증거는 결코 없다. 어떤 사람들은 이는 만일 성경이 옳다면 분명히 과학이 잘못되었다는 뜻이라고 믿지만, 우리는 과학이 옳다면 이는 우리를 성경의 자료에 대한 더 나은 해석, 곧 우리에게 성경 저자의 원래 의도를 알려주는 해석으로 인도한다고 믿는다.

우리는 홍수와 관련한 수사적 표현이 의도적으로 보편적이지만, 그것은 홍수의 규모와 범위라기보다는 사실 홍수의 영향과 의미라는 생각을 뒷받침하고자 했다. 이러한 구별의 마지막 예로 유대인 대학살을 제시한다. 오늘날 사람들은 유대인 대학살에 대해 '유럽의 유대인 말살'이라는 관점에서 이야기하며 이 사건을 전통적이며 수사적으로 표현된 관점에서 생각한다. 화자는 이 사건을 의도적으로 보편적인 용어로 묘사하지만, 그와 동시에 그 묘사를 듣는 이들도 그렇듯이 과장법을 인식한다. 이어지는 논의가 대학살의 실제 희생자 숫자나 범위, 단 한 명의 유대인도 유럽에 남지 않았다는 생각에 초점을 맞추지는 않을 것이다. 그 대신 핵심은 왜라는 문제—왜 하나님은 그런 일을 허락하셨을까?—에 대답하려는 시도가 될 것이다. 사건에 대한 해석은 그 사건이 수사적인 말로 표현될 때 그 사건에 대해 느끼는 원초적인 충격에 의해 환기된다.

제2부

배경: 고대 근동 문헌

명제 7

고대 메소포타미아에도 전 세계적인 홍수에 대한 이야기들이 있다

성경을 진지하게 공부하는 사람이라면 누구나 고대 근동, 특히 고대 수메르, 바빌로니아, 아시리아에서 나온 다른 홍수 이야기들이 있음을 알고 있다.[1] 논쟁거리는 이런 고대의 홍수 이야기의 존재와 타당성이 아니라 이 이야기들의 의미, 그리고 성경 이야기와 그 이야기들의 관계다.

이번 명제에서 먼저 우리가 살펴볼 수 있는 고대 근동 자료를 설명하고, 그다음 명제에서는 이런 이야기들과 성경의 홍수 이야기의 유사점과 차이점을 논의할 것이다.

수메르어로는 홍수 이야기와 창조 이야기의 조합으로 인해 일반적으로 "에리두 창세기"라고 불리는 문헌에 홍수에 대한 언급이 있다. 인간 창조, 최초의 성읍 출현, 왕권 제정에 대한 이야기 뒤에 홍수 이야기가 나온다. 이 이야기는 (에아라고도 알려진) 엔키 신이 그의 열성 신자인 슈루팍의 왕 지우수드라에게 아누 신과 엔릴 신이 허락한 다가올 홍수에 대해 경고하는 것으로 시작한다. 그다음에 학자들이 일반적으로 방주를 지으라는 엔키의 조언이 포함되어 있을 것으로 생각하는 원문이 훼손된 부분이 등장한다. 본문이 다시 분명해질 때 다음과 같은 홍수에 대한 짧은 설명이 나온다.

---

1 우가리트에는 짧은 이야기가 하나 있지만 흥미롭게도 이집트에는 그런 이야기가 하나도 없다.

> 모든 악한 바람, 모든 폭풍이 하나로 모였고 그 순간 바람과 더불어 홍수가 7일 동안 밤낮으로 양동이로 퍼붓듯이 내려 [성읍들을] 휩쓸었다. 홍수가 나라를 휩쓸고 간 뒤, 악한 바람이 큰 배를 큰 물 위에서 이리저리 흔들고 나자 해가 나와 하늘과 땅에 빛을 퍼뜨렸다.[2]

물이 빠진 뒤 지우수드라가 신들에게 제사를 드리자 신들은 "그에게 신과 같은 생명을 허락했고 신과 같은 지속적인 생명의 호흡이 그의 속으로 들어가게 만들었다." 우리는 이 이야기의 주요 요소들이 성경에 나오는 홍수 이야기뿐만 아니라 훗날 바빌로니아의 홍수 이야기에서도 반복된다는 것을 알게 될 것이다.

홍수는 또한 왕위를 하늘이 최초의 성읍인 에리두에 내려준 선물로 묘사한 다음 어떻게 왕위가 성에서 성으로 전해졌는지를 서술하는 문헌인 「수메르 왕명표」에서도 언급된다. 우리에게 흥미로운 것은 「수메르 왕명표」가 왕위에 대한 서술을 홍수 이전 시대와 이후 시대로 나눈다는 점이다. 홍수는 이처럼 이야기로 제시된다기보다는 단순히 언급된다. "다섯 성읍이 있고 여덟 명의 왕이 241,000년 동안 그 성읍들을 다스렸다. [그 후] 홍수가 [땅을] 휩쓸었다. 홍수

2 에리두 창세기의 번역은 다음 책에서 인용했다. Thorkild Jacobsen, *COS* 1:513-15. 그는 연대가 대략 기원전 1600년대로 추정되는, 우리가 가진 이 문헌의 가장 오래된 필사본을 번역했다.

가 [땅을] 휩쓴 뒤에….”[3]

이번에는 아카드어로 기록된 홍수 이야기에 관심을 돌려 먼저 주인공의 이름을 따라 ‘아트라하시스’로 알려진 바빌로니아 서사시의 줄거리를 요약해보자. 아트라하시스는 성경 이야기의 노아에 비견되는 홍수의 주인공이다. 아트라하시스 서사시가 특히 흥미로운 까닭은 창세기 1-11장처럼 인간 창조 이야기를 홍수 이야기와 결합하고 있기 때문이다.

우리의 관심사는 홍수 이야기에 있으므로 인간 창조 이야기는 빨리 살펴보고 넘어가자.[4] 인간은 더 강력한 신(아눈나 신)이 부과한 강제 노동에 맞서 하급신들(이기기)이 반란을 일으켜 창조되었다. 마침내 ‘아눈나’ 신은 마음이 누그러져 인간을 창조함으로써 관개 수로를 파는 힘든 일을 ‘이기기’ 대신 인간이 하도록 만들어주었다. ‘아눈나’ 신은 땅의 흙, 열등한 신의 피, 신들의 침으로 인간을 만들었다.

인간이 창조된 뒤 시간이 흘러 사람들의 수가 늘어난다. 그 결과로 생겨난 ‘소음’(명제 8을 보라)은 위대한 신들, 특히 ‘엔릴’ 신을 괴롭힌다. ‘엔릴’은 인구를 줄일 수 있는 다른 방법을 시도해본 뒤

---

3 다음 책의 번역을 인용했다. Thorkild Jacobsen, *ANET*, 265.

4 아트라하시스의 이 부분과 성경의 기사 간의 관계에 흥미가 있는 이들은 다음 책을 보라. Tremper Longman III, *Genesis*, SGBC (Grand Rapids: Zondervan, 2016), 46-51.

에 홍수라는 수단으로 인류를 일소하기로 결심한다. ('에아'라고도 알려진) '엔키' 신은 이러한 행동 방침에 동의하지 않고 인류의 완전한 멸절을 방지할 조치를 취한다.

'엔릴'은 신들로 하여금 인간에게 다가올 재앙에 대해 말하지 않도록 맹세하게 했지만 '엔키'는 아트라하시스에게 직접 말하지 않고 대신 (그가 들을 것을 알고) 그의 집에 대고 말하는 방법으로 이 금지령을 피한다.

> 벽아, 내 말을 들으라!
> 갈대 벽아, 내가 하는 모든 말에 주의를 기울이라!
> 집에서 도망치고, 배를 만들고,
> 재산을 버리고, 네 목숨을 건져라.
> 네가 만든 배는
> [ ]가 [ ]와 같게 하고
> 깊은 곳처럼 배 위에 지붕을 씌워
> 해가 배 안을 보지 못하게 하라.
> 이물과 고물에 지붕을 씌워라.[5]

---

5 '아트라하시스'의 이 번역문은 다음 책에서 인용했다. B. Foster, *COS* 1:450-52. '아트라하시스'에 대한 중요한 연구서로는 다음 책을 보라. W. G. Lambert, A. R. Millard, *Atra-Hasis: The Babylonian Story of the Flood* (Oxford: Clarendon Press, 1969). 다음 글도 함께 보라. A. R. Millard, "A New Babylonian 'Genesis' Story," *TynBul* 18

아트라하시스가 방주를 짓고 동물들과 자기 가족을 배에 태운 뒤에는
비가 억수처럼 쏟아지기 시작한다.
아닷[폭풍의 신]이 구름 속에서 포효하고 있었다.
그가 출발하자 바람이 맹렬했다.
그는 계선줄을 잘라 배를 띄웠다.
…
안주[신적인 폭풍의 새]가 그의 발톱으로 하늘을 찢었다.
…
그리고 [항아리처럼] 시끄러운 소리를 냈다.
[ ] 홍수가 [났다]
그 힘이 [전투와 같이] 민족들에게 닥쳤다.
…
홍수가 황소처럼 큰 소리로 울었다.
바람이 날카로운 소리를 내는 독수리처럼 메아리쳤다.
어둠이 [짙었고] 해가 사라졌다.

쐐기문자 서판이 손상된 까닭에 이 이후의 본문은 파편만 남았다. "파리들처럼"이라는 언급은 이제 살펴볼 길가메시 서사시의 홍수 이야기에서 보듯이 아마도 홍수 이후 아트라하시스가 드린 제사에

(1967): 3-18.

대해 신들이 보인 반응에 대한 언급일 것이다.

아마도 가장 유명한 바빌로니아식 홍수 이야기는 길가메시 서사시의 열한 번째 서판에서 발견된다. 길가메시 서사시는 기원전 제3천년기 중반의 우루크 성의 한 왕에 대한 이야기를 들려주는데, 서사시의 제목은 그의 이름에서 유래한 것이다. 이야기의 첫머리에 등장하는 길가메시는 젊고 성급한 통치자다. 그는 사실 악하지는 않지만 백성에게 해를 끼칠 만큼 미성숙해서 백성들이 신들에게 그들의 왕과 관련해서 도움을 구하는 기도를 드릴 정도다.

신들은 기도에 대한 응답으로 야생 짐승들과 함께 뛰어다니는 대초원의 야만인 엔키두를 창조한다. 우루크 사람들은 엔키두를 성으로 데려와 길가메시와 싸우게 하기 위해 한 창녀를 엔키두에게 보내고 창녀는 엔키두와 동침한다. 그 뒤로 짐승들은 엔키두와 상대하지 않으려 하고 엔키두는 창녀와 함께 성으로 들어온다. 엔키두는 길가메시에 대한 소문을 듣고 점점 화가 나고 특히 길가메시가 성의 모든 신부가 결혼하는 날 밤에 신부들과 동침한다는 사실(명제 12에서 "하나님의 아들들"에 관해 언급되는 "초야권")에 격분한다.

그렇게 해서 엔키두와 길가메시가 만나자 둘은 씨름을 한다. 엔키두는 선전하지만 결국 길가메시에게 패배하고 만다. 처음에는 신들이 어떻게 백성들의 기도에 응답하기로 했는지가 분명하지 않지만, 싸움이 끝난 뒤 엔키두와 길가메시는 막역한 친구가 되고 함께 모험의 길을 떠남으로 인해 백성들은 천박한 젊은 왕에게서 벗어나게 된다.

모험 도중에 사랑과 전쟁의 여신 이슈타르는 길가메시가 벌거벗은 몸에서 피를 씻어내는 모습을 보고 그에게 관계를 맺자고 제안한다. 길가메시는 과거에 그녀와 동침한 자들이 좋지 않게 끝난 사실을 언급하며 모욕으로 반응한다.

모욕을 당한 이슈타르는 하늘의 신인 아버지 아누에게 가서 복수를 요청한다. 아누는 그에 대한 응답으로 하늘의 황소를 길가메시에게 보내지만 길가메시는 황소를 죽이고 황소의 앞머리를 벗겨 이슈타르의 얼굴에 던진다.

이때 아누는 엔키두를 죽인다. 엔키두가 길가메시의 팔에 안겨 죽을 때 길가메시는 자신도 결국 죽게 될 것임을 깨닫고 대책 마련에 나선다. 이로 인해 길가메시는 마침내 홍수의 주인공을 찾아가게 되는데 이 서사시에서 그의 이름은 우타-나피슈티다. 우타-나피슈티는 영원한 생명을 가진 유일한 인간이므로 길가메시는 그의 비밀을 알고 싶어 한다. 길가메시의 질문을 받은 우타-나피슈티는 길가메시에게 홍수 이야기를 들려준다.

우리는 '아트라하시스'에서와 같이 엔릴과 나머지 신들이 인간의 소음 때문에 인간을 멸하기로 결심했다는 사실을 알 수 있다. 또한 인간에게 비밀을 지키기로 약속한 에아가 우타-나피슈티의 집에 "이 집을 부수고 배를 만들어 재산을 버리고 생명을 찾고 방주를 만들고 목숨을 건져라. 모든 생물의 씨를 배에 태워라"고 말했다는 사

실을 알 수 있다.[6]

그렇게 해서 우타-나피슈티는 방주를 만드는 일에 착수한다. 방주는 바닥 면적이 '1220평'이었고 특이한 모양을 하고 있었다. "네가 지을 배의 치수를 측정하라. 배의 너비와 길이가 같게 하라."[7] 우타-나피슈티는 배를 다 만든 뒤 은과 금, 가족과 친척, 배를 만든 숙련된 장인들과 더불어 "대초원의 짐승들, 대초원의 야생 동물들"을 모았다.[8]

그러자 신들이 폭풍을 보내 제방들을 무너뜨려서 홍수가 "전쟁처럼 사람들을 휩쓸고 갔다." 홍수가 너무 무서워서 심지어 "신들도 홍수에 놀라서 뒷걸음질 치며 아누가 있는 가장 높은 하늘로 올라갔다." 이어지는 내용에서 우타-나피슈티는 신들이 보인 반응을 다소 무례하게 묘사한다. "신들은 개처럼 몸을 웅크리며 밖으로 쭈그리고 앉았고 이슈타르는 해산하는 여인처럼 비명을 질렀다." 실제로 자궁의 여신이자 인간의 창조자로 묘사된 벨레트-일리 신은 인간을 멸하려는 엔릴의 계획에 동의한 것을 한탄한다.

마침내 폭풍이 멈추고 물이 빠졌다. 방주는 (니시르라고도 불리는) 니무쉬산에 머무르게 되었고 7일 뒤에 성경의 홍수 이야기와 아

---

6 길가메시 서사시의 번역은 다음 책에서 인용했다. B. R. Foster, *COS* 1:458-60.
7 어떤 이들은 이 배가 정육면체라고 결론지었고 어떤 이들은 지구라트 모양이라고 가정했다. 최근에 발견된 서판에 따르면 이 배는 원형으로 길이와 너비의 지름을 동일하게 만들었다.
8 에리두 창세기에서 이 동물들은 "작은 동물들"이었다(182행, *COS* 1:515).

마도 가장 눈에 띄게 비슷한 대목에서 우타-나피슈티는 세 마리의 새, 즉 앉을 곳을 발견하지 못해서 되돌아온 비둘기 한 마리, 마찬가지로 앉을 곳을 발견하지 못한 제비 한 마리, 물이 빠지는 것을 보고 먹을 것을 찾아 먹고 돌아오지 않은 까마귀 한 마리를 풀어놓았다.[9]

이렇게 해서 우타-나피슈티와 방주에 탄 인간들과 동물들은 방주를 빠져나왔고 이 홍수의 주인공이 처음 한 일은 제사를 드리는 일이었다. 여기서도 신들이 제사에 대해 보인 반응은 모욕적으로 비친다. "신들은 냄새를 맡았고, 신들은 감미로운 냄새를 맡았으며, 신들은 제사 드리는 자 주위로 파리떼처럼 모여들었다."[10] 결국 신들은 인간의 제사에 의존하여 생계를 유지했다.

엔릴은 몇몇 인간들이 홍수에서 살아남은 것을 깨닫자 화를 냈고 특히 에아에게 그랬다. 엔릴의 분노에 대한 응답으로 에아는 이렇게 항의했다. "오, 전사여, 당신은 신들 중에 현자입니다. 어떻게 당신이 생각 없이 홍수를 내리실 수가 있습니까?"[11] 에아는 계속해서 엔릴에게 보다 덜 극단적인 방법으로 맹수나 전염병이나 기근을 사용해서 인구 과잉 문제를 해결하라고 조언한다.

우타-나피슈티는 그와 그의 아내가 어떻게 불멸의 지위를 얻었느냐는 길가메시의 질문에 대한 대답으로 다음과 같이 홍수를 묘사

---

9 Tablet 11:148-56.

10 B. R. Foster, *COS* 1:460.

11 같은 책.

한다. "엔릴이 배 위로 올라왔네.…그는 우리의 활을 만지며 우리 가운데 서서 이렇게 우리를 축복했지. '지금까지 우트나피쉬팀은 인간이었지만 이제 우타-나피슈티와 그의 아내는 신처럼 될 것이다.'"

우타-나피슈티는 길가메시에게 홍수 이야기를 들려줌으로써 자신과 아내가 누리는 불멸은 독특한 상황의 결과임을 말해준다. 우타-나피슈티는 길가메시에게 바다 밑에 있는 한 식물에 대해 이야기해줌으로써 생명을 얻을 수도 있다는 희망을 준다. 그러나 얻은 식물을 뱀이 가져가 버렸다.

길가메시는 이제 영원한 생명을 얻을 수 없음을 알고 우루크로 돌아간다. 서사시는 길가메시가 웅장한 성읍을 보며 그 속에서 경이감을 느끼는 장면으로 끝이 난다.[12] 여기서 우리는 한 성숙한 왕이 그의 성읍으로 돌아와 자신의 '내세'는 왕으로서의 평판이라는 관점에서의 '내세'임을 깨닫는 모습을 발견할 수 있다. 따라서 서사시의 첫머리에 나오는 우루크 사람들의 소망은 실현된다.

언급할 만한 자료가 하나 더 있다. 2014년에 대략 휴대전화 크기의 쐐기문자 서판 하나를 대영 박물관에서 소장하게 되었다. 이 서판은 아트라하시스가 주인공으로 등장하는 홍수 이야기의 일부다. 뒷면에는 시의 일부가 보존되어 있고 앞면에는 방주 건축에 대

12 학자들 사이에는 열두 번째 서판은 이전 열한 개의 서판에 나오는 이야기의 연장이 아니라는 광범위한 의견 일치가 있다.

한 묘사가 자세히 담겨 있다.

이 이야기에서 방주는 코러클(Coracle)처럼 둥근 배 모양으로 묘사되며 본문에서 지름이 대략 70m, 선체 벽의 높이가 6m로 상술된다. 메소포타미아에서 나온 다른 이야기에서와 마찬가지로 이 배는 본질적으로 항해에 적합하지 않다. 이 배는 둘레에 30개의 나무 기둥을 세우고 전체를 거대한 밧줄로 엮은 바구니와 비슷하다. 그리고 안팎으로 역청이 칠해져 있다. 오직 이 서판만이 제시하는 또 다른 흥미로운 내용은 동물들이 둘씩 짝지어 배에 들어간다는 점이다.[13]

본문은 다른 이야기들과 같이 엔키가 갈대 벽에 대고 말을 하는 데서 시작한다. 여기서도 아트라하시스는 집을 부수어 배를 만들라는 지시를 받는다. 이 짧은 본문은 메소포타미아의 전승들을 이해하기 위한 자료에 덧붙일 또 하나의 중요한 자료를 제공해준다.

이 명제에서 우리는 성경 외의 홍수 전승과 관련한 고대 근동의 주요 자료들을 설명했다. 우리는 홍수가 바빌로니아인과 아시리아인뿐만 아니라 수메르인의 문헌에서도 중요한 역할을 했음을 살펴보았다. 다음으로 메소포타미아 전승이 성경의 이야기와 어떻게 관련되는지를 평가해볼 것이다.

---

13 이 언급은 서판 뒷면에 있는데 뒷면은 부분적으로만 해독이 가능하지만 이 단어("둘씩 짝지어")는 번역이 가능할 만큼 충분히 분명하다. 이 서판에 대한 번역은 다음 웹사이트에서 볼 수 있다. "Noah's Round Ark Takes to the Water," *The History Blog*, August 23, 2015, www.thehistoryblog.com/archives/38087.

명제 8

성경의 홍수 기사는 고대 근동의 홍수 이야기들과 유사점과 차이점이 있다

고대 메소포타미아와 관련한 홍수 전승들을 설명했으므로 이제 그 전승들과 성경 이야기의 유사점을 설명하고 차이점을 언급할 것이다. 다음으로 이런 유사점과 차이점의 의미를 평가해볼 것이다.

우리가 에리두 창세기, 아트라하시스, 길가메시 서사시에서 듣는 홍수 이야기의 전반적인 윤곽은 매우 비슷하다. 신들의 세계에서는 인간들에 대한 불쾌감으로 인해 인간들을 멸하기 위해 홍수를 일으키기로 결정한다. 각 경우에 신들의 세계에서는 인간들에게 다가오는 홍수에 대해 경고하고 그들에게 방주를 지으라고 지시함으로써 인간을 구원할 한 사람(지우수드라, 아트라하시스, 우타-나피슈티, 노아)을 택한다. 이 다양한 이야기에서 방주의 모양은 제각각이지만 놀랍게도 방주의 바닥 면적은 거의 동일하다.[1] 방주를 지은 뒤에는 홍수의 주인공과 그 밖의 사람들(가족과 어떤 경우에는 훨씬 더 많은 사람)이 동물들과 함께 방주로 들어간다. 홍수의 수위는 솟아오르다가 마침내 방주가 어느 지점에 머무르게 될 만큼 줄어든다. 길가메시 서사시와 성경 이야기에서는 방주가 한 산(각각 니무쉬[니시르] 산과 아라랏 산)에 머물렀다고 말한다. 이 두 형태의 이야기에서 우리는 또한 우타-나피슈티와 노아가 배에서 내릴 수 있을 만큼 물이 빠졌는지 알

1 Irving Finkel, *The Ark Before Noah* (New York: Nan A. Talese, 2014), 313에서 지적하듯이 '아트라하시스'의 둥근 배는 길가메시 서사시에 나오는 정육면체 방주와 마찬가지로 바닥 면적이 14,400제곱 규빗이다. 노아의 방주는 그보다 약간, 단지 약간만, 더 크다(15,000제곱 규빗).

아보기 위해 세 마리의 새를 풀어놓는 이야기를 듣게 된다. 이 홍수의 주인공들은 방주에서 내린 뒤 신(들)에게 제사를 드린다.

유사점도 눈에 띄지만 차이점도 눈에 띈다. 사실 내용에 차이점이 너무 많아서 전부 언급하지는 않겠지만 홍수의 길이와 지속 기간, 방주의 크기와 모양, 방주에 올라탄 사람들의 인원수와 신원, 홍수 주인공들의 이름, 홍수 물이 빠졌는지 알아보기 위해 보낸 새들의 순서 등과 같은 점이 차이점에 포함된다.[2]

이번 명제에서는 성경과 고대 근동의 홍수 이야기들 사이의 여러 비교점에 대해 생각해볼 것이다. 이 논의는 둘 사이의 관계를 평가하기 위한 기초를 제공해줄 것이다. 논의를 시작하기 전에 독자들은 여기서 발견되는 유사점들이 성경 저자가 메소포타미아의 이야기들로부터 직접적으로 정보를 차용했음을 암시한다는 결론으로 바로 넘어가지 말아야 한다. 고대 세계에서는 누구나 (오늘날 누구나 유대인 대학살이 존재했다는 것을 알고 있듯이) 홍수가 존재했다는 사실을 알고 있다. 그것은 문화의 강 속에 들어 있다. 문제는 하나님의 책임은 무엇이냐는 것이다. 왜 하나님은 홍수를 보내셨는가? 이 점에 대

2 Finkel은 *The Ark Before Noah*에서 메소포타미아 전승 안에서는 방주의 모양이 "자연스럽게 길고 좁으며 이물과 고물이 높은" 모양(311)이었다가 (Finkel이 처음으로 소개했고 단순히 "방주 서판"[311]이라고 부른 새로운 서판에서 분명하게 묘사된) "둥근 고리 배"로 발전한다는 점을 지적한다. 그다음으로 길가메시의 정육면체 모양의 배가 등장한다. 창세기의 방주는 "직사각형 관 모양의 나무로 만든 배"다(313).

해 다양한 본문들이 서로 매우 다른 해석을 내놓는다. 모든 문화는 공통된 전승에 그 나름의 형태를 부여한다. 메소포타미아의 이야기들은 문화의 강에서 비롯되며 그들의 문화적 사상과 신학에 따라 직조된다. 성경 저자들도 똑같은 일을 하고 있다. 우리는 이스라엘의 저자들이 메소포타미아 이야기들의 필사본을 접할 수 있었는지에 관심을 가질 필요가 없다.[3]

성경의 홍수 이야기와 메소포타미아의 홍수 이야기를 비교해보면 각각의 이야기는 의도한 수사적 효과를 반영하기 위해 전통적인 묘사를 차용했기 때문에 (홍수의 길이, 방주의 크기와 같은) 묘사 수준에서의 차이점을 발견할 수 있다. 그러나 이러한 묘사들은 부수적이며 중요하지 않다. 중요한 것은 사건에 대한 해석의 차이다. 고대 근동의 이야기들 사이에는 주목할 만한 차이점이 있으며 성경의 이야기는 다른 이야기들과 상당히 다른 해석을 내놓는다.

신들과 신들의 우선순위와 세상을 다스리는 모습에 대한 묘사

성경의 이야기와 고대 근동의 이야기들을 비교할 때 특별히 주목할 만한 것은 신들의 세계—신들은 어떤 존재이며 어떻게 우주를 다스

---

3 길가메시 서사시가 이스라엘 역사에서 일찍부터 알려져 있었다는 징후는 므깃도의 유적지에서 발굴된 기원전 제2천년기 말기(사사 시대)로 추정되는 기록의 단편에서 발견된다.

리는가—에 대한 묘사에서의 극적인 차이다.

성경에는 한 하나님이신 야웨가 존재하며 그는 홍수를 명하시고 장차 인류를 보존하기 위해 노아에게 경고하고 홍수를 보내며 홍수가 물러가게 하고 노아가 드리는 제사를 받으시며 세상이 질서와 안정을 유지하게끔 하기 위해 노아를 통해 창조세계와 언약을 맺으신다.

메소포타미아의 이야기들에서는 많은 신이 개입되어 있고 그 신들은 똑같은 관점이나 계획을 공유하지 않으며 실제로 서로의 관심사에 따라 상충하는 행동을 한다. 이런 모습은 특히 엔릴과 에아 사이의 관계에서 잘 드러난다. 엔릴은 온 인류를 멸하기 위해 홍수를 명하지만 신들의 생계 유지가 인간에게 달려 있기에 에아는 엔릴의 명령이 어리석음을 간파한다. 그래서 에아는 자신의 헌신적인 추종자에게 갈대로 만든 그의 집 벽에 간접적으로 말하는 방법으로 경고함으로써 엔릴의 계획을 저지하기 위해 애쓴다. 다른 신들(이슈타르와 벨렛-일리)은 명령에 저항하지는 않지만 명령이 실행되는 모습을 보자 경악하는, 유쾌하지 않은 구경꾼처럼 보인다.

실제로 모든 신은 동기와 행동에 결함이 있는 모습으로 나타난다. 에아는 다른 신들과 더불어 이 계획을 인간들에게 비밀로 부치는 데 동의했다. 그러나 홍수의 주인공에게 경고하기 위해 궤변과 속임수를 쓴다. 나머지 신들도 품위 없게 묘사된다. 그들은 홍수를 보자 "개들처럼" 웅크리고 홍수 이후에 제사가 드려질 때는 배가 고

파서 "파리떼처럼" 몰려든다.

다음으로 신들의 숫자에 관해서도 엄청난 차이가 있다. 야웨는 주권을 가진 지극히 높은 분이다. 모든 것과 모든 사람의 창조자이신 야웨의 권능에 필적할 만한 것은 없으므로 야웨의 명령은 어떤 권능으로도 약화하거나 피해갈 수 없다. 따라서 야웨는 홍수를 보내기로 결정하실 뿐만 아니라 노아와 그의 가족의 구원을 통해 인류를 보존하신다. 메소포타미아의 내러티브에서 홍수의 주인공은 에아의 다소 비밀스러운 행동에 의존해 생존했고, 에아는 비밀을 지키기로 맹세했지만 자신의 추종자에게 방주를 짓고 홍수에서 살아남으라고 경고하기 위해 영리한 방법을 고안했다. 물론 에아의 행동은 인간을 위해서라기보다는 신들 자신의 재앙을 막기 위해서다. 이야기의 끝에 이르면 엔릴이 권능은 있지만 신들의 생계 유지를 위해 홍수의 결과를 철저히 고려하지 않았다는 사실이 명백해진다. 고대 근동 신화에서는 신들이 자신들의 식량 공급을 차단하고 있다는 사실을 깨닫지 못할 때 선견지명의 부족함이 표현된다. 신들은 인간을 만든 것을 후회하지 않는다. 대신 인간들을 거의 멸절시킨 것을 후회한다. 야웨는 인간을 만드신 일을 후회하지만 그것은 야웨의 선견지명이 부족함을 나타내지 않는다.

마지막으로 우리는 신들이 어떤 존재인지(속성)에서만이 아니라 그들의 행동 동기가 무엇이며(우선순위) 세상을 어떻게 다스리는지에서도 상당한 차이가 나타난다는 점에 주목할 필요가 있다. 고대 세계의 다신교는 단지 얼마나 많은 신이 존재하는가의 문제만이 아니다. 고대 세계에 속한 사람들은 자신의 정체성을 그들의 공동체(가족과 씨족) 안에서 발견했다. 우리 시대의 개인주의 문화를 그들은 상상도 할 수 없었을 것이다. 그런데 인간의 정체성이 그들의 문화적인 흐름에 속한 공동체에서 발견된다면 신의 정체성도 신들의 공동체 안에서 발견되어야 했다. 고대 세계의 신들은 공동체 안에서 존재했고 공동체로 활동했으며 공동체와의 관계 속에서 그들의 정체성을 발견했다. 따라서 다신교는 불가피하다. 이 공동체는 홍수 이야기에 반영되어 있고 우리는 신들의 공동체가 신들 사이의 해방, 의견 불일치, 행동 강령, 권력 투쟁, 배신, 책임 전가, 관료주의, 불한당 등 인간 공동체처럼 움직이는 모습을 보게 된다. 메소포타미아의 신들은 신들의 회의를 통해 다스렸고 그러한 개념은 성경적 사고와 이질적이지 않다(욥 1-2장; 왕상 22장; 사 6장). 그러나 그 유사성은 다소 피상적이다. 성경에서 묘사되는 천상의 회의는 동료들의 공동체가 아니다. 성경에서는 동료들의 공동체 없이 야웨만 홀로 계시기 때문이다. (우리가 사건들을 자연적인 것으로 지칭하든 초자연적인 것으로 지칭하든) 신적인 작용이 곧 만물이 움직이는 방식인 세계에서 이스라엘에는 오직 한 분의 신적 행위자만 존재한다.

고대 근동의 신들은 '거대한 공생'이라고 부를 만한 동기에 의해 움직인다. '아트라하시스'나 바빌로니아의 창조 서사시인 「에누마 엘리쉬」 같은 작품에서 우리는 신들이 자신들의 필요를 충족시키는 일과 관련한 노동에 지쳐서 사람을 창조했다는 사실을 알게 된다. 신들은 음식, 주택, 의복 등이 필요했지만 그것을 위해 일하고 싶지는 않았다. 이런 일로 신들을 섬기기 위해 사람이 창조되자 신들은 그들을 먹여 살리고(비가 내리지 않으면 농작물이 자랄 수 없고 신들을 먹여 살릴 수 없다) 보호할 필요가 있었다(음식을 훔쳐 가거나 농작물을 불사르는 침략자들에게 사람들이 괴롭힘을 당하면 신들은 돌봄을 받을 수 없다). 고대 세계의 문헌 곳곳에서 우리는 종교적 관습의 주된 특징은 신들을 부양하라는 명령이라는 사실을 알게 된다. 명령 실행은 경건과 같다. 범죄는 신들의 필요를 충족시키지 않는 것이다. 그 결과는 상호 의존이다.

당연하게도 메소포타미아의 홍수에 대한 해석은 이러한 거대한 공생이라는 전제를 바탕으로 한다. 신들은 (야웨처럼) 관계를 위해 사람들을 창조한 것이 아니다. 신들은 사람이 자신들의 필요를 충족시키도록 하기 위해 (신전에서) 사람들 사이에서 살지만 그들을 정말로 좋아하는 것은 아니며 필요로 할 뿐이다. 이와 대조적으로 야웨는 아무런 필요도 없으시며 실제로 관계를 원하신다. 사람들 가운데 사는 것은 처음부터 그분의 계획이었고 사람을 창조하신 이유였다.[4] 이 점은 온 인류에게 해당하는 사실이지만 레위기 26:11-12과 같은

---

4 그러나 이 사실에도 불구하고 야웨조차 때때로 자신의 임재를 경외심으로 대하지 않는 사람들 사이에서 사는 일에 점점 지쳐가셨다는 점에 주목해야 한다.

본문에서 이스라엘과 관련해서 가장 분명하게 표현된다. "내가 내 성막을 너희 중에 세우리니 내 마음이 너희를 싫어하지 아니할 것이며 나는 너희 중에 행하여 너희의 하나님이 되고 너희는 내 백성이 될 것이니라." 거대한 공생은 구약에서 일관되게 반박당하며 홍수에 대한 해석에서 아무런 역할도 하지 않는다. 반면 메소포타미아의 홍수 이야기에서 거대한 공생은 어느 대목에서나 신들의 행동을 설명해준다. 창세기에 제시된 해석에서는 질서의 붕괴가 결정적인 개념이지만 성경적 관점에서의 질서는 거대한 공생과 아무런 관계가 없다. 우리는 창세기와 메소포타미아에서 사건에 대한 각각의 해석 속에 언급된 홍수의 이유를 살펴봄으로써 이 모든 사실을 보다 명확하게 알 수 있다.

홍수의 이유

이는 아마도 평가해야 할 가장 중요한 요소일 것이다. 야웨는 인간의 도덕적 타락으로 인해 붕괴된 우주적 질서를 회복시키기 위해 홍수를 작정하셨다("여호와께서 사람의 죄악이 세상에 가득함과 그의 마음으로 생각하는 모든 계획이 항상 악할 뿐임을 보시고…이르시되 '내가 창조한 사람을 내가 지면에서 쓸어버리되 사람으로부터 가축과 기는 것과 공중의 새까지 그리하리니 이는 내가 그것들을 지었음을 한탄함이니라' 하시니라"; 창 6:5, 7). 반면 에리두 창세기와 길가메시는 이유를 제시하지 않지만 아트라하시스에 따르면 엔릴은 "인류의 소음[이 내가 감당하기에 너무 심해져서] [그들의 소란으로 인해] 내가 잠을 빼앗겼기" 때문에 홍수를 작정했다.[5] 소음으로 번역된 아카드어 단어는 '리그무'(*rigmu*)와 '후부루'(*huburu*)다.[6]

이 단어들을 다음과 같이 이해하자는 여러 가지 제안이 있다.

- 고된 노동으로 인한 부르짖음(즉 불평)과 반역의 요구
- 인간적 한계를 넘어서는 반역으로 표현된 교만(Bodi)

---

5 다음 책의 번역을 인용했다. W. Lambert, A. Millard, *Atra-Hasis: The Babylonian Story of the Flood* (Oxford: Oxford University Press, 1969), 67.

6 연구 문헌들에서 이에 대한 다양한 분석이 제시되었는데 특별히 다음 문헌들을 주목해보라. Bernard F. Batto, "The Sleeping God: An Ancient Near Eastern Motif of Divine Sovereignty," *In the Beginning: Essays on Creation Motifs in the Ancient Near East and the Bible*, ed. Bernard F. Batto (Winona Lake, IN: Eisenbrauns, 2013); Daniel Bodi, *The Book of Ezekiel and the Poem of Erra*, OBO 104 (Freiburg: Vandenhoeck & Ruprecht, 1991), 129-61; Yağmur Heffron, "Revisiting 'Noise' (*rigmu*) in Atra-hasis in Light of Baby Incantations," *JNES* 73 (2014): 83-93; Jacob Klein, "A New Look at the Theological Background of the Mesopotamian and Biblical Flood Stories," *A Common Cultural Heritage: Studies on Mesopotamia and the Biblical World in Honor of Barry L. Eichler*, ed. G. Frame, E. Leichty, Karen Sonik, J. Tigay, S. Tinney (Bethesda, MD: CDL, 2011), 151-76; William L. Moran, "Some Considerations of Form and Interpretation in Atrahasis," *Language, Literature, and History*, ed. F. Rochberg-Halton (New Haven, CT: American Oriental Society, 1987), 245-56; Robert A. Oden Jr., "Divine Aspirations in Atrahasis and in Genesis 1-11," *ZAW* 93 (1981): 197-216; Takayoshi Oshima, "'Let Us Sleep!' The Motif of Disturbing Resting Deities in Cuneiform Texts," *Studia Mesopotamica*, ed. Manfried Dietrich, Kai A. Metzler, Hans Neumann (Münster: Ugarit-Verlag, 2014), 271-89.

- 구원해달라는 지속적인 간구
- 불경하거나 불손하거나 무례하거나 악한 행동(참고. 창 18:20의 소돔에 대한 "부르짖음"['자아카']과 에스겔서에서 "오만/무례"로 번역된 명사[히. '하몬']의 빈번한 사용)[7] (Oden)
- 폭력적인 행동
- 인간의 인구 과잉으로 인한 소음의 필연적인 증가(Moran)
- 잔치 벌이기
- 질서의 붕괴(Oshima, Klein)

이 문제가 복잡한 이유는 흔한 아카드어 단어 '리그무'가 지닌 여러 의미 중에서 이러한 제안 중 어느 것이든 그 근거를 찾아낼 수 있다는 사실 때문이다.[8] 그러나 이 책의 목적상 우리가 이 제안 중에 어느 것을 선택할 필요는 없다. 질서의 붕괴가 이 모든 것의 특징을 이루기 때문이다. 이를 성경 본문에 제시된 동기와 비교해보면 명사 '하마스'(*hamas*, 폭력)는 특히 일반적인 단어인 '라아'(*ra'ah*, 악)와 결합할 때 도덕적 부패라는 구체적인 요소를 산출한다.[9] 그러나 그와 동

---

7 Bodi는 *Book of Ezekiel*, 161에서 히브리어 '자아카'는 아카드어 '리그무'와 동일하고 히브리어 '하몬'은 아카드어 '후부루'와 동일하다고 결론지었다.

8 '후부루'는 이보다 훨씬 보기 드물고 더 많은 논쟁을 불러일으킨다.

9 '하마스'는 흔히 물리적 상해, 특히 살인을 가리키지만 한 집단에 적용될 때는 더 넓은 의미로 불의와 압제를 가리킬 수도 있다.

시에 폭력은 일반적으로 안식 및 질서와 관련한 여러 단어와 대조되는 여러 행동을 포함한다고 간주될 수 있다. 피터 매시니스트(Peter Machinist)는 메소포타미아의 「에라와 이슘」 서사시에서 이 점에 관심을 상기시켰다. 폭력이라는 범주에 들어가는 말과 생각과 행동에는 분노, 흥분, 파괴, 벌, 시끄러운 소리 등이 포함된다. '안식'과 관련한 범주에는 정의와 질서뿐만 아니라 진정, 침묵, 피로, 휴식 등이 있다.[10] 대비되어 나타나는 이러한 모티프들의 용례에 비추어보면 우리는 홍수 이야기의 뼈대를 이루는 주제를 더 잘 이해할 수 있다.

결론적으로 모든 이야기는 신들이 홍수를 일으키는 동기가 된 상황이 무질서의 증가임을 시사한다.[11] 우주적 질서를 구성하는 것과 그 질서를 붕괴시킬 수 있는 것은 문화마다 다르므로 질서의 붕괴는 문화마다 다른 형태를 띨 것이다. 모든 이야기를 통틀어 홍수가 일어난 동기는 밀려오는 무질서로 이해되며 홍수를 보내는 것은 질서를 회복시키려는 전략을 나타낸다. 비록 모든 묘사가 막연하지만 각각의 문학적 사고는 무질서를 구성하는 것이 무엇인가에 대한

---

10 Peter Machinist, "Rest and Violence in the Poem of Erra," *Studies in Literature from the Ancient Near East*, ed. J. M. Sasson (New Haven, CT: American Oriental Society, 1984), 221-26, 특히 224. 그는 각 범주에서 사용되는 모든 아카드어 단어를 열거한다. 성경의 이야기에서도 세상의 특징은 폭력이며 노아는 안식을 가져다줄 사람으로 간주된다는 점에 주목하라(창 5:29).

11 "만성적인 무질서와 위기, 그 결과로 세상은 혼돈한 상태로 되돌아갈 수밖에 없었다." Klein, "New Look," 167, "a threat to cosmic equilibrium," 172. 참고. Oshima, "Let Us Sleep!," 285.

나름의 관점을 제공한다.

홍수의 범위

메소포타미아의 이야기들은 홍수의 범위에 대한 표현이 다소 모호하다. 홍수의 면적이라는 측면에서 유일한 정보는 길가메시에서 홍수가 끝나고 나서 발견된다. 우타-나피슈티는 창문을 열었을 때 바다의 해안/가장자리와 땅덩어리가 보이는 열네 곳을 본다(11.140-41). 따라서 모든 땅이 완전히 물에 잠긴 것은 아니었다. 사람들에 관해서는 아트라하시스에서는 신들이 "전멸"을 요구했음을 암시하고, 길가메시에서는 홍수의 여파로 "모든 사람이 흙으로 돌아갔다"고 말한다(11.135).

창세기의 이야기는 이 점에서 훨씬 더 많은 정보를 제공한다. 홍수의 지리적 범위는 다양한 방식으로 묘사된다.

- "천하의 높은 산이 다 잠겼더니"(창 7:19).
- "물이 불어서 십오 규빗이나 오르니 산들이 잠긴지라"(창 7:20).
- "온 지면에 물이 있으므로"(창 8:9).

그러나 몇 가지 요소들로 인해 이런 진술은 우리가 상상할 수 있는 수준보다 덜 구체적이다. 과장법의 사용과 잘 어울리는 보편주의적인 수사적 표현은 성경의 여러 곳에서 확인할 수 있다(몇 가지 예로 창 41:57; 출 9:6[참고. 출 9:19]; 신 2:25을 보라). 수사적으로 보편주의적인 표현을 사용하는 고대 문헌의 예는 발견하기가 어렵지 않다. 「사르곤의 지리서」로 알려진 한 문헌에서는 이렇게 진술한다. "우주의 왕 사르곤은 하늘 아래 있는 땅 전체를 정복했다."[12]

홍수가 인간에게 끼친 영향으로 관심을 돌려보면 성경 본문이 메소포타미아 문헌들보다 더 명확하다는 사실을 또다시 발견하게 된다.

- "내가 창조한 사람을 내가 지면에서 쓸어버리되"(창 6:7).
- "내가 그들을 땅과 함께 멸하리라"(창 6:13).
- "내가 홍수를 땅에 일으켜 무릇 생명의 기운이 있는 모든 육체를 천하에서 멸절하리니 땅에 있는 것들이 다 죽으리라"(창 6:17).
- "내가 지은 모든 생물을 지면에서 쓸어버리리라"(창 7:4).
- "땅 위에 움직이는 생물이 다 죽었으니 곧 새와 가축과 들짐승과 땅에 기는 모든 것과 모든 사람이라. 육지에 있어 그 코

12 Wayne Horowitz, *Mesopotamian Cosmic Geography* (Winona Lake, IN: Eisenbrauns, 1998), 67-95.

에 생명의 기운의 숨이 있는 것은 다 죽었더라. 지면의 모든 생물을 쓸어버리시니 곧 사람과 가축과 기는 것과 공중의 새까지라. 이들은 땅에서 쓸어버림을 당하였으되 오직 노아와 그와 함께 방주에 있던 자들만 남았더라"(창 7:21-23).

- "내가 전에 행한 것 같이 모든 생물을 다시 멸하지 아니하리니"(창 8:21).

이런 본문은 대부분 '모든'이라고 번역하는 히브리어 단어의 사용에 의존하고 있고 그에 대한 반응은 다루어진 땅의 크기에 관한 반응과 같았을 것이다. 즉 이 예들은 보편주의적인 수사적 표현이 사용되었다. '모든'이 사용되지 않은 예외는 창세기 7:23인데, 여기서는 '모든'이 "오직 노아…만 남았더라"라는 말로 바뀌어 표현되었다. 이것은 문제 있는 번역이다. '오직 ~만'이라고 번역된 히브리어 불변화사는 '아크'다. 본문에서 노아(와 그와 함께 있는 이들)를 홀로 살아남은 사람으로 지목하려 했다면 이는 예상될 법한 단어가 아니다. 그와 관련한 일반적인 구문은 욥기 1:15-18에서 관찰할 수 있는데, 여기서 '~만'이라는 단어는 히브리어 '라크'다. 히브리어 '아크'는 보통 어떤 절을 시작하는 단어이므로 창세기 7:23에서 ('바이크톨' 동사형 뒤에) 이와 비교할 만한 통사적 구문의 예는 확인하기 어렵다.[13] '아

---

13 내가 발견할 수 있는 다른 유일한 용례는 동사가 발화 동사(verb of speaking)이

크'는 통례적으로 단언적 표현(예. '확실히')이나 반의적 접속사(예. '하지만') 역할을 한다. 그러나 둘 중 어느 경우에든 이 불변화사는 절을 이끌어야 했다.

결론적으로 히브리어 본문과 아카드어 본문 모두 인간 생존자에 대해서는 표현이 모호한데 이는 당연한 결과다. 사람들은 자신들이 아는 세상 너머에 있는 거주 지역에 대해서는 제한된 지식밖에 없었을 것이기 때문이다. 고대 세계에서 특별히 우주적인 특성의 천재지변적 사건에 대해 잘 알려진 보편주의적인 수사적 표현이 사용된 것은 멸망의 광범위한 성격을 나타낸다.

홍수의 기간

메소포타미아의 이야기들은 일관되게 홍수가 7일 밤낮으로 계속되었음을 보여준다. 이는 비가 40일 동안 밤낮으로 계속 내리는 성경의 이야기와 뚜렷이 대조되지만 창세기 본문에 언급된 홍수 기간 전체는 총 1년에 이른다.[14] 이들 모두는 일관되게 수사적 가치를 지니고 있는 확인 가능하도록 정형화된 숫자들이다. 성경 본문이 쿰란의

기 때문에 다른 경우이며 이 경우에도 '아크'는 여전히 절의 첫머리에 온다.

14 전문적인 논문들은 본문 속의 다양한 숫자들이 어떤 식으로 서로 중첩되어야 하고 따라서 서로 다른 총합을 산출하는지에 관해 논쟁하지만 가장 일반적인 관점 하나는 홍수의 기간을 365일로 표현한다.

해석자들이 생각한 것처럼 달력과 관련한 문제에 대해 언급하는 일에 관심이 있든 없든,[15] 고대 세계와 성경의 용례에서 나온 증거는 이러한 기간들을 실제 기간에 대한 구체적이거나 정확한 명시로 해석해선 안 된다는 점을 암시한다. 우리는 주어진 정보로부터 비가 얼마나 오래 지속되었는지, 또는 홍수의 여파가 얼마나 오래 이어졌는지를 재구성할 수 없다. 그런 종류의 정보는 주어져 있지 않다. 그 대신 그 정보에는 대재앙의 엄청난 범위를 표현하려는 의도가 담겨 있다.

주인공의 신원 확인

홍수의 주인공에 대해 주어진 이름들은 이름이라기보다는 형용어구에 더 가깝다는 공통점이 있다. 이 점은 명제 11에서 논의할 것이다 (각주 7번을 보라). 이름 외에 등장인물의 역할도 비교해볼 만하다. 우타-나피슈티의 계보가 제시될 때 그는 우바르-투투의 아들로 확인되며 우바르-투투는 「수메르 왕명표」에서 홍수 이전의 마지막 왕으로 확인된다.[16] 그는 슈루팍 성에서 다스린다. 또한 우타-나피슈티

15 4Q252; 다음 책을 보라. Jeremy D. Lyon, *Qumran Interpretation of the Genesis Flood* (Eugene, OR: Pickwick, 2015), 69-94.

16 Andrew George, *The Babylonian Gilgamesh Epic* (Oxford: Oxford University Press, 2003), 154. 이러한 신원 확인은 헬레니즘 시대의 베로수스의 기록에 이르기까지 내

는 유대인의 「거인의 서」에 나오는 파수꾼의 자손 중 한 사람이다.[17]

따라서 홍수 이야기 주인공의 왕적인 지위는 확인되지만, 제사장적인 지위는 수메르어로 된 이야기에서 주장된다.[18] 다른 이야기들에서는 노아가 야웨의 은총을 받는 사람인 것처럼 메소포타미아 홍수의 주인공은 '엔키' 신의 은총을 받는 사람이지만, 묘사된 어떤 내용도 둘 중 어느 한 사람이 제사장적인 위치에 있음을 암시하지는 않는다.

마지막으로 우리는 본문이 노아에 대해 제시하는 정보와 관련해서 별말이 없을 뿐만 아니라 노아 자신도 전적으로 침묵한다는 점에 주목해야 한다. 아브라함이나 모세와 달리 노아는 단조로운 인물이다. 화자는 노아의 성격을 언급하지 않으며 특징만 언급한다. 노아는 하나님의 심판 예고에 응답하지도 않고, 방주나 짐승들에 대해 질문하지도 않으며, 다른 누군가를 위해 간구하지도 않고, 자비를 베풀어달라고 부르짖지도 않으며, 구원받을 가능성에 기뻐하며 감사하지도 않고, 세상의 멸망으로 인해 슬퍼하지도 않고, 방주 안에서 조바심을 내지도 않고, 제사에 수반되는 감사의 기도도 드리지 않는

내 지속된다.

17 John C. Reeves, "Utnapishtim in the Book of Giants?," *JBL* 112 (1993): 110-15. 그렇게 되면 그는 네피림 중에 포함될 것이다.

18 에리두 창세기에서는 홍수의 주인공을 "정화(淨化)의 사제"라고 부른다(*COS* 1:514).

다.[19] 노아는 조연에 불과하며 이 이야기의 주연은 하나님이라는 사실을 본문은 더할 나위 없이 분명하게 밝힌다.

무엇이, 누가 남겨지는가?

노아는 "의인이요 당대에 완전한 자"이며 "하나님과 동행"했기 때문에 선택받는다(창 6:9). 그와 반대로 엔릴이 작정한 멸망은 완전해야 했다. 모든 인간이 예외 없이 죽어야 했다. 그럼에도 불구하고 엔키 신은 자기가 총애하는 우타-나피슈티에게 초점을 맞추어 몇 사람을 구하기로 결심한다. 그렇게 해서 엔키는 신들의 회의 결정에 역행하지만 배신/사기 행위는 거기서 그치지 않는다. 메소포타미아의 홍수 이야기에서 주인공은 엔키의 조언에 따라 슈루팍 주민들과 대화할 때 기만 전술을 사용한다. 신들이 화가 나서 홍수를 일으킬 것이라는 사실이 장로들과 주민들에게 전해졌다면 모두가 배에 타려고 했을 것이다. 그들은 의심하려 하지 않았다. 노아가 밖에 나가 사람들에게 자기와 함께 방주에 들어가자고 설득하려 했다는, 노아와 관련한 성경 밖의 전승과 달리 아트라하시스는 문제가 모든 사람에게 있는 것이 아니라 자신에게 있음을 암시하는 설명을 해야 한다. 신들은 그에게 화가 났고 그래서 그는 도망쳐야 한다. 나중에 그

---

19 Ellen Van Wolde, *Stories of the Beginning* (Ridgefield, CT: Morehouse, 1996), 124.

는 성읍 주민들을 동원하여 자신이 엔키의 영토로 떠나는 일을 돕게 한다.

바로 앞 문단에서 언급한 것처럼 노아는 창세기 본문에서 다른 사람들과 소통하는 모습이 전혀 보이지 않는다. 「고대 로마 신탁집」은 노아가 사람들을 정죄하고 홍수를 예고하는 열정적이고 긴 연설을 한다는, 제2성전기 문헌에서 발견되는 견해를 반영하고 있다.[20] 신약에서 베드로후서 2:5은 노아의 말씀 선포를 언급하지만 그 내용은 전혀 소개하지 않는다. 이 구절은 아마도 1세기에 친숙했던 신구약 중간기의 해석을 반영할 것이다. 이 구절은 분명 창세기에서 발견되는 어떤 내용도 반영하지 않는다. 우리는 노아가 의인으로서 나머지 사람들에 대해 일종의 원칙에 의거한 입장을 취했을 것이라고 상상할 수 있지만 정교한 추론에 몰두하기보다는 창세기 저자가 제시하는 해석에 초점을 맞추어야 한다.

우리가 속해 있는 오늘날의 문화적 관점에서 사람들이 임박한 홍수에 대한 예고에 회의적인 반응을 보였을 것이라고 추정할 수도 있다. 그러나 고대 문화의 관점에서는 그렇지 않았을 것이다. 고대인들은 신들이 모든 사람을 전멸시키려 한다는 말을 쉽게 받아들였을 것이다. 그들은 노아를 조롱하기보다는 배에 올라타겠다고 아우성쳤을

20 *Sibylline Oracles* 1.175-233.

가능성이 더 높다.[21] 더 나아가 본문의 증거는 노아가 전도 활동에 몰두했을 가능성을 부정한다. 노아는 방주에 누구를 실을지를 정확히 지시받았고 여덟 사람이 탈 공간을 마련했다. 다른 어떤 사람도 배에 탈 것으로 예상되지 않으며 그럴 기회도 부여받지 못한다.

메소포타미아 전승에서 사람들에게 방주에 탈 기회가 주어지는 모습을 볼 때 창세기에 나오는 단 하나의 가족에 속한 여덟 사람과 비교해보면 뚜렷한 차이가 있다. 아트라하시스와 에리두 창세기는 표현이 모호하거나 유실되어 있지만 길가메시 서사시에서는 주인공과 그의 가족뿐만 아니라 다양한 장인들도 구조된다.[22] 이는 방주의 목적이 인명을 구할 뿐만 아니라 인간의 문화도 보존하려는 것—실제로 사회와 사회 질서를 보존하려는 것—이었음을 암시한다.

성경과 메소포타미아의 홍수 이야기에서는 둘 다 동물들이 방주에 모인다. 아트라하시스에서는 가축들과 대초원의 동물들을 명시한다.[23] 에리두 창세기에서는 "작은 동물들"만 포함된다.[24] 길가메시에서는 "내가 가진 생물들의 어떤 씨앗이라도"[25]라는 시행이 동물들에 대한 표현을 수식해준다. 창세기에서는 동물들의 범주를 여러

21 요나서에서 니느웨 사람들이 요나의 멸망 예고에 대한 신빙성을 얼마나 쉽게 받아들였는지를 보라.

22 Gilgamesh 11:85-86.

23 Atrahasis 3:2:36-37; Gilgamesh 11.86.

24 *COS* 1:515.

25 Gilgamesh 11.84. 번역은 George, *Babylonian Gilgamesh Epic*, 709에서 발췌함.

번 열거하며(창 6:7, 19-20; 7:14; 8:17-19) 이를 통해 고대 근동의 어떤 비슷한 이야기보다도 많은 내용을 제시한다. 그 밖에 동물들을 쌍으로 데려오라는 지시(창 6:19-20; 7:15; 방주 서판)와 정결한 동물들에 대한 명시(창 7:2-3, 8; 아트라하시스 3.2.32)에서도 비교점이 발견된다. 성경 본문은 모세 율법 이전까지는 정결한 동물과 부정한 동물을 구별하지 않지만, 어떤 동물은 제물로 사용하기에 적합하고 어떤 동물은 그렇지 않다는 개념은 모세 율법에서 생소하지 않다. 이러한 내용을 포함하는 홍수 전승들은 분명 어떤 동물들은 홍수 이후에 제물로 바쳐질 것을 예상했다.

마지막으로 우리는 가치 있는 물건들—특히 길가메시에서는 은과 금—도 방주에 실렸다는 사실을 알 수 있고 이로써 또다시 구조되는 대상이 생물 이상으로 확대됨을 알 수 있다.

배에 대한 묘사

크기. 배의 모양은 이야기마다 서로 다르지만 배의 크기가 비현실적이라는 사실은 모든 이야기의 공통점이다. 그중 어떤 배도 항해하기에는 적합하지 않았을 것이다. 그러나 고대 근동 문헌에서 크기에 대한 문학적 묘사가 비현실적이라고 느껴지는 것은 드문 일이 아니었다. 과장에 치우치기 쉬운 문학적 경향도 한 가지 이유로 제시될

수 있지만, 그와 마찬가지로 다른 요소들도 확인할 수 있다.[26]

그와 같은 한 가지 요소는 제시된 배의 크기에서 '학문적 계산'의 예를 발견할 수 있다는 점이다. 앤드류 조지(Andrew George)는 바빌로니아의 에사길라 신전의 크기에 대해 바로 그와 같은 관점을 제안했다.[27] 그는 결론에서 이렇게 진술한다.

> '에-상길' 서판은 과거에는 바빌로니아의 지구라트를 물리적으로 정확히 묘사하는 것으로 이해되었지만 이제 실제 건물보다는 추상적인 관념에 더 관심이 있는 문헌으로 다루어지고 있고 그 결과 이 서판이 묘사하는 것과 같은 지구라트가 실제로 건축된 적이 있는지에 관한 의문이 제기되었다.[28]

---

26 현대의 목선들에 관한 논의를 보려면 명제 5를 보라.

27 Andrew George, "The Tower of Babel: Archaeology, History and Cuneiform Texts," *AfO* 51 (2005): 75-95. "학문적 계산에서 비롯된 표현의 사용, 수학적 활동의 소재로서 이웃하고 있는 '에-상길' 신전의 두 뜰을 합친 면적에 대한 관심(¶¶ 1-3), 동일한 문서에 서로 다른 규빗 기준 단위를 바탕으로 한 길이 측정치의 존재, 그러한 측정치들이 어떻게 각각의 용적-면적 체계로 표현된 면적으로 다양하게 변환될 수 있는지를 보여주는 예로서 '에-테멘-안키'의 기단(基壇) 치수 등 이 모든 특징은 이 문헌이 건축가의 설계도보다는 훨씬 더 추상적이고 학구적이라는 점을 시사한다. '에-상길' 서판의 본문은 마르두크 신전의 경내와 지구라트의 이상화된 치수를 주제로 삼는 산술적·기하적 문제들에 대한 추론으로서 측량 기사 지망생을 위한 수학 연습문제 모음집에서 유래했다는 느낌이 들지 않을 수 없다"(77).

28 같은 글, 92.

고려해야 할 두 번째 요소는 고대 세계의 도상 체계와의 비교와 관련이 있다. 인간의 형상에 대한 묘사는 해당 인물의 실제 신체 크기를 표현하는 일이 거의 없다. 묘사에서 (묘사의 도구가 사실적인 표현을 가능케 했을 때조차도) 관습과 수사적 목적이 더 많은 부분을 차지했다. 그와 같은 한 가지 좋은 예를 카르나크에 있는 벽면 부조에서 찾아볼 수 있다. 거기서 파라오는 어떤 인간보다도 훨씬 큰 거인으로 묘사된다. 이와 대조적으로 파라오가 물리치는 적들은 아주 작다. 등장인물들이 더 작거나 더 크게 표현될 때 이는 그 사람의 실제 크기를 나타내는 것이 아니다. 그와 달리 다양한 요소들이 표현되는 크기를 결정한다. 이는 문학적 표현에서도 마찬가지다. 관습과 수사적 표현이 문학적 차원을 결정한다. 사실주의가 목적이 아니다. 비현실적인 크기는 독자들에게 용인되는 관습으로 인식되었고 묘사가 참된지 그렇지 않은지를 판단하기 위한 근거가 아니었다. 진실은 수사법과 관련이 있지 묘사가 사실적인지의 여부와는 관련이 없다.

고대 세계의 학문적 계산에 대한 인정과 중요한 것의 크기를 키우는 도상 체계의 언급된 관행을 고려하여 우리는 다양한 홍수 이야기들에 등장하는 배의 크기에서 과장법 이상의 수사적 장치가 작동되고 있다고 주장한다. 즉 배가 실제로 진술된 크기의 절반밖에 되지 않았고 이 이야기들이 배의 크기를 과장하기 위해 두 배로 만들었다고 주장하고 있는 것이 아니다. 그와 달리 배의 치수는 수사적 효과를 염두에 두고 고안되었다고 볼 수 있다. 그런 배는 있을 수 없다는 회의론자들의 조롱도, 실현 가능성과 사실성에 대한 변증학적 옹호도, 둘 다 핵심을 제대로 짚지 못한 것이다. 양쪽 모두 본문을 자신들의 현대적 여과 장치를 통해 읽고 있고 그로 인해 그러한 정보들이 오늘날 우리의 문화적 흐름 속에서 전달되는 방식에 순응하기를 기대한다.

배의 재료. 메소포타미아의 홍수 이야기에서 주인공은 배를 만들기 위해 (일반적으로 이야기의 다른 곳에서도 나타나는 갈대 오두막으로 추정되는) 집을 부수라는 지시를 받는다. 어떤 해석에 따르면 이런 전승들에서 나타나는 방주는 (지구라트 모양의) 신성한 장소를 재현하지만,[29] 다른 해석에 따르면 방주는 전형적인 배 모양(둥근 고리 배)을 재현한다. 갈대, 나무, 밧줄 등이 배의 재료에 포함되고 배 전체에 역청이 칠해져 있다. 창세기의 방주가 신성한 장소를 재현하고 있음을 암시하는 증거는 없다. 그 대신 직사각형 모양의 치수는 이 방주가 표준적인 배 모양을 재현하고 있음을 암시한다. 앞에서 언급했듯이 이는 배의 치수가 사실적이라는 의미는 아니다(배의 치수는 명백히 사실적이지 않다).

창세기 6:14에 열거된 재료들은 모든 해석자에게 문제를 야기했다. 이 배는 '테바'(*tebah*)라고 불리는데 '테바'는 아기 모세를 강

29 Cory Crawford, "Noah's Architecture," *Constructions of Sacred Space IV: Further Developments in Examining Ancient Israel's Social Space*, ed. Mark K. George (New York: Bloomsbury, 2013), 1-22, 특히 14.

에 띄운 작은 상자를 묘사하는 단어이기도 하다. 배를 만든 주요 재료는 일반적으로 '고페르'(*gopher*)로 표현된 일종의 목재로 이해되며 '고페르'는 오직 여기에만 등장하는 단어다. 그다음 단어는 전통적으로 '칸들'(rooms, '킨님'[*qinnim*], 전치사를 동반하지 않음)로 번역되며 이 단어 역시 여기에만 나타난다. 다음으로 마지막 재료는 배의 방수재인 역청이다. 여기서 사용된 단어('코페르')는 역청을 가리키는 일반적인 히브리어가 아니라 아카드어('쿠프루')에서 차용되었다.

두 번째 단어(킨님)는 아마도 '칸'(room)이 아니라 '갈대'(reed)를 가리킬 것이라는 주장이 최근에 인정을 받고 있다. 본문은 나중에 가서야 방주 내부를 다루므로 여기서 '칸'을 언급하는 것은 어색하다. 여기서 본문은 배를 만드는 재료들을 다루고 있다. 갈대를 목재 사이의 틈을 막는 재료로 사용하는 (그다음에 역청을 바르는) 것은 고대 세계에서 잘 알려진 관행일 뿐만 아니라 아마도 바빌로니아의 홍수 이야기에서 방주를 만드는 과정을 묘사하는 방식일 것이다.[30] 갈대가 목재 사이의 틈을 메우는 데 사용되었든 어떤 다른 목적으로 사용되었든 갈대가 배를 만드는 재료로 사용되었다는 것은 창세기와

---

30 아카드어 '카-네-에'(*qa-ne-e*)를 히브리어의 어원이 같은 말인 '카님'(*qanim*)과 비교해보라. John Day, "Rooms or Reeds in Noah's Ark? *qnym* in Genesis 6:14," *Visions of Life in Biblical Times*, ed. Claire Gottlieb, Chaim Cohen, Mayer Gruber (Sheffield, UK: Sheffield Phoenix, 2016), 47-57. 아트라하시스와 길가메시에서 모두 갈대와 갈대 노동자들이 언급된다.

바빌로니아 홍수 이야기 사이의 또 다른 유사점이다. 이는 배를 만드는 데 갈대가 어느 정도 사용되었음을 암시한다. 이것은 이 배와 모세의 상자 사이의 공통분모일 것이다.[31]

두 번째와 세 번째 단어가 둘 다 아카드어에서 나온 차용어라면 역시 히브리어 본문에서 유일무이한 첫 번째 단어 '고페르'(*gopher*)도 잠재적인 차용어로 검토되어야 한다. 창세기에 따르면 '고페르'(*gopher*)는 '코페르'(*kopher*)로 뒤덮여 있다. 후자인 '코페르'는 아카드어 '쿠프루'(*kupru*)에서 나온 차용어다. 따라서 우리는 '고페르'도 아카드어 '구프루'(*gupru*)에서 나온 차용어일지 모른다고 예상할 수 있다. 흥미롭게도 아카드어에서 '구프루'는 갈대 오두막집이다.[32] 노아는 무언가를 해체하라는 지시를 받지는 않지만, 그의 집에서 나온 것이든 그렇지 않든 간에 갈대 줄기를 가지고 배를 만들었을 수 있다. 그것이 사실이라면 이 구절은 다음과 같이 해석할 수 있다. "너는 갈대 오두막집으로 너를 위하여 줄기로 엮은 배를 만들되 갈대(로) 배를 만들고 역청을 그 안팎에 칠하라."[33] 성경의 이야기가 방

31 갈대의 일종인 파피루스는 구체적으로 명시되므로 여기 이것은 갈대를 지칭하는 다른 단어다.

32 *CAD* G 118, '*gubru*' 이하의 내용을 보라. 이 단어는 길가메시 서사시에서 사용되지만(1.37) 이 서사시의 홍수 이야기에서는 사용되지 않으며 이 서사시에서 갈대 오두막집에 해당하는 단어는 '키키쉬'(*kikkish*)다(11.21).

33 '줄기'에 해당하는 히브리어 단어 '에츠'(*'ets*)는 나무, 나무에서 얻은 널빤지, 나무로 만든 목재 용구, 또는 목본 식물의 줄기를 가리킬 수 있다. 예를 들어 수 2:6의 "삼대"를 보라. 길가메시 서사시에서 나오는 재료 중 하나는 "종려 섬유"다(11.54).

주를 짓는 데 사용된 재료를 묘사하면서 세 개의 아카드어 차용어를 사용하고 있다는 우리의 주장이 옳다면, 성경 저자가 메소포타미아 전승을 알고 있다고 생각해야 할 이유는 더 많아질 것이다. 그러나 배를 만드는 재료에 관한 내러티브의 흐름이 메소포타미아의 전승 중에 어느 것을 구체적으로 따르지는 않는다는 점은 그러한 주장에 반한다.

홍수의 메커니즘과 홍수를 뒷받침하는 우주적 지리

예상되는 바와 같이 창세기와 고대 근동의 홍수 이야기는 둘 다 폭풍의 메커니즘을 우주적 영역과 신적 영역에 대한 믿음이라는 관점에서 기술한다. 길가메시와 아트라하시스에서는 폭풍 신이 고함을 지르며 땅을 짓밟는다. 둑/제방이 범람하고 사람들은 번개, 바람, 어둠, 폭우, 돌풍, 홍수를 경험한다. 이런 것들은 모두 큰 폭풍의 전형적인 특징이다. 묘사에 등장하는 어떤 내용도 이를 단 한 번의 사건으로 묘사하지 않는다.

성경의 이야기에서는 물론 신적인 영역에서 활동하는 여러 신은 언급되지 않는다. 그러나 우주적 영역은 고대 세계 전역과 거의 똑같은 방식으로 이해된다. 창세기 7:11의 묘사(참고. 창 8:2)는 "큰

이것이 사실이라면 본문은 '고페르' 나무에서 얻은 목재를 가리키지 않는다.

깊음의 샘들이 터지며 하늘의 창문들이" 열렸음을 보여준다. "깊음"(히. '테홈'[*tehom*], 참조. 창 1:2)이란 지하의 대양을 가리킨다.[34] '아프수'(apsu)는 고대 근동 문헌의 홍수에 대한 묘사에 등장하지 않는다. 마찬가지로 고대 근동의 홍수 이야기들은 (단단한 하늘 위에 있는 우주적인 물은 믿었지만) 천상의 대양이 터지는 현상을 다루지 않는다. 결과적으로 메소포타미아 문헌에 언급된 우주적 메커니즘에는 우주의 틀을 이루는 거대한 두 수역(위의 물과 아래의 물)이 포함되어 있지 않으므로 고대 근동 문헌에서는 홍수가 창세기의 묘사에서 볼 수 있는 것과 같은 규모의 우주적 사건으로 묘사되지는 않는다는 사실을 알 수 있다.

---

34 이 단어는 눈에 보이는 우주적 바다를 가리키는 아카드어 '탐티'(*tamti*)와 어원이 같지만 여기서는 샘들이 터지고 있기 때문에 아카드어에서 '아프수'(apsu)라고 불리는 것, 즉 지하의 우주적 바다를 가리키는 것이 분명하다. 자세한 논의를 보려면 다음 책을 보라. Horowitz, *Mesopotamian Cosmic Geography*, 334-47. 터지는 샘들은 보통 지하의 수원에서 나온 물이 표면으로 올라오는 장소들이다. 마찬가지로 하늘의 수문 내지 창문은 하늘의 우주적인 물에서 나온 물이 인간의 영역으로 들어가는 통상적인 방식을 묘사한다. 결과적으로 두 우주적 대양(위의 물과 아래의 물)의 경계에서 범람을 억제하던 요인들이 사라진다. 고대 근동 문헌에는 하늘의 창문이라는 술어나 개념에 필적할 만한 것이 없다.

배가 머문 장소

길가메시에서 방주가 머문 장소는 티그리스강 동쪽 자그로스 산맥의 (이전에는 '니시르'라고 읽힌) 니무쉬산이다.[35] 메소포타미아의 세계관에 따르면 세계는 (동쪽의 자그로스 산맥이나 북쪽의 아라랏 산지 같은) 산들로 에워싸여 있고 우주적 바다로 둘러싸여 있는 하나의 대륙으로 이루어져 있었다. 이 산들은 세상에 대한 그들의 지식의 경계를 규정했고, 그렇게 둘러싸인 땅은 우리가 오늘날 대륙들에 대해 생각하는 것보다 훨씬 더 작았다. 기원전 6세기에 나온 바빌로니아 세계지도에는 우주적인 바다가 아시리아, 우라르투에서 끝이 나는 땅덩어리를 에워싸고 있다.[36]

창세기에서 배가 머문 곳은 아라랏(우라르투) 산지(이 단어는 복수형이므로 봉우리 하나가 아닌 한 산맥을 가리킨다)로, 니무쉬산에서 북쪽으로 약 640km 떨어져 있지만 두 곳 모두 오늘날의 쿠르디스탄에 있다. 성경의 이야기가 단지 메소포타미아의 이야기를 차용했다면 창세기에서도 똑같은 산을 언급할 것이라 예상할 수 있다는 점에 주목하는 것이 중요하다. 성경 저자가 본문을 보다 구체적으로 이스라엘과 관련시키기 위해 산을 빌려오되 산의 이름을 바꾸었다고 누군가

---

35 오늘날의 피르 오마르 구드룬. George, *Babylonian Gilgamesh Epic*, 1, 516.

36 Horowitz, *Mesopotamian Cosmic Geography*, 321.

가 주장하려 한다면 아라랏 산지는 분명 말이 되지 않을 것이다. 따라서 이것은 다른 문화에 의한 다른 해석의 문제가 아니므로 중요한 차이로 남는다. 이것은 구체적인 세부 내용이다.

새들

생존자들이 방주에서 내릴 수 있는지 알아보기 위해 새들이 사용된 것은 홍수 이야기의 논리에 본질적으로 그런 일화가 요구되지는 않을 것이므로 성경의 이야기와 메소포타미아 이야기의 상호 의존성에 대한 중요한 증거 중 하나로 간주되어왔다. 그와 동시에 우리는 새들이 서로 다르다는 점에 주목한다. 길가메시에서는 비둘기가 먼저 배로 돌아오며, 그다음에 제비 역시 배로 돌아왔다. 마지막으로 까마귀가 보내졌고, 주위를 날며 먹이를 찾은 뒤 돌아오지 않았다. 그와 같은 상황에서 새들이 사용된 이유나 전승들 사이의 차이점이 지닌 의미를 설명해줄 논리를 발견하기에는 새들의 용도에 대해 알려진 것이 너무 없다.

제사

모든 이야기는 생존자들이 방주에서 내리자마자 신들에게 제사를 드렸다는 개념을 공통으로 갖고 있다. 당연하게도 각 전승에서 이 장면은 문화들 사이의 깊은 믿음의 차이를 반영한다. 메소포타미아에서 이야기의 형태를 좌우하는 근본적인 믿음은 우리가 거대한 공생으로 묘사한 것이다. 신들은 7일 동안 음식 없이 지냈고 제사는 신들을 먹여 살리는 동시에 홍수의 동기가 된 신들의 분노를 가라앉히는 역할을 한다. 신들에게 인간이 필요하다는 사실은 이렇게 확인되며, 그 결과 신들은 미래에 자신들의 이익에 반하는 조치를 취하는 일에 대해 보다 신중해질 필요가 있다. 따라서 신들은 이전보다 온순해진다.

이와 대조적으로 성경의 이야기는 이스라엘 민족이 야웨에 대해 가졌던 믿음과 예측 가능한 상관관계가 있다. 야웨는 필요한 것이 아무것도 없으시며 마음을 가라앉혀야 할 정도로 설명할 수 없을 만큼 화가 난 적도 없으시다. 창세기 8:21의 "향기"는 모세 율법의 제사 제도의 틀 안에서 향기가 하는 역할과 똑같다. 노아는 쉽게 흥분하는 어떤 궁핍한 신과 소통하고 있는 것이 결코 아니다.

주인공의 영향과 운명

메소포타미아의 홍수 이야기에서는 신들이 누구도 살려둘 생각이 없었기 때문에 생존자들을 어떻게 처리할지를 결정해야 한다. 바로 이 지점이 엔키/에아의 지혜의 말을 발견할 수 있는 대목이다(아트라하시스와 길가메시). 우타-나피슈티가 생존할 수 있는 방법을 마련한 지혜의 신 에아는 다음과 같은 말로 엔릴을 꾸짖는다. "죄를 저지르는 자에게 죄를 물으시오! 잘못을 저지르는 자에게 잘못을 물으시오!"[37] 따라서 우리는 메소포타미아의 홍수 사건에 대한 해석에서 신들이 교훈을 얻었다는 사상을 볼 수 있다. 신들은 인간을 필요로 했고 범죄를 다루는 방식에서 보다 신중해야 했다. 사람들이 이 사건에서 배워야 할 것은 아무것도 제시되지 않는다.

그다음으로 (아트라하시스에서) 인간을 창조한 신의 역할을 하는 닌투는 (길가메시에서는 벨레트-일리가) 신들이 고안해낸 이 대재앙을 결코 잊지 않을 것임을 보증하기 위해 하나의 표징을 준다. 닌투가 주는 표징은 그녀가 패용한 청금석 목걸이다. 아트라하시스에서 닌투는 특별히 자신의 목 주위에 있는 청금석을 "파리"라고 부른다(3.6.2; 참고. 길가메시 11.164-67). 본문에서는 그 전에 신들이 (음식이 없어서 굶었기 때문에) 드려진 제물 주위로 파리떼처럼 모여드는 모습을 보여주었고 아누가 벨레트-일리를 위해 만든 파리들도 언급했다.[38] 파리 목걸이는 고대 세계에서 잘 알려져 있었고,[39] 앤 킬머(Anne Kilmer)는 파리의 무지갯빛 날개가 창세기의 무지개를 연상시

---

37 George, *Babylonian Gilgamesh Epic*, 715 (11.185-86).

38 다음 책의 광범위한 논의를 보라. W. G. Lambert, A. R. Millard, *Atra-Hasis: The Babylonian Story of the Flood* (Oxford: Clarendon Press, 1969), 163-64.

39 다음 글에 실린 논의와 사진을 보라. John Walton, "Genesis," *The Zondervan Illustrated Bible Backgrounds Commentary: Old Testament* (Grand Rapids: Zondervan, 2009), 1:53.

키는 시각적 이미지를 제공했을 것이라고 주장했다.[40]

마지막으로 홍수 생존자들의 운명을 주목해보자. 에리두 창세기에서 지우수드라의 왕권은 또다시 인정되고 신들은 그에게 "신과 같은 생명"을 허락하며 "신과 같은 지속적인 생명의 호흡이 그에게 들어가게" 한다.[41] 그 후 지우수드라는 딜문산(메소포타미아 문헌에서 멀리 떨어진 반신화적 장소로 간주되는 오늘날의 바레인)에서 살 수 있는 특권을 얻는다. 길가메시에서 우타-나피슈티와 그의 가족은 엔릴에게 축복을 받으며(11.202) 인간 가운데 한 사람으로 간주되는 대신 이제 신들처럼 되어(11.203-4) (역시 딜문/바레인으로 간주되는) 멀리 떨어진 강어귀에서 살게 된다.

이런 정보를 창세기와 비교해보면 흥미로운 연관성을 확인할 수 있다. 창세기 9:15-16에서의 표징이 하나님이 기억하기 위한 것이듯이 메소포타미아에서의 표징은 신들이 기억하기 위한 것이므로 파리와 무지개를 연상시키든 그렇지 않든 비슷한 목적에 기여한다.[42] 주된 차이점은, 메소포타미아에서는 표징이 과거를 상기시키는 역할을 하는 반면, 창세기에서는 표징이 하나님이 미래에 어떻게

---

40 Anne Draffkorn Kilmer, "The Symbolism of the Flies in the Mesopotamian Flood Myth and Some Further Implications," *Language, Literature, and History*, ed. F. Rochberg-Halton (New Haven, CT: American Oriental Society, 1987), 175-80.

41 *COS* 1:515 (180-81행).

42 흥미롭게도 그것은 사람들이 아닌 하나님을 위한 표징으로 계획된다.

일하실지에 관한 언약과 관련된다는 점이다. 여기서도 비슷한 요소가 내러티브 속에 존재하지만 각각의 전승에서 다른 방식으로 해석되는 사례가 나타난다.

창세기에는 에아의 지혜의 말 대신 언약이 이야기의 절정으로 등장한다. 신들의 행동 원리를 제시하는 길가메시 서사시의 지혜의 메시지와 달리 창세기에서는 지혜의 메시지가 징계와 그 뒤를 잇는 질서의 안정성에 관한 지혜의 말(창 8:22)이 아닌 약속의 관점에서 전달된다(창 8:21). 그러나 인간과의 언약에서는 책임도 논의된다(창 9:5-6). 그것은 (에아의 말에서 암시된 것과 같은) 하나님의 책임이 아니라 인간(과 심지어 짐승)의 책임이다. 앞에서와 같이 이야기의 요소들은 비슷하지만 매우 다르게 해석된다. 그럼에도 불구하고 메소포타미아의 이야기 속에 창세기의 언약과 상관관계가 있는 것은 아무것도 없다.

마지막으로 메소포타미아에서의 생존자들의 새로운 운명을 창세기에서 발견되는 비슷한 내용과 비교해보면 노아가 아닌 아담이 머릿속에 떠오른다. 하나님은 바로 아담에게 인간들이 신들처럼 되어버렸다고 말씀하시며(창 3:22) 신성한 장소로 데려가 그곳에 두는 사람도 바로 아담이다(창 2:15).[43] 따라서 우타-나피슈티의 운명은

---

43 여기서의 히브리어 동사는 우타-나피슈티를 데려가 다른 곳에 두었다는 의미를 나타내는 아카드어 동사와 어원이 같다(11.206).

아담이 동산에 배치되고 생명나무에 접근할 수 있는 권리를 얻었을 때의 운명과 비교할 수 있다. 그러나 아담이 신들처럼 되어버린 것은 지혜의 나무 열매를 먹은 결과이며 우타-나피슈티가 얻은 바로 그것을 잃어버리는 결과를 초래한다. 논의되는 주제는 동일하지만 창세기의 해석과 관점은 고대 근동 문헌에서 발견되는 것과는 눈에 띄게 다르다.

역사적 배경

바빌로니아 사람이라면 역사 속에서 홍수를 어디서 발견했겠는가? 분명 길가메시(기원전 제3천년기 중반 초기 왕조 시대의 우루크 왕)보다 훨씬 이전 시대에 발견했을 것이다. 길가메시 이전의 그와 비슷한 인물들(예. 엔메르카르, 루갈반다)은 서사시 문학을 통해 알려져 있고 「수메르 왕명표」에 홍수 이후의 왕들로 등장한다. 어떤 왕의 비문도 연대가 (2900년에 시작되는) 초기 왕조 시대 이전으로 추정되지 않는다.[44] 그 시대 이전의 글은 아직 초보적인 형태였기 때문이다(기원전 3200년경에 출현). 야콥센의 왕명표에 대한 해석과 그에 따른 계산에 따르면 홍수에서부터 엔메르카르 왕까지의 기간에 일곱 명의 왕이 다스렸

44 다음 책에서는 가장 이른 시기의 왕의 비문들을 편집해놓았다. Douglas Frayne, *Presargonic Period (2700-2350)*, RIME 1 (Toronto: University of Toronto, 2008).

다. 만일 이 계산이 정확하다면(대부분의 계산은 확실치 않다) 홍수는 가장 이르게 잡아도 기원전 제4천년기 후반의 사건이 될 것이다.

성경의 기록에서는 셈과 아브람 사이에 여덟 세대가 열거된다. '단지 산수를 하기 위해' 족보나 왕명표를 사용할 수 없다는 점은 인정되지만(명제 10을 보라) 우리는 여전히 우리가 가진 정보가 제4천년기 후반을 암시한다는 점을 인정한다. 이것은 가장 대략적인 추정치이며 여기서는 단지 이 모든 전승이 대략 동일한 시대를 겨냥하고 있음을 보여주기 위해 사용된다.

문학적 용도와 목적

문학적인 목적과 관련해서 홍수 이야기를 살펴보면 상당한 정도의 연속성이 발견된다. 성경의 이야기는 홍수를 다르게 해석하지만 홍수가 새로운 질서의 수립, 즉 옛 질서를 몰아내고 새 질서를 도입하는 것으로 표현되었다는 생각을 고대 근동의 이야기들과 공유하고 있다. 신들은 질서가 나빠졌다고 인식했을 때 질서를 회복하기 위해 그런 힘들을 사용한다. 성경과 고대 근동 모두에서 홍수는 '질서의 재설정'이다. 이 이야기들은 무질서(소음, 폭력)를 제거한 다음 질서를 다시 세우기 위해 비질서(우주적인 물)를 사용한다.

결론

결론적으로 우리는 성경과 메소포타미아의 홍수 전승들의 유사점과 차이점을 차용의 관점이 아니라 메소포타미아와 이스라엘이 똑같은 문화적 흐름에 속해 있었다는 관점에서 설명하는 것이 더 낫다고 생각한다.[45]

우리는 이 이야기가 글이 발명되기 훨씬 전, 따라서 문학이 출현하기 훨씬 전으로 거슬러 올라간다고 생각한다. 머나먼 과거에 (지금 그 시기를 추정할 수 없지만) 파괴적인 홍수가 많은 사람을 죽였다(명제 14를 보라). 이 책의 다른 부분에서 설명한 여러 이유로 우리는 이 홍수가 전 세계적인 규모는 아니지만 매우 파괴적이었다고 생각한다. 우리 자신의 관점에서 이 사건의 시기나 장소를 찾아내거나 사건을 재구성하기란 불가능하다. 고대 근동에 살았던 사람이라면 누구나 친숙한 사건 그 자체는 영감의 대상이 아니기 때문에 그것은 문제가 되지 않는다. 영감의 대상이자 결과적으로 하나님의 계시의 도구가 되는 것은 성경 저자가 제시하는 문학적-신학적 설명이다. 우리는 창세기의 편집자가 어떻게 홍수를 이용했고, 하나님이 홍수 사건 안에서, 그리고 홍수 사건을 통해서 행하신 일을 그가 어떻게 묘사했는지에 관심이 있다.

---

45 명제 10을 보라.

홍수는 머나먼 과거에 발생했고 홍수에 대한 이야기들은 홍수가 실제 발생한 시대에 살아온 사람들로부터 여러 세대에 걸쳐 구전으로 전해져 내려왔다. 홍수 이야기의 진술에서 에리두 창세기, 아트라하시스, 길가메시 11번 서판, 성경 이야기 사이의 유사점은 반드시 문학적 차용만이 아니라 이 이야기가 동일한 문화적 흐름에 속해 있는 이들에 의해 대대로 전해져 내려왔다는 사실을 통해 설명될 수 있다. 메시지를 이해하는 데 필수적인 것은 이스라엘이 이 공통된 이야기에 부여하는 특별한 형태다. 사건에 대한 어떤 기록도 결국은 문화의 옷을 입는다. 우리는 사건을 해석하는 방식의 차이—사건에 어떤 견해가 부여되는지—에 주목해야 한다. 다시 말하지만 사건에 대한 문학적-신학적 해석이 영감의 대상이지 사건 자체가 영감의 대상은 아니다.

우리는 메소포타미아와 성경의 홍수 이야기 사이의 유사점과 분명한 차이점을 살펴보았다. 우리는 이런 이야기들의 기원이 실제 파괴적인 홍수에 있다고 믿으며, 이는 창세기 6-9장을 신학적 역사로 이해하는 관점과 잘 어울린다. 이 사건은 살면서 이 경험을 해본 사람들의 생각 속에 심겼다(명제 14를 보라).

이 이야기는 구두로 전해져 내려오다가 마침내 여러 세대를 거쳐 기록된 형태로 전수되었고 중요한 신학적 메시지를 전달할 매우 중요한 수단이 되었다. 메소포타미아의 이야기에 담긴 신학적 메시지는 이스라엘의 이야기에 담긴 신학적 메시지와 매우 다르다. 우리는 차이점에서, 주로 신적 영역에 대한 각각의 관점에서, 이 문헌들이 홍수에 대해 말하고 쓰는 서로 다른 이야기들에서 후자의 독특한 성격을 알 수 있다.

유사점과 차이점에 대해 생각하는 또 다른 방식은 이스라엘 민족이 고대 근동 문화에 속해 있고 하나님이 거기서 그들에게 말씀하신다는 점을 인정하는 것이다. 하나님은 그들에게 문화를 초월하는 계시를 주시지만 그 문화 속에서 그들에게 말씀하신다. 이는 고대 성경에 고대 근동을 억지로 덧씌우는 문제가 아니다(성경은 고대 근동의 한 문헌이다). 오히려 이는 그들도 고대 근동 안에 있다는 점을 인정하는 것과 관련이 있다. 홍수 이야기를 원래의 배경에서 이해하는 것은 우리의 의무이며 명제 8은 그 일을 하려 한 것이다.

고대 근동의 홍수 전승들에 대한 의식을 암시하는 유사점은 충분히 존재하지만 메소포타미아의 문헌들을 사용했음을 암시하는 유사점은 충분히 존재하지 않는다. 이런 의미에서 성경의 이야기는 고대 세계 속에 완전히 속해 있지만 특정한 문학적 전승에 빚을 지고 있지는 않다. 메소포타미아에서 일반적인 홍수 전승은 성경의 전승을 보존한 이들이 특정한 단어들과 특이한 측면들을 각색했을 만큼 잘 알려져 있다. 그러나 각색했다는 것이 핵심이며 그들이 그 문헌들을 접했더라도 그것은 사실일 것이다. 각색한 부분은 성경의 이야기가 어떻게 독특하고 의미 있는지를 깨닫게 해준다. 화자가 홍수 전승을 해석한 방식이 곧 본문의 권위 있는 메시지다. 성경 본문에 대한 하나님의 영감은 성경 본문이 문학적 자료를 사용하지 않고 생겨났음을 의미하는 것이 아니다.[46] 역대기는 명백한 자료 사용을 입증하며 어떤 자료는 영감을 받았지만 어떤 것은 그렇지 않다. 고대 근동의 자료들에 어느 정도 빚을 지고 있다는 점이 사건에 대한 해석의 권위를 부정하지는 않지만 빚을 지고 있다는 점은 입증되어야 하며, 홍수에 대해서는 메소포타미아의 어떤 문헌도 아직 성경 내러티브의 바탕이 되었을 수도 있는 문헌이라고 확인되지 않았다.[47]

홍수 이야기는 우리가 내러티브를 현대의 문화적인 흐름에서 읽으려 할 때 본문이 실제로 하고 있는 역할을 오해하는 상황의 좋은 실례가 된다. 우리는 현대적인 질문들로 인해 주의가 산만해지지 않기 위해 홍수 이야기를 고대 문헌으로 읽어야 한다. 그럴 때만 있는 그대로의 내러티브 속으로 들어가 본문의 권위 있는 가르침을 이해할 수 있는 위치에 설 수 있다.

---

46 자료들의 가능성을 인정하는 것이 곧 성서학에서 일반적인 자료(J나 P 등으로 지칭되는 자료들과 같은) 이론의 고전적인 표현을 받아들이는 것을 뜻하지는 않는다. 최근의 연구는 일반적으로 모세 오경, 특별히 홍수 이야기를 그런 식으로 이해하는 것에 상당한 의구심을 제기했다. 다음 책을 보라. Joshua Berman, *Inconsistency in the Torah: Ancient Literary Convention and the Limits of Source Criticism* (Oxford: Oxford University Press, 2017), 236-68.

47 한 본문이 다른 본문을 차용하면 어떻게 될지 감을 얻고 싶다면 길가메시의 홍수 이야기를 아트라하시스의 홍수 이야기와 비교해보면 된다. 시행(詩行) 전체가 그대로 사용되고 단락 전체가 반복된다. 특정한 문학적 전승에 대한 의존성을 확증하는 데 필요한 것은 그런 것이다.

제3부

본문: 성경 본문에 대한 문학적·신학적 이해

명제 9

한 번의 국지적인 엄청난 대홍수가 수사적인 목적과 신학적인 이유로 의도적으로 전 지구적 홍수로 묘사되었다

이전의 명제들은 다음과 같은 결론에 도달했다.

첫째, 창세기의 장르는 신학적 역사다(명제 2와 3을 보라. 추가로 명제 11과 14를 보라). 창세기의 내러티브는 실제로 시공간 속에서 발생한 사건들에 대해 이야기한다. 모든 역사는 선별적이고 저자가 독자와 소통할 때의 의도에 따라 해석된다. 창세기 저자의 초점은 그가 하나님과 그분의 인간 피조물 간의 관계를 서술하는 데 관심이 있다는 점에서 신학적이다.

둘째, 창세기 1-11장과 구체적으로 창세기 6-9장은 이런 의미에서 신학적 역사이고 따라서 창세기 12-50장과 연속선상에 있다. 그러나 이 장들은 단 하나의 가족이 아닌 하나님과 온 세상의 관계에 초점을 둔 먼 과거와 관련이 있다. 또한 이 장들은 창조부터 아브라함 직전 시대까지 믿을 수 없을 만큼 긴 기간을 다룬다. 따라서 창세기 1-11장은 신학적 역사지만 특히 다른 고대 근동 문헌과 관련해서 드러내는 유사점과 차이점뿐만 아니라 과거를 묘사하는 데 비유적 언어를 사용한다는 점에서 역사와 상당히 다른 느낌을 준다. 다시 말해 창세기 1-11장 이야기(창조, 타락, 가인과 아벨, 홍수, 바벨탑)의 배경이 되는 사건들은 실재하지만 이 이야기들은 신학적인 메시지를 제시하기 위해 수사적으로 구성되어 있다. 사건들이 영감을 받은 것이 아니라 성경 본문 속에서 사건을 제시하고 해석하는 것이 영감을 받은 것이다.

셋째, 성경의 이야기는 홍수를 수사적으로 전 세계적인 홍수로 묘사한다. 이 이야기를 마치 단지 국지적인 홍수를 묘사한 것처럼 해석하려는 시도는 면밀히 분석해보면 설득력이 없다. 국지적 홍수라는 해석을 옹호하는 이들은 실제 전 세계적인 홍수가 있었다고 믿는 이들과 마찬가지로 이 이야기의 수사적 구성을 인식하지 못한다. 국지적 홍수 이론을 옹호하는 이들의 동기는 그들이 전 세계적인 홍수를 뒷받침할 증거가 없다는 점을 인정하고 성경과 지질학이 명백히 충돌하는 문제에 대한 해법은 성경 본문에 대한 재평가에 있다고 믿는다는 점에서는 타당하다. 따라서 그들은 지질학적 기록 속에 전 세계적인 홍수의 증거가 없다는 점을 무시하지 않지만 성경 본문의 진실성도 옹호하기를 원한다. 그것은 우리의 동기이기도 하지만 우리는 우리가 생각하기에 과학적 증거뿐만 아니라 성경 본문의 의도와도 좀 더 부합하는 이 질문에 대한 다른 접근 방식을 취한다.

넷째, 우리는 지질학적 기록이 지구 역사의 어떤 시점에도 전 세계적인 홍수가 있었다는 아무 증거도 보여주지 않는다는 광범위한 과학적 주장을 받아들인다(명제 15를 보라). 우리는 이와 반대되는 주장을 하는 소수 아마추어 과학자들의 필사적인 시도를 거부한다. 전 세계적인 홍수가 있었다면 홍수의 흔적이 지질학적 기록에 남았겠지만 그런 흔적은 전혀 없다. 이런 현실을 인정하는 것은 '불경한 과학'에 굴복하는 것이 아니라 오히려 하나님의 다른 책인 자연에 대한 연구가 우리의 성경 해석을 개선해줌으로써, 교황 요한 바오로 2세의 말을 빌리자면 "종교를 정화하는" 역할을 한다는 점을 인정하

는 것이다.[1]

다섯째, 우리는 홍수 이야기의 표현에서 과장된 언어가 사용되었다는 점을 언급했다. 과장법은 어떤 효과를 나타내거나 요점을 강조하기 위해 과장하는 것이다. 죄가 가져온 무질서는 만연해 있다. 질서가 재설정되고 홍수의 물이 산 위로 7m까지 솟아오를 때 심판은 거의 인구 전체의 멸망이었다. 방주는 (지금까지) 인간 역사에서 지어진 어떤 목조선보다도 크다. 우리는 이어지는 명제들에서 홍수 이야기에 사용된 이러한 과장된 표현이 전달하는 메시지를 탐구할 것이다.

여섯째, 성경의 홍수와 메소포타미아 홍수 이야기들의 유사점은 이스라엘 민족과 메소포타미아인들이 같은 문화적 흐름에 포함되어 있다는 사실로 인한 결과다. 이런 이야기들의 출현을 자극한 사건은 머나먼 과거에 있었다. 우리는 특히 이야기의 문학적·신학적 표현에 관심이 있으므로 성경의 이야기와 메소포타미아의 이야기들의 차이점은 우리에게 가장 큰 관심거리다. 여기서도 마찬가지로 하나님은 사건 속에서 역사하시지만 사건은 영감의 대상이 아니다. 사건에 대한 표현과 해석이 영감의 대상이다.

따라서 우리는 창세기 6-9장이 신학적인 요점을 강조하기 위해

---

1 John Paul II, "To the Reverend George V. Coyne SJ, Director of the Vatican Observatory," June 1, 1988, http://w2.vatican.va/content/john-paul-ii/en/letters/1988/documents/hf_jp-ii _let_19880601_padre-coyne.html.

수사적으로 전 세계적인 홍수로 묘사된 한 국지적 홍수와 관련되어 있다는 결론에 이르게 된다. 그러한 관점은 성경 본문을 문학적·문화적 배경에서 읽을 때 성경 본문과 지리적 증거(또는 증거 부족)를 모두 존중한다.

우리는 이제 내러티브의 수사적 구성을 초래한 신학적 목적을 밝힐 수 있는 시점에 이르렀다. 이후의 명제들에서 창세기 1-11장의 (상호 배타적이지는 않지만) 서로 다른 두 가지 문리적-신학적 해석에 대한 근거를 제시할 것이다. 홍수 이야기를 창세기의 수사적 전략이라는 배경에 둘 때 이 두 가지 해석은 우리의 길잡이가 되어줄 것이다.

전통적인 해석에서는 홍수를 노아 시대의 인류의 특징이 된 도덕적 타락에 대한 반응으로 하나님이 실행하신 심판 행위로 보았다. 그러한 관점은 창세기 본문 분석의 지지를 받을 뿐만 아니라 홍수에 대해 알려진 최초의 해석(제2성전기)이자 신약에 제시된 해석이기도 하다. 따라서 이런 관점은 해석학적으로 뒷받침되고 신학적으로 건전하며 논리적인 추론이다.

이와 상호 배타적이지 않은 또 다른 관점은 창세기 1-11장이 비질서·질서·무질서의 문제를 추적하는 데 관심이 있다는 주장이다. 이 관점에 따르면 홍수 이야기는 하나님이 무질서(악과 폭력)를 없애기 위해 비질서(우주적인 물)를 사용하면서 세상에 어느 정도의 질서를 다시 세우시는 방식에 조금 더 초점을 맞추고 있다. 물론 하나님이 창세기 8:21에서 인정하시는 것처럼 홍수가 무질서를 완전히 없애는 것은 아니다. 그러나 홍수는 질서를 잡는 과정을 다시 시작하며 하나님은 기존 질서가 홍수를 통해 다시 시작되지는 않을 것임을 암시하신다(창 8:21). 비록 두 관점 모두 타당하지만 이는 (과거 지향적인) 죄를 심판하는 행위를 넘어 (현재 및 미래 지향적인) 질서를 세우려는 지속적인 하나님의 계획에 관심을 집중시킨다.

당면한 문제는 이 중에 어느 것이 참인지를 결정하는 것이 아니다. 해석자들은 각 관점의 신학적 가치를 평가함으로써 진일보할 수 있고 각 관점에서 중요한 통찰을 얻을 수 있다. 그러한 신학적 통찰은 창세기 1-11장의 흐름을 설명하는 방법을 알아내고자 하는 문리적 접근 방식을 통해 보완될 수 있다. 전통적인 관점에서는 홍수를 도덕적 실패와 심판을 통한 하나님의 반응을 보여주는 다른 사건들과 연관시켜서 다룬다. 아담과 하와, 가인과 아벨, 함의 무분별한 행동에 대한 이야기들은 이러한 윤곽에 손쉽게 들어맞는다. 하나님의 아들들과 바벨탑이라는 창세기 1-11장의 다른 이야기들은 하나님이 인간들이 택한 방향에 진노하셨고 시정 조치를 시행하셨음을 분명히 보여준다. 후자의 두 사건에서 하나님은 어떤 상황에 불만스럽게 반응하신다. 사람들이 도덕적 실수를 저질렀는지는 덜 분명하다(모세 오경에서는 '부정'[impurity]도 하나님의 불만을 암시하지만 부정이 곧 도덕적 실수는 아니라는 점을 상기해보라). 우리의 목적상 인간들이 하나님의 뜻에서 벗어나고 하나님이 그 결과로 응답하시는, 창세기

1-11장의 내러티브를 가로지르는 패턴을 인식하기만 하면 충분하다. 이 관점은 명제 10에서 요약할 것이다.

질서와 무질서라는 수사적 전략에 대한 해석은 족보들이나 각 민족의 목록(Table of Nations; 창 10장)과 같은 요소들뿐만 아니라 모든 내러티브 사건들도 설명해줄 수 있다. 이 관점은 명제 11과 12에서 더 자세히 제시할 것이다.

이 두 관점은 각기 나머지 한 관점을 배제하지 않으며 둘 중 하나를 선택할 필요가 없다. 우리가 강조하는 중요한 요점은 (어느 길로 가든) 본문에 대한 문학적-신학적 해석이 많은 이들이 사건 그 자체를 재구성하는 일에 대해 느끼는 강박관념보다 우선한다는 점이다. 우리는 그 대신 성경 저자에 의한 사건 해석이 가장 중요하며 해석자인 우리의 주목을 필요로 한다고 주장한다.

이 두 신학적 접근 방식을 실제로 추적하기 전에 방법론에 관해 한마디 해둘 필요가 있다. 성경 본문에 등장하는 사건을 다룰 때는 성경의 내러티브에서 사용된 등장인물을 이해하기에 적합한 동일한 접근 방식을 사용해야 한다. 우리는 과거의 실제 사람들을 다루고 있지만 화자가 등장인물을 어떻게 다루는지가 등장인물이 하는 행동보다 더 중요하다. 그리고 하나님이 등장인물을 통해 하시는 일이 무엇보다 가장 중요하다. 이 원리는 문리적 차원(화자가 하는 일)과 신학적 차원(하나님이 하시는 일)에 권위를 부여한다.

홍수와 같은 사건을 해석할 때 우리는 그것을 등장인물을 다루듯이 다루어야 한다. 화자가 홍수를 어떻게 다루는지가 홍수가 하는 일보다 더 중요하며 하나님이 홍수를 통해 어떤 일을 하시는지가 셋 중에 제일 중요하다. 그렇다면 우리는 화자와 하나님이 홍수를 통해 어떤 일을 하고 있는지를 설득력 있게 분명히 표현할 필요가 있다. 전 지구적인 홍수를 믿는 사람이라면 하나님이 지구 전체에 홍수를 일으켜 온 인류를 멸하고 계신다고 말하려 할 것이다. 우리는 영감으로 기록된 이 이야기의 문학적·수사적 측면에 바탕을 둔 대안적인 관점을 제시하고자 한다.

문학적 휘장 뒤에서 등장인물들의 '실제 있는 모습 그대로'를 볼 수 없는 것과 마찬가지로 (MBTI나 에니어그램 성격 분석 같은 것은 아예 불가능하다) 문학적 휘장 뒤에서 홍수의 과학적 실재를 재구성할 수도 없다. 더구나 신약에도 동일한 문학적 휘장(과 그사이에 발전한 전승)이 존재한다. 신약 저자들도 사건에 독립적으로 접근하지 못한다. 그들이 받은 영감은 그들에게 내부자 정보를 허락하지 않으며 홍수 사건의 의미와 적용에 대한 권위 있는 해석만을 허락할 뿐이다. 더구나 그들은 창세기와는 다른 관점을 제시하기 위해 홍수에 대한 해석에서 무언가 다른 것을 발견할 수도 있다. 다시 말해 신약 저자들은 구약 이야기의 목적을 바꿀 수도 있다. 우리는 해석자로서 그런 다양한 해석을 서로 대립시킬 필요가 없으며 둘 다 같은 사건에 대한 정당한 해석으로 받아들일 수 있다.

신구약 중간기에 발견되는 최초의 해석을 살펴보면 홍수 이야기에 대한 다양한 해석을 목격할 수 있다. 그런 해석들을 살펴볼 때 해석자들이 창세기 화자가 제시하는 내러티브의 수사적 구조에 대해 우리보다 관심이 덜하다는 사실에 놀랄 필요는 없다. 제2성전기의 유대인들은 자신의 시대와 관련한 그들 나름의 신학적 계획이 있다. 역사를 통틀어 많은 해석자가 그랬듯이 그들도 당대의 초점과 관련해서 성경 내러티브의 목적을 재설정하는 일에 몰두한다.[2] 제2성전기 문헌에서 찾아볼 수 있는 주요 주제들은 다음과 같다.

- 노아의 경건
- 구경꾼들의 역할
- 에덴과 루바르(그들이 말하는 방주가 머물게 된 곳)와 약속의 땅 사이의 관계
- 홍수의 연대기적 기록과 절기력
- 창조의 역전과 갱신
- 홍수와 종말론적 심판의 연결
- 현재 및 미래와 관련한 함의에 대한 관심 집중

---

2 Jeremy D. Lyon, *Qumran Interpretation of the Genesis Flood* (Eugene, OR: Pickwick, 2015). 그는 다음과 같은 문헌들을 포함시킨다. Genesis Apocryphon, *Commentary on Genesis A* (4Q252), *Exhortation Based on the Flood* (4Q370), *Paraphrase of Genesis and Exodus* (4Q422).

이런 문헌들에서 우리는 신약에서와 마찬가지로 에녹1서와의 상호작용을 볼 수 있다. 에녹1서에서 홍수는 일차적으로 땅을 정화하기 위한 심판 행위로 해석된다.[3] 이 문헌들은 우리가 창세기의 배경에서 확인한 주제(창조의 역전과 갱신)에 약간의 관심을 보이지만 그러한 해석에 제한받지는 않는다. 하나님의 분노와 죄를 벌하시려는 동기는 헬레니즘 시대 문헌에서 중심을 차지한다. 그와 동시에 의미심장하게도 이 문헌들은 사건을 재구성하는 데 많은 관심을 기울이지 않는다. 이 문헌들은 엄밀하게 경험적인 관심을 드러내는 것이 아니라 이 사건을 원형적(즉, 종말론적 심판과 관련한 심판 행위)으로 보는 관점에 바탕을 둔 보편주의를 전제로 한다. 이런 해석들은 본문을 비유적으로 (미래의 심판에 대한 비유, 신적인 은혜에 대한 비유, 신학적이고 주제와 관련한 관계에 대한 비유) 다룬다. 경험적 증거를 바탕으로 평가한 문학적 사건의 과학적 범위는 그런 문헌들에서는 별로 중요한 관심사가 아니다.

신약성경을 펴보면 저자들이 제2성전기 문헌들과 똑같은 방식으로 홍수의 심판적 측면에 초점을 맞추는 모습을 볼 수 있다. 이 심판은 매우 인상적이어서 신약에서 악인들에게 닥칠 심판의 형태를 예시하는 데 사용되었다. 예를 들어 베드로는 이 심판을 그가 보기에 거짓 스승이었던 자들에게 닥칠 심판과 관련해서 사용했다. 그들

3 에녹1서 10:20-22을 보라. 참고. 벧전 3:20-21.

에 대해 베드로는 이렇게 말한다.

> 그러나 백성 가운데 또한 거짓 선지자들이 일어났었나니 이와 같이 너희 중에도 거짓 선생들이 있으리라. 그들은 멸망하게 할 이단을 가만히 끌어들여 자기들을 사신 주를 부인하고 임박한 멸망을 스스로 취하는 자들이라. 여럿이 그들의 호색하는 것을 따르리니 이로 말미암아 진리의 도가 비방을 받을 것이요, 그들이 탐심으로써 지어낸 말을 가지고 너희로 이득을 삼으니, 그들의 심판은 옛적부터 지체하지 아니하며 그들의 멸망은 잠들지 아니하느니라(벧후 2:1-3).

다음으로 거짓 스승들에게 닥칠 심판은 구약 시대의 큰 심판들과 관련된다. "하나님이 범죄한 천사들을 용서하지 아니하시고 지옥에 던져 어두운 구덩이에 두어 심판[창 6:1-3에 대한 언급] 때까지 지키게 하셨으며 옛 세상을 용서하지 아니하시고 오직 의를 전파하는 노아와 그 일곱 식구를 보존하시고 경건하지 아니한 자들의 세상에 홍수를 내리셨으며"(벧후 2:4-5).

이처럼 홍수 이야기는 제2성전기 문헌에서 흔히 그렇듯이 미래의 심판을 예고한다. 실제로 홍수 때 벌어진 심판은 너무나 극적이어서 신약 저자들은 모든 이들에 대한 가장 큰 심판, 곧 역사의 끝에 예수님이 재림하실 때 닥칠 심판을 예고하면서 이 심판을 활용했다.

> 노아의 때와 같이 인자의 임함도 그러하리라. 홍수 전에 노아가 방주에 들어가던 날까지 사람들이 먹고 마시고 장가 들고 시집 가고 있으면서 홍수가 나서 그들을 다 멸하기까지 깨닫지 못하였으니 인자의 임함도 이와 같으리라(마 24:37-39).

신약은 이처럼 홍수 이야기를 우리 하나님이 죄를 심판하시는 하나님이라는 진리에 대한 예시로 택한다. 하나님은 불순종을 용납하지 않으신다. 하나님은 하나님 자신보다 우리 자신을 더 높이려는 우리의 성향이 우리를 형통케 하는 것이 아니라 해를 끼친다는 사실을 잘 알고 계시기 때문이다. 이 점에서 홍수 이야기는 미래의 종말론적 심판을 보여주는 원형적인 이야기로 사용된다.

홍수 이야기에서 심판이라는 주제에 대한 고찰의 결론을 맺기 전에 한 가지 질문을 더 다룰 필요가 있다. 창세기 6-9장을 정직하게 해석하면 역사적인 전 세계적 홍수를 믿을 수밖에 없다고 주장하는 사람들이 홍수에 대한 신약의 이러한 언급들은 신약 저자들(과 마 24장에서 인용되는 예수님 자신)이 홍수를 역사적이고 전 세계적인 사건으로 믿었음을 보여준다고 말하는 것은 드문 일이 아니다. 그들이 전 지구적인 홍수는 역사적 사건이었다고 믿었다면 홍수에 대한 과학적 증거가 설령 없더라도 우리가 뭐라고 감히 그들과 다르게 말할 수 있겠는가?

그러나 이런 논리는 잘못된 것이다. 신약 저자들(과 예수님 자신)

은 창세기 6-9장의 이야기를 언급하고 있고 이 이야기는 홍수를 전 세계적인 관점에서 묘사한다는 점을 우리는 기꺼이 인정했다. 우리는 (현대의 일부 독자들은 그렇지 못하더라도) 신약 저자들(과 예수님 자신)도 그 사실을 이해하기에 충분한 교양이 있었다고 주장한다.

제2성전기 문헌과 신약에 대한 이러한 고찰로부터 우리는 다양한 저자들이 다양한 신학적·수사적 요점을 강조하기 위해 그들이 잘 아는 한 사건을 사용하는 것이 드문 일이 아니라는 사실을 살펴보았다. 제2성전기 문헌이 홍수 이야기를 어떻게 다루는지 살펴보았으니 이제는 창세기의 편집자가 일반적으로는 창세기 1-11장에서, 구체적으로는 홍수와 관련해서 어떤 작업을 하고 있는지를 알아보는 해석적 과제에 관심을 돌릴 필요가 있다.

명제 10

홍수 기사는 언약의 배경 역할을 하는 연속적인 죄와 심판 이야기의 일부다

우리는 다음과 같은 관점을 제시했다. 우주적인 영향력을 지닌 실제 홍수가 창세기 6-9장에서 발견되는 이야기의 원동력이고 그 이야기는 과장법을 사용하여 신학적인 이유로 이 홍수를 전 세계적인 사건으로 묘사한다. 창세기에 제시된 사건에 대한 해석은 권위를 지녔으므로 우리는 성경의 화자가 창세기 1-11장을 어떻게 구성했는지를 이해해야 한다. 문학적 표현에 주목해보면 홍수 이야기는 창세기 3장에 나오는 최초의 죄에 대한 설명과 똑같은 구조를 취하고 똑같은 문학적 패턴을 따른다는 사실을 발견할 수 있다. 두 이야기 모두 하나님의 심판과 은혜에 직면한 죄를 묘사한다. 우리는 이 패턴의 전개 과정을 간략히 서술할 것이다.

그러한 분석에 착수하기 전에 한 가지 중요한 주의 사항을 유념해야 한다. 우리가 창세기의 홍수를 심판을 초래한 사건으로 제시할 때조차 우리는 그런 해석이 고대나 현대의 다른 어떤 홍수(또는 그와 같은 다른 재앙)를 신적인 심판의 결과로 해석하는 선례를 제공하지는 않는다는 점을 강조하고자 한다. 어떤 재앙이 하나님의 심판임을 알아볼 수 있는 능력은 전적으로 그 재앙을 그렇게 해석하는 권위 있는 목소리의 존재에 의존한다. 성경은 창세기의 홍수에 대해 권위 있는 해석을 제공한다. 우리에게는 다른 사건들을 해석해줄 권위 있는 목소리가 없다. 모든 재앙이 다 하나님의 분노나 심판의 표현은 아니다.

창세기 1-3장

창세기는 창조 기사로 시작된다(1-2장). 하나님은 우주와 인간 생명을 포함한 모든 생명을 창조하셨다. 이야기의 첫머리에서 남자와 여자는 도덕적으로 순수하고 복된 상태에서 살아간다. 복된 상태에서 살아간다는 것은 그들이 하나님과, 서로 간에, 그리고 창조세계 자체와 조화로운 관계에 있다는 뜻이다.

그다음으로 창세기 3장은 인간의 최초의 죄를 서술한다. 아담과 하와는 하나님의 명령을 거부하고 옳고 그름을 스스로 결정하겠다고 고집한다. 그들의 반역 때문에 (바울이 나중에 롬 5:12-21에서 지적하겠지만) 무질서와 죄가 인간의 경험 속에 들어오고 죽음이 불가피해졌다. 하나님은 인간 피조물을 그들의 죄로 인해 심판하신다. 그러나 그들의 죄 때문에 그들은 더 이상 복된 상태에서 살지 못한다.

독자는 이야기의 흐름이 직접적으로 죄에서 심판의 실행으로 바뀔 것으로 기대할지도 모르지만 실제는 그렇지 않다. 우리가 앞으로 보게 될 반복적인 패턴에서 그다음에 나오는 이야기는 은혜의 표지라고 부를 만한 것이다. “여호와 하나님이 아담과 그의 아내를 위하여 가죽옷을 지어 입히시니라”(창 3:21). 하나님의 이 행동은 매우 단순해 보이지만 실제로는 꽤 심오하다. 옷을 입히시는 것은 죄를 지은 피조물들에 대한 하나님의 지속적인 관심을 보여준다. 비록 그들의 연약함이 그들 자신의 반역적인 행동의 결과이더라도 그들이 현재 연약함을 느끼는 대목에서 하나님은 그들을 도와주신다.

그러나 이야기는 은혜의 징표에 대한 언급으로 끝나지 않는다. 그 뒤로 이야기는 계속 이어져 심판의 실행을 진술함으로써 끝난다. 창세기 3장은 하나님이 아담과 하와를 동산에서 쫓아내셨다고 독자에게 말해줌으로써 끝이 난다. 그들은 더 이상 복된 상태에서 살지 못하고 이제 적대감, 관계상의 역기능, 고된 노역, 심지어 죽음과도 싸워야 한다.

창세기 4-11장의 이야기는 창세기 3장에 나타난 것과 동일한 일반적 패턴을 따른다. 이 이야기는 인간의 죄에 대한 것이며 심판의 말씀이 그 뒤를 따르고 심판에 대한 묘사로 끝난다. 하나님의 심판의 말씀과 심판의 실행 사이에는 하나님의 은혜의 표지가 있다.

가인은 동생 아벨을 죽인다(창 4:8). 하나님은 심판을 선언하시며(창 4:11-12), 이를 집행하신다(창 4:16). 그러나 심판하기 전에 하나님은 죄지은 가인을 폭력에서 보호하는 징표를 주심으로써 그에게 은혜를 베푸신다(창 4:15).

하지만 곧 인간의 죄는 엄청난 규모로 커져갔다(창 6:5, 11-12). 하나님은 홍수를 통해 죄지은 인간을 뿌리 뽑기로 결심하시고 그렇게 하겠다는 의도를 밝히신다(창 6:7, 13-21). 하나님은 홍수를 보내시지만(창 7:6-24), 또한 노아에게 방주를 짓고 가족과 짐승들을 데려와 배에 태우라고 말씀하셔서 인간이 홍수에서 살아남게 하심으로써 은혜를 베푸신다(창 6:8, 18-21).

창세기 6:11-13에서 하나님은 사람들의 깊은 부패를 묘사하면서 심판을 선언하신다(창 6:6-7도 함께 보라). 그 뒤에 하나님은 보다 구체적으로 모든 피조물, 특히 인간을 홍수를 통해 멸하겠다고 선언하신다. "내가 홍수를 땅에 일으켜 무릇 생명의 기운이 있는 모든 육체를 천하에서 멸절하리니 땅에 있는 것들이 다 죽으리라"(창 6:17).

타락과 아벨의 살해라는 앞의 두 이야기에서 살펴본 것처럼 하나님은 심판을 완수하시지만(창 7:6-24), 또다시 은혜의 징표, 곧 인간 피조물들을 완전히 버리지는 않겠다는 표적을 나타내시기 전에는 그렇게 하지 않으신다. 화자는 우리에게 "노아는 의인이요 당대에 완전한 자라. 그는 하나님과 동행하였으며"라고 말한다(창 6:9). 다음으로 화자는 배를 만들고 노아의 가족뿐만 아니라 모든 종류의 동물들을 모아 다가오는 홍수를 준비하라는 하나님의 지시를 전한다. 이렇게 해서 이 파괴적인 심판에도 불구하고 인류는 살아남는다.

이 특별한 심판은 너무나 파괴적이어서 심지어 역창조(逆創造) 행위로 묘사되었다.[1] 창세기의 맨 첫머리로 되돌아가면 이런 말씀이 나온다. "태초에 하나님이 천지를 창조하시니라. 땅이 혼돈하고 공허하며['토후 바보후'] 흑암이 깊음 위에 있고 하나님의 영은 수면 위에 운행하시니라"(1:1-2).[2] 하나님이 땅에 기능적 질서를 부여하시

---

1 David J. A. Clines, *The Theme of the Pentateuch* (Sheffield, UK: JSOT Press, 1978), 73-77.

2 NRSV는 또 다른 번역의 가능성을 제시한다. "땅은 형태 없는 빈 공간이었고 어

기 전에 땅은 "혼돈하고 공허"했다. 확실하지는 않지만 저자는 우리가 땅을 분화되지 않은 물로 생각하기를 의도했던 것 같다. 이 혼돈하고 공허한 물 덩어리로부터 하나님은 기능적이고 살기에 알맞은 땅을 창조하신다. 그렇다면 홍수는 물로 된 덩어리, 곧 '토후 바보후' 상태로 되돌아가는 것이다.

우리가 확인한 패턴은 창세기 9:18-29뿐만 아니라 9:1-17과 1-2장에도 있는 본문 상호 간의 풍부한 암시를 해명해준다. 따라서 창세기 1-9장을 읽는 한 가지 방법은 창조-역창조-재창조의 흐름을 따라 읽는 것임을 알 수 있다.

이 단락의 목적은 홍수 이야기가 최초의 죄에 대한 이야기를 통해 확립되고 가인과 아벨에 관한 이야기를 통해 계속 이어진 패턴에 잘 들어맞는다는 점을 관찰하는 것이다. 이것은 하나님의 심판의 말씀과 궁극적인 심판의 집행이 뒤따르는 죄의 이야기다. 그러나 심판의 말씀과 심판 그 자체 사이에서 우리는 은혜의 표시에 대한 일관된 언급을 보았다. 따라서 이 이야기들은 다음 세 가지의 주된 신학적 요점을 강조한다.

1. 인간은 죄인이다.

둠이 깊음의 표면을 덮었다." 사실 이것도 바른 번역일 수 있지만 이 번역과 NIV 간의 차이점은 우리의 요지에 영향을 끼치지 않는다.

2. 하나님은 일관되게 죄인을 심판하신다.

3. 하나님은 죄지은 피조물에게 여전히 은혜로우시다.

우리는 이제 홍수 이야기에서—특히 하나님이 노아와 맺으시는 언약에서—명백히 나타나는 은혜에 시선을 돌릴 준비가 되었다. 첫째, 노아와 그의 가족은 홍수에서 살아남을 자격이 없다. 노아는 그의 의 때문에 살아남을 자격을 얻은 것이 아니며 그의 나머지 가족도 확실히 그렇지 않다.[3] 그러나 하나님은 질서와 화해를 추구하기를 원하시며 인간 피조물에 대한 사랑 때문에 노아에게 홍수에서 살아남기 위해 방주를 지으라고 말씀하실 뿐만 아니라 물이 빠진 뒤에 그와 언약을 맺으신다.

하나님은 다가올 홍수와 방주 만들기에 관해 노아에게 지시 사항을 전달하실 때 또한 이렇게 말씀하신다. "땅에 있는 것들이 다 죽으리라. 그러나 너와는 내가 내 언약을 세우리니"(창 6:17-18). 그리고 정말로 노아가 방주에서 내리고 하나님께 제사를 드린 뒤에 하나님은 노아와 그의 아들들에게 이렇게 말씀하신다.

내가 내 언약을 너희와 너희 후손과 너희와 함께 한 모든 생물, 곧 너

---

3 Carol M. Kaminski, *Was Noah Good? Finding Favour in the Flood Narrative* (London: T&T Clark, 2014).

희와 함께 한 새와 가축과 땅의 모든 생물에게 세우리니 방주에서 나온 모든 것, 곧 땅의 모든 짐승에게니라. 내가 너희와 언약을 세우리니 다시는 모든 생물을 홍수로 멸하지 아니할 것이라. 땅을 멸할 홍수가 다시 있지 아니하리라(창 9:9-11).

'언약'(베리트)이라는 용어가 노아와 관련해서 처음 등장한다. 언약(covenant)은 영어 번역이 바르게 암시하듯이 두 당사자 사이의 공식적인 합의다. 이 언약에서 하나님은 세상과 세상의 거주민들의 존속을 약속하신다. 말씀은 노아와 그의 아들들을 향하지만, 이 약속은 그들뿐만 아니라 창조세계와 피조물 전체에게 주어진다. 그들은 하나님이 주기적으로 창조세계를 멸하실 것이라는 두려움 속에서 살아갈 필요가 없다. 인간의 죄에도 불구하고 하나님은 이렇게 말씀하신다.

내가 다시는 사람으로 말미암아 땅을 저주하지 아니하리니 이는 사람의 마음이 계획하는 바가 어려서부터 악함이라. 내가 전에 행한 것 같이 모든 생물을 다시 멸하지 아니하리니,

땅이 있을 동안에는
심음과 거둠과
추위와 더위와
여름과 겨울과

> 낮과 밤이
> 쉬지 아니하리라(창 8:21-22).

이 경우에도 이러한 기능적이고 질서 정연한 상태의 회복은—하나님으로 하여금 노아와 그의 가족을 살려두시게 한 은혜를 넘어선—은혜의 행위다. (죽임을 당해야 마땅한) 인간의 죄에도 불구하고 하나님은 인간을 멸하지 않으실 것이다.

다음으로 하나님은 '증거'를 선포하시는데 이 증거는 하나님께 그분의 약속을 상기시킬 것이다.

> 하나님이 이르시되 "내가 나와 너희와 및 너희와 함께 하는 모든 생물 사이에 대대로 영원히 세우는 언약의 증거는 이것이니라. 내가 내 무지개를 구름 속에 두었나니 이것이 나와 세상 사이의 언약의 증거니라. 내가 구름으로 땅을 덮을 때에 무지개가 구름 속에 나타나면 내가 나와 너희와 및 육체를 가진 모든 생물 사이의 내 언약을 기억하리니 다시는 물이 모든 육체를 멸하는 홍수가 되지 아니할지라. 무지개가 구름 사이에 있으리니 내가 보고 나 하나님과 모든 육체를 가진 땅의 모든 생물 사이의 영원한 언약을 기억하리라." 하나님이 노아에게 또 이르시되 "내가 나와 땅에 있는 모든 생물 사이에 세운 언약의 증거가 이것이라" 하셨더라(창 9:12-17).

이는 성경에서 명시적으로 언급된 최초의 언약이므로 무지개는 언약의 최초의 증거다. 훗날 우리는 할례는 아브라함 언약의 증거이고(창 17:9-14), 안식일은 모세 언약의 증거이며(출 31:12-18), 성만찬은 새 언약의 증거임을 알게 될 것이다(눅 22:20).[4] 이러한 증거들은 상표와 같다. 이 증거들은 언약 당사자들에게 그들 사이에 세워진 관계를 상기시키는 역할을 한다. 무지개의 경우에 하나님은 이 증거가 특별히 하나님께 홍수를 다시 일으키지 않고 창조세계의 지속성을 허락하시겠다는, 피조물인 인간과 다른 모든 생물에게 하신 약속을 상기시켜줄 것이라고 말한다.

증거는 당연히 그 증거와 관련한 언약의 구체적인 성격과 통합적으로 관련되어 있다. 노아 언약의 증거의 경우에 무지개는 폭풍 뒤에 나타나고 이로써 홍수가 그쳤음을 알려준다.[5]

이 명제의 주제로 되돌아가자면 언약은 하나님의 은혜의 산물이다. 인간이 자신을 창조하신 분에게 거듭해서 반역을 저지른 뒤에는 멸종을 당해야 마땅하다. 그러나 하나님은 자신의 창조세계와 피조물을 멸하지 않고 새롭게 시작하기로 결심하신다. 언약은 홍수 이

---

4 흥미롭게도 우리가 이해하지 못하는 이유로, 다윗 언약(삼하 7장)에는 그와 관련한 증거가 없다.

5 이와 대조적으로 무지개가 점성술 문헌에 나타나면 여덟 번 중에 다섯 번은 불길한 징조다. W. Horowitz, "All About Rainbows," *Laws of Heaven—Laws of Nature: Legal Interpretations of Cosmic Phenomena in the Ancient World*, ed. K. Schmid, C. Uehlinger, OBO 276 (Göttingen: Vandenhoeck and Ruprecht, 2016), 40-51.

야기 전체의 배경을 형성한다. 홍수 이야기의 주된 초점이 언약에 있는 것은 언약이 이 이야기의 결론을 이끌어내기 때문이다.

앞에서 살펴본 본문 상호 간의 메아리는 인간이 타락의 그림자 속에서 살고 있기 때문에 어두운 뒤틀림과 함께 나타난다. 노아와 그의 아들들은 처음 창조되었을 때의 인간처럼 도덕적으로 순수하지 않다. 따라서 우리는 창조세계 속에서 인간과 네 부류의 피조물 사이에 부조화가 있음을 알게 된다.

> 땅의 모든 짐승과 공중의 모든 새와 땅에 기는 모든 것과 바다의 모든 물고기가 너희를 두려워하며 너희를 무서워하리니 이것들은 너희의 손에 붙였음이니라. 모든 산 동물은 너희의 먹을 것이 될지라. 채소 같이 내가 이것을 다 너희에게 주노라(창 9:2-3).

이러한 어두운 뒤틀림은 또한 구약에서 흔히 등장하지는 않지만 창세기 1장과 9장을 연결해주는 주제인 하나님의 형상에 관한 표현을 둘러싸고 있다. 그러나 창세기 9장에서 형상에 대한 언급은 살인이라는 주제와 관련되어 있고 하나님은 노아와 그의 아들들에게 이렇게 말씀하신다.

> 다른 사람의 피를 흘리면
> 그 사람의 피도 흘릴 것이니

이는 하나님이 자기 형상대로
사람을 지으셨음이니라(창 9:6).

신학자들은 이러한 본문 상호 간의 메아리를 듣고 창세기 2장—선악을 알게 하는 나무 열매를 먹지 말라는 명령과 형벌에 대한 위협이 나오는 대목—에서 하나님과 최초의 인간들 간의 관계의 본질에 주목했고 비록 창조 언약이라는 단어가 사용되지는 않았지만 아담과 하나님 간의 관계를 창조 언약이라고 부르는 것이 적절하다고 주장해왔다. 이러한 입장은 아담과 하와를 에덴동산에서 특정한 역할을 하도록 선택받은 존재로 간주하는 이들에게 더 많은 지지를 받을 것이다. 그렇다면 우리는 노아 언약을 재창조의 언약이라고 불러야 한다. 또다시 하나님은 은혜로 홍수의 여파 속에서 인간에게 새 출발을 허락하신다. 그리고 그와 관계없이 인류와 나머지 창조세계를 유지하는 일에 헌신하신다.

보충 설명: 족보들

창세기 1-11장의 이야기들은 다양한 족보에 의해 연결되어 있다(예. 창 4:17-5:32; 10장; 11:10-26; 창세기의 다른 곳에 있는 족보들도 있다[36:9-30]). 따라서 족보는 수사적 전략에 기여하며 이에 대해 짧게라도 논평하는 것이 적절하다. 우리는 족보들이 역사적 관심사를 함축하고 있지만 연대기적 순서를 결정하는 데 사용될 수는 없다고 주장한다. 고대 근동의 족보들은 순전히 혈통적-역사적 목적을 위해서만 만들어진 것이 아니다. 우리는 이런 족보들을 현대적 기대를 가지고 해석할 것이 아니라 그 인지 환경 속에서 해석할 필요가 있다는 점을 기억해야 한다. 우리가 이 족보들을 오늘날의 족보를 읽듯이 읽을 수는 없지만 고대 근동에서 나온 증거는 족보들 속의 이름이 일반적으로 과거에 있었던 실제 사람들로 간주되고 있음을 암시한다.

고대 세계의 족보를 분석해보면 유동적임을 알 수 있다. 즉, 족보는 당대의 사회적 현실과 관점을 반영하기 위해 변할 수 있다. 우선 고대의 족보는 모든 이름을 빠짐없이 기재하려는 의도가 없으므로 아브람부터 노아나 아담까지 거슬러 올라가기 위해 단순히 '산수만 하면' 되는 것이 아니다. 백 년도 더 전에 프린스턴의 구약학자 W. H. 그린은 똑같은 기간을 다루는 족보들을 서로 비교해 여러 세대를 생략하고 있음을 보여주었다(예. 대상 6:3-14과 스 7:1-5).[6] 또한 마태복음 1장의 예수의 족보와 열왕기에 나오는 왕정의 역사를 비교해보면 여러 세대가 생략된 것을 알 수 있다(예수의 족보는 아사랴[왕하 8:25], 요아스[왕하 12:1], 아마샤[왕하 14:1]를 생략했다). 그린의 논증은

6 William Henry Green, "Primeval Chronology," *BSac* 47 (1890): 285-303. 이에 대한 현대적 평가를 보려면 다음 글을 보라. Ronald L. Numbers, "The Most Important Biblical Discovery of Our Time: William Henry Green and the Demise of Ussher's Chronology," *Church History* 69 (2000): 257-76.

현대적 성경 무오 교리의 설계자인 신학계 동료 B. B. 워필드를 설득시켰고 이로 인해 워필드는 과학이 가리키는 지구의 오랜 나이를 매우 수월하게 받아들였다.[7]

로버트 R. 윌슨은 고대 근동의 유사한 족보들을 고려한 아마도 가장 중요한 구약 족보 연구에서 이렇게 결론지었다.

> 족보는 일반적으로 역사적 목적으로 만들어지는 것이 아니다. 족보는 엄밀한 역사적 기록으로 계획된 것이 아니다. 오히려 고대 근동 문헌과 인류학적 자료뿐만 아니라 성경에서도 족보는 가정적·정치-법률적·종교적 목적으로 만들어진 것으로 보이며 역사적 정보는 부수적으로만 족보 속에 보존되어 있다.[8]

족보는 사람들에게 그들의 정체성에 대한 관점을 심어주기 위해 계획되었다.

족보가 과거 실제 인물들의 명단을 포함하고 있지만 무엇보다

---

7 B. B. Warfield, "On the Antiquity and Unity of the Human Race," *Princeton Theological Review* 9 (1911): 1-16.

8 Robert R. Wilson, *Genealogy and History in the Biblical World* (New Haven, CT: Yale University Press, 1977), 199. 다음 책도 함께 보라. Marshall D. Johnson, *The Purpose of Biblical Genealogies*, 2nd ed. (Eugene, OR: Wipf & Stock, 2002). 논의의 현주소를 요약한 글을 보려면 다음 글을 보라. John Walton, "Genealogies," *Dictionary of the Old Testament: Historical Books*, ed. B. Arnold, H. G. M. Williamson (Downers Grove, IL: InterVarsity Press, 2005), 309-16.

도 신학적 진술을 하고 있다는 점은 누가복음과 마태복음에 있는 사뭇 다른 예수님의 두 족보를 비교해보면 알 수 있다. 게다가 누가의 족보의 신학적 관심사는 이 족보가 "그 위는 아담이요 그 위는 하나님이시니라"라는 말로 끝날 때 드러난다(눅 3:23-38). 존 놀런드(John Nolland)의 표현처럼 누가는 역사적 이유가 아닌 신학적인 이유에서 예수님의 족보를 아담이 아닌 하나님으로 끝마친다.

> 누가는 우리에게 예수님이 인간 가족 안에서, 따라서 인간 가족의 (아담의 불순종 이래로) 흠 있는 아들의 신분 속에서 자신의 자리를 차지하시는 모습을 보게 하려 한다. 그러나 그 자신의 인격 안에서, 그의 독특한 기원 덕분에(눅 1:35), 또한 그의 적극적인 순종 속에서 드러난 것처럼(4:1-13) 그는 아들 신분의 새로운 시작을 표시하며 그 아들의 신분을 전적으로 새로운 토대 위에 올려놓으신다. 이러한 인간적 상황에서 예수님은 진실로 하나님의 아들이신 분이다.[9]

9 John Nolland, *Luke 1-9:20*, WBC (Nashville: Thomas Nelson, 1989), 173.

족장 내러티브로의 전환(창 11:27-37:2)

창조 질서의 보존과 유지에 대한 하나님의 약속은 하나님이 창조세계를 위해 노아와 맺은 언약의 결과로 직접적인 위협에 직면한다. 홍수 이후 인간들은 계속 죄를 지었다(창 11:1-9). 사람들은 단결하여 하나님을 분노하게 하는 성과 탑을 지었다(명제 13을 보라). 그러나 이 마지막 이야기에서 지금까지의 패턴을 벗어난다. 이 이야기 자체에는 은혜의 어떤 분명한 표지도 없기 때문이다. 창세기 4-11장의 이야기에서 발견되는 패턴 이탈은 우리를 창세기의 다음 주요 단락인 족장 내러티브(11:27-37:2)에 대비하게 해주며 족장 내러티브는 (곧 아브라함이 될) 아브람의 소명과 함께 시작된다.

여호와께서 아브람에게 이르시되
"너는 너의 고향과 친척과 아버지의 집을 떠나
내가 네게 보여줄 땅으로 가라.
내가 너로 큰 민족을 이루고
네게 복을 주어
네 이름을 창대하게 하리니
너는 복이 될지라.
너를 축복하는 자에게는 내가 복을 내리고
너를 저주하는 자에게는 내가 저주하리니

땅의 모든 족속이

너로 말미암아 복을 얻을 것이라" 하신지라(창 12:1-3).

하나님은 이렇게 이 한 사람과 그의 아내 사라와 함께 시작되는, 자신의 계획과 목적을 실행할 새로운 전략에 착수하신다. 그들의 후손을 통해 하나님은 인간 피조물들에게 복을 회복시켜주기 위해 세상에 손을 내미실 것이다.

이 시점에서 내러티브상의 극적인 변화를 주목해보라. 태고 시대의 내러티브는 믿을 수 없을 만큼 긴 기간 동안 온 세상을 다루는 반면, 이제 두 번째 부분인 족장 내러티브에서는 한 개인—아브라함, 그다음에는 야곱, 그다음에는 요셉—에 초점을 집중하며 비교적 짧은 기간에 내러티브의 상당한 지면을 할애한다. 우리는 그러한 전환이 하나님의 백성의 조상인 족장들과 관련한 사건들의 내용에 대한 보다 뚜렷한 관심을 나타낸다는 것을 알게 된다.

우리의 목적상 창세기의 구조와 내용에 대한 이러한 이해는 홍수 이야기를 창세기 전체의 문맥 속에서, 그리고 특히 창세기 1-11장의 인접 문맥 속에서 해석하는 일의 중요성을 알려준다. 따라서 홍수 이야기를 포함한 창세기 1-11장을 읽을 때 우리는 장르 표지가 이런 과거의 사건들(창조, 타락, 홍수, 바벨탑)이 실제로 발생했음을 말해주고 있다고 생각한다.

요약하자면 창세기 전체는 과거에 대한 관심을 보여주지만, 과거에 관한 내러티브와 관련해서 흔히 그렇듯이 창세기의 관심사는 화자의 현재에 더 많이 있다. 그것이 곧 우리가 창세기 전체의 장르를 묘사하기 위해 '신학적 역사'라는 명칭을 택한 이유다. 창세기는 시간과 공간 속에서 자기 백성과 상호작용하시는 하나님에 대해 말하는 데 관심이 있기 때문이다.[10] 과거와 관련해서 배울 수 있는 교훈은 창세기의 현재에 매우 중요하다. 창세기를 특징짓는 가장 중요한 연속성과 통일성은 장르나 심지어 역사에 맞춰진 초점이 아니라 창세기를 통합시키는 공통된 주제다. 창세기 1-11장의 내러티브를 구성하는 신학적 패턴을 밝혔으니 이제 창세기 1-11장에서 화자가 말하는 또 다른 관련 패턴에 관심을 돌려보자.

10 Tremper Longman III, *Genesis*, SGBC (Grand Rapids: Zondervan, 2016).

명제 11

신학적 역사는 신적인 임재, 질서의 확립, 질서가 약화하는 방식에 초점이 맞추어져 있다

창세기 1-11장의 틀은 신적인 임재와 그것이 가져오는 질서라는 개념으로 짜여 있다고 이해할 수 있다. 창세기 1-2장은 우주의 정체를 우주가 신적인 임재의 장소로 지정되고 그 뒤를 이어 에덴동산에 하나님의 임재가 확고히 자리 잡는다는 관점에서 묘사한다. 사람들은 하나님의 임재에 다가갈 수 있는 권리를 상실하자 창세기 4:26(여기서 야웨의 이름을 부르는 것은 곧 하나님의 임재를 간구하는 것이다), 6:1-4(여기서 하나님의 임재는 하나님의 아들들로 표현된다[명제 12]), 11:1-9(여기서 탑은 하나님의 임재를 촉진하기 위해 지어진다)에서 잘 드러나듯이 그 권리를 되찾기 원한다.

고대 세계에서 신적인 임재는 인간과 신 사이의 모종의 관계를 가능케 하는 일과 관련해서만이 아니라 세상과 우주 속에 질서를 가져오고 유지시키는 것으로서 중요성을 갖는다. 하나님은 질서의 중심이자 원천이다. 하나님의 임재 안에서, 임재를 통해, 온 우주가 결합한다.[1] 창세기 1-11장의 틀은 신적인 임재라는 요소로 구성되어 있지만 이 단락 전체를 좌우하는 주제는 질서이며 질서는 신적인 임재에서 비롯된다.

태초에는 비질서(히. '토후 바보후'[창 1:2])가 있었다. 이 상태는 악하거나 흠이 있는 것이 아니라 단지 과정 중에 있는 작업이다. 고대 세계에서 질서는 존재를 정의했고 (인간적인 관점에서든, 인식할 수 있는

1 중요한 사실은 골 1장에서 예수님에 대해서도 이렇게 말한다는 것이다.

만큼 큰 하나님의 계획이라는 보다 큰 영역에서든) 목적을 갖는 것으로 특징지어진다. (바다나 사막 같은) 물질적인 대상은 고대 세계에서 사람들이 그 역할과 목적을 확인할 수 없거나 인간의 경험 속에서 아무런 역할이 없다면 존재하지 않는 것으로 간주될 수 있었다.

고대의 문화적 배경에서 일차적인 창조 행위는 인간 사회뿐만 아니라 우주에 질서를 부여하는 일이었다.[2] 여기에는 이름을 짓거나 분리하는 일과 같은 활동이 포함되었고 이스라엘 민족은 이런 관점을 공유했을 것이다. 하나님은 창조 행위로 비질서의 한가운데 질서를 가져오셨지만 그 과정에서 비질서를 전적으로 없애버리신 것은 아니다. 하나님의 계획은 하나님의 형상을 지닌 사람들이 하나님과 협력하여 (예를 들어 "정복하고 다스리라"에 반영된) 질서를 가져오는 과정을 계속하게 하는 것이었다. 그럼에도 불구하고—요점은 모든 것이 완벽했다는 것이 아니라 모든 것이 하나님이 이 질서 잡힌 체계 속에서 이 단계에서 의도하신 방식대로 기능할 수 있었다는 것이라는 점을 이해한다면—그 과정은 모두 매우 좋았다. 그 결과 일곱 날의 이야기 마지막에 우주는 약간의 비질서를 간직하고 있지만 하나님의 임재를 통해 유지되고 떠받쳐질 최적의 질서로 특징지어진다. 하나님이 안식하실 때 하나님은 이 최초의 질서를 부여하는 국면을

---

2 논리적으로 이런 결론이 도출된다. 질서가 존재를 정의하고 무언가를 창조한다는 것이 그것을 존재하게 하는 것을 의미한다면 창조는 질서 부여를 수반한다.

완성하실 뿐만 아니라(창 2:1-3의 히. '샤바트') 자신이 다스리실 우주 안에 거처를 잡으신다(창 2장의 에덴; 출 20:8-11과 시 132:14의 히. *nwh*).[3]

창세기 3장에서 최고로 질서 정연한 우주는 세 번째 요소, 즉 질서와 하나님의 임재에 대립된다는 점에서 본질적으로 악한 요소인 무질서로 인해 혼란에 빠진다. 사람들이 (선악을 알게 하는 나무 열매를 먹으려 함으로써) 하나님처럼 되고 싶다고 마음먹을 때 무질서가 찾아온다. 이 점에서 사람들은 질서를 가져오는 하나님의 사역에 협력하기보다 자신을 질서의 중심이자 원천으로 삼기 원한다. 사람들은 사실상 "나는 나 스스로 그 일을 하고 싶어"라고 말함으로써 스스로를 대안적인 질서의 중심으로 내세운다. 그렇게 할 때 사람들은 하나님의 임재에서 쫓겨나고 그들이 스스로 나아가려 하는 덜 질서 정연한 세계로 보내진다. 당연히 성공은 이루기 어렵고 그 결과 모든 창조세계가 인간의 무질서의 결과에 종속될 뿐만 아니라 질서와 비질서 사이에 존재하는 상태에서 신음한다. 사람들이 스스로 선과 악의 이분법적인 세상에 살고 있다고 생각하는 것은 흔한 일이다. 앞의 해석은 우리가 (여전히 해결해야 할) 비질서, 질서, 무질서(악, 죄의 결과)라는 셋으로 나누어진 세상 속에 살고 있다는 추가적인 뉘앙스를 암시한다.

---

3 이 모든 내용은 다음 책에 자세히 설명되어 있다. John Walton, *The Lost World of Genesis One* (Downers Grove, IL: InterVarsity Press, 2009). 『창세기 1장의 잃어버린 세계』(그리심 역간).

이러한 개념들은 창세기 1-11장의 일관성에 대한 우리의 이해의 틀을 이룬다. 성경의 한 책(또는 그 책의 일부)의 일관성을 이해하려 할 때 우리는 편집을 좌우하는 수사적 전략을 확인함으로써 그것을 이해한다. 사건들은 많은 가능한 것 중에서 신중하게 선택되었다. 그런 사건들에 대한 진술은 목적을 염두에 두고 표현되었다. 그런 수사적 전략에 대한 가장 받아들일 만한 해석은 그 해석이 (포함되거나 생략된) 모든 요소와 각 사건이 표현된 방식을 얼마나 잘 설명하느냐에 따라 결정된다.

이제 우리는 그와 같은 해석이 우리 앞에 놓인 본문이 선택되고 현재의 형태를 띠게 된 배경에 대해 뭐라고 설명하는지 보여주고자 한다. 이 일이 이 책에서 특별히 중요한 이유는 홍수가 창세기 1-11장의 중심에 있고 우리가 제안한 삼분법의 맥락에서 이해될 수 있기 때문이다. 이어질 내용은 창세기 1-11장이 어떻게 이 삼분법을 따르는지에 대한 개관이다. 이 요약의 구체적인 부분은 이후에 나올 명제들에서 더 자세히 다루어질 것이다(구체적으로 하나님의 아들들에 관한 사건[명제 12]과 바벨탑 사건[명제 13]).

하나님이 우주를 신성한 장소로 정하시고(창 1장; '신성한 장소'는 하나님의 임재의 결과다) 에덴을 자신의 거처로(따라서 신성한 장소로) 정하신 뒤에, 아담과 하와가 질서의 중심이 되기를 원했을 때 그 신성한 장소로 접근할 수 있는 권한은 상실되었다. 이 시점부터 사람들은 일관되게 자신을 질서의 중심으로 삼으려는 성향을 따르며 이는 질서 대신 무질서의 증가를 초래한다. 하나님은 질서를 가져오는 교정책으로 응답하신다. 죄와 그 결과인 무질서가 도래했지만 그 부정적인 영향은 사람들이 하나님의 임재에 다가갈 수 있는 권리를 상실했다는 더 큰 현실에 가려진다.

창세기 4장에서 가인과 아벨은 제사의 예물을 드릴 때 하나님과 계속 접촉하려 하고 있는 것이 분명하다(예물의 명칭이 '민하'[*minhah*, 소제]인 것을 볼 때 그들은 분명히 죄를 처리하는 일이 아닌 하나님의 은총을 유지하는 일을 생각하고 있다). 여기서 제사는 관계를 형성하는 활동이지만 신적 임재의 형편없는 대체물이다. 그러나 가인이 은혜를 얻을 수 있는 방법에 대한 하나님의 제안을 거부하고 그 대신 자기 동생을 죽임으로써 스스로 질서를 찾는 쪽을 선택했을 때 하나님의 질서를 염두에 두지 않았다는 사실은 분명해진다. 이처럼 가인은 자신의 이익을 추구할 때 무질서를 추구한다.

그 결과 하나님은 가인을 추방하신다(창 4:11에서 "저주를 받으리니"라고 번역한 히브리어 단어 '아루르'의 요지). 사회와 땅의 소산에서 쫓겨남으로 인해 그는 더 심한 비질서에 처하게 된다. 가인은 이 점을 자신이 잃어버린 세 가지 것, 즉 땅의 소산, 하나님의 임재에 다가갈 수 있는 (훨씬 축소된) 권리, 사회의 보호(창 4:14)로 언급한다. 그럼에도 불구하고 그는 창세기 1:28의 축복에서 확립된 질서를 유지하고 있다. 그는 생육하고 번성할 수 있다(창 4:17).

그의 혈통에 대한 계보상의 추적은 인간의 질서가 어떻게 가인의 후손들을 통해 세워졌는지에 초점을 맞춘다. 거기에는 도시 건설(창 4:17, 인간적인 질서의 중심), 동물 사육, 악기, 금속 세공술 등이 포함된다. 다른 고대 사회에서 이런 일들은 신들이 발전시켰거나 선물한 것으로 간주되었을 것이다. 여기서 이 일들은 가인에게서 비롯한 혈통에 의한 인간적 업적으로 표현된다. 이러한 인간의 질서 부여 면에서의 업적과 대조적으로 또한 라멕의 자랑에서 의인화된 집요한 무질서를 엿볼 수 있다(창 4:23-24). 여기서 우리는 하나님이 가인을 보호하면서 행하신 복수에 대한 뒤틀린 관점을 발견한다. 라멕에게 그것은 자신을 중심으로 질서를 구축할 때 자기 스스로 복수할 수 있는 권리로 반영된다. 따라서 질서가 발전하더라도 무질서 또한 견고해지며 자기 정당화로 합리화된다.

창세기 4:25-26에서 셋의 계보로 되돌아갈 때 우리는 처음부터 동산에서 하나님의 임재로 나아갈 길을 잃어버린 이들이 그 길의 회복을 구하는 모습을 발견한다. "그때에 사람들이 비로소 여호와의 이름을 불렀더라"라는 표현은 단지 기도에 대한 언급만이 아니다. 이 표현은 보통 하나님의 임재를 간구하는 이들에 대해 사용된다.[4] 창세기 5장의 셋의 족보는 하나님의 임재 및 질서와 관련한 긍정적인 예들에 주의를 환기시킨다는 점에서 가인의 족보와 대조된다. 이 점은 하나님의 축복과 하나님의 형상에 대한 첫 번째 언급(창 5:1-

4 창 12:8; 13:4; 21:33; 26:25; 왕상 18:24; 시 116:4.

3), 비상한 방식으로 하나님의 임재를 누린 에녹에게 주어진 관심(창 5:22-24), 노아의 명명(창 5:28-29) 등의 이유를 설명해준다. 창세기 4-5장이 족보의 정형화된 문구에서 벗어날 때마다 그 목적은 질서나 임재와 관련한 논평을 하는 것이다. 족보는 (생육하고 번성하는) 지속적인 하나님의 축복과 죄의 결과("그리고 그가 죽었더라"), 질서의 결과와 비질서/무질서의 결과 사이의 궁극적 차이를 기록할 때도 그런 내러티브의 여담을 위한 틀을 제공한다.

노아의 이름 짓기(창 5:29)는 이 주제와 관련해서 특별히 중요하며 다른 본문과의 관련성으로 가득 차 있다. 본문은 라멕이 자기 아들을 그가 우리의 일과 야웨가 "저주하신"(창 3:14, 17; 4:11에서 사용된 히브리어 어근 *'rr*) 땅에서 우리 손의 수고(다른 곳에서는 창 3:16, 17에서만 나타나는 히브리어 *'itsebon*)로부터(손과 땅이 덧붙여진 것은 이 구절이 3:17을 언급하고 있음을 암시한다) 우리를 '안위'(히브리어 어근 *nhm*의 피엘 어간) 해줄 것이라는 소망의 표현으로 (안식을 가리키는 히브리어 단어 *nwh*에서 나온) '노아'라고 이름 지었음을 보여준다. 어근 *'rr*는 무언가에 저주를 내리는 것이라기보다는 권리를 박탈하는 것을 가리킨다. 권리 박탈은 본질적으로 질서를 파괴하는 것이다. 창세기 3:17에서 하나님이 땅에 이 일을 하실 때 그것은 사람들이 땅을 양식 재배하기에 전보다 덜 적합하다고 여기게 될 것임을 뜻한다. 이는 사람들이 이제

질서가 덜 잡힌 영역으로 내쫓겼다는 생각을 표현하는 것이다.[5]

피엘 어간으로 표현된 어근 *nhm*은 대부분의 경우 사람들에게 슬퍼할 이유가 있지만 누군가가 그들을 위로하거나 동정심을 나타내러 오는 애도의 경우에 사용된다. 그것은 (죽음이나 멸망과 같은) 비질서가 파괴를 가져온 상황에서 약간의 질서나 안정성을 회복시키려 애쓰는 행동이다(시 23:4, "주의 지팡이와 막대기가 나를 안위하시나이다"를 보라). 그것은 명예가 회복될 때(시 71:21) 하나님의 사랑('헤세드', 시 119:76)에 의해 완성된다. 압제당하는 자들은 그것이 없다(전 4:1). 중요한 점은 하나님의 분노가 사라질 때 그 결과는 회복 속에서 발견되는(사 40:1) 이 위로라는 점이다(사 12:1). 이 모든 것은 의미심장한 방식으로 노아와 관련된다. 위로(*nhm*)를 가져다주는 사람은 질서(*nwh*, 노아의 이름 어근)를 회복시킨다. 의미심장하게도 아카드어에서 히브리어 *nwh*와 어원이 같은 어근은 '나후'(*nahu*)인데 이 말은 안식뿐만 아니라 가엾게 여기는 것도 가리킨다.[6] 한 아카드어 단어가 노아의 이름과 관련한 서로 다른 두 히브리어 동사를 합쳐놓은 단어

---

5 마찬가지로 뱀은 가인이 그의 사회적 배경, 땅의 소산, 하나님의 임재—질서를 가져온 모든 요소—에서 추방되는 것과 똑같은 방식으로 그 자연적 집단("들의 모든 짐승")에서 추방된다.

6 *CAD* N 143; 다음 책에서도 이 점을 언급한다. Lloyd R. Bailey, *Noah: The Person and the Story in History and Tradition* (Columbia: University of South Carolina Press, 1989), 168. 이 단어는 길가메시 서사시 11.131에서 바다가 고요해지고 잠잠해지는 모습을 묘사하기 위해 등장한다.

라는 사실은 이 이야기가 아카드어에 뿌리를 두고 있음을 암시한다. 이는 성경 저자가 메소포타미아의 이야기를 차용했다는 말이 아니라 이 이야기의 몇 가지 측면이 아카드어의 배경에서 형성되었다는 말이다.

사용된 어휘에 대한 이러한 이해와, 같은 어휘가 사용된 인접 문맥의 다른 구절들에 대한 정보를 갖추면 우리는 이 구절의 의미를 이해할 수 있게 된다. 노아의 작명은 노아가 홍수로 표현된 비질서의 반란의 결과로부터 질서를 보존하고 회복시키는 자가 될 것임을 암시할 수 있다. 그러나 그럼에도 불구하고 본문은 노아가 우리(아마도 인류)를 "우리의 노동으로부터, 그리고 땅에서의 우리 손의 수고로부터"(저자 사역) 위로해줄 것임을 암시한다. 동사 *nhm*과 전치사 '민'(*min*, ~로부터)의 조합은 히브리 성경에서 이 구절에서만 세 번 등장하며 다른 곳에서는 등장하지 않는다. 이 조합은 그런 것들에 관한 위로나 위안을 의미하지 않는다—그 경우에는 다른 전치사를 사용한다. 이 조합은 오직 노동, 수고, 땅과 관련한 비질서가 해소되고 질서에 훨씬 더 가까운 것이 회복될 것이라는 의미만을 가질 수 있다. 그런 일이 어떻게 발생하는지를 추론하기는 어렵지만 중요한 것은 그 일이 발생하고 있다는 것이다. 이 어휘는 우리에게 홍수가 어떻게 해석되고 있는지를 알려준다. 홍수는 질서를 가져오는 사건이다.[7] 노아의 이름과 홍수와의 관련성은 화자가 이 사건을 심판, 은혜, 구원의 행위로 표현할 뿐만 아니라 일종의 질서 '재설정 버튼'으로 서술하고 있음을 암시한다. 하나님은 무질서(만연한 폭력)를 제거하시고 그 후에 (무질서가 남아 있음을 알고 계셨음에도; 창 8:21) 최적의 질서를 다시 세우기 위해 비질서(물)를 사용하신다.[8]

이와 같은 관련 짓기는 창세기 1-11장의 내적 일관성을 (문학적·신학적으로) 도출하는 역할을 할 뿐만 아니라 1-11장이 창세기 전체에서 어떤 역할을 하는지에 대한 이해로 이어져야 한다. 우리는 창세기 1-11장이 언약에 대한 필수적인 서론 역할을 한다는, 해석의 역사를 통틀어 여러 방식으로 표현된 개념에 동의한다. 이 개념은 언약의 필요성을 설명해주고 언약을 전체적인 관점에서 조망하

---

7 고대 근동의 홍수 이야기에서 홍수 주인공들의 이름(지우수드라/우타나피슈티="그가 생명을 발견했다"; 아트라하시스[이는 이름이라기보다 칭호에 더 가깝다]="극히 지혜로운", 길가메시 서사시 11.197에서 실제로 사용됨)도 홍수 사건에서 주인공이 갖는 중요성을 시사한다는 점은 흥미롭다. 전자에 대한 분석을 보려면 다음 책을 보라. Andrew George, *The Babylonian Gilgamesh Epic* (Oxford: Oxford University Press, 2003), 1:152-53. 후자에 대해서는 다음 책을 보라. Jeffrey H. Tigay, *Evolution of the Gilgamesh Epic* (Philadelphia: University of Pennsylvania Press, 1982), 229.

8 다음 글을 주목해보라. Anne Draffkorn Kilmer, "Of Babies, Boats, and Arks," *Studies Presented to Robert Biggs*, ed. M. Roth et al. (Chicago: Oriental Institute, 2007), 159-65. 그는 배가 자궁의 상징으로 거듭해서 사용되고 있음을 보여주는 정보를 수집하고 이를 통해 창세기의 방주를 부활을 위해 준비되고 있는 모든 생명의 씨앗을 품은 배로 인식한다.

여 언약의 정체가 무엇인지를 밝히는 데 도움이 된다.

그러한 역할은 고대 근동 문헌에서 반복적으로 관찰할 수 있는 문예적 현상과 어느 정도 유사성을 지니고 있다. 고대 근동 문헌에서는 태고 시대에 대한 이야기들이 역사 서술의 무대를 마련하는 일이 흔했다.[9] 창세기 12-50장이 주된 역사 서술이라면(우리는 그렇다고 생각한다) 1-11장은 태고사에서 추려낸 예화를 사용하여 서론을 제시하려는 목적에 부합한다. 더구나 고대 근동 문헌에서 홍수 이야기는 이러한 원시적 서론의 일부로 사용될 뿐만 아니라 새로운 질서로 이어지는 파괴-회복의 문맥에서도 사용된다. 창세기에서 새로운 질서는 우선 홍수 이후의 재창조로 표현되지만 보다 중요하게는 조상 내러티브의 틀을 이루는 언약 이야기로 표현된다. 이 관계는 명제 12에서 더 깊이 논의할 것이다.

우리는 홍수 내러티브 이전의 여러 장에 질서의 붕괴 과정이 기록되어 있다는 점을 살펴보았다. 이는 우리가 아트라하시스 서사시의 홍수 이전의 이야기들에서 관찰하는 내용과 대조를 이룬다. 아트라하시스 서사시에서는 질서의 붕괴가 인간의 행위로 표출되지 않는다. 그 대신 신들이 인간에 대한 불만으로 인해 인구를 줄이려는 시도를 거듭한다. 이 점은 고대 근동의 이야기들과의 차이점과 더불

9 예를 들어 다음 책을 보라. Yi Samuel Chen, *The Primeval Flood Catastrophe* (Oxford: Oxford University Press, 2013), 68-69.

어 명제 8에서 논의했다.

우리는 창세기 1-11장의 목적은 하나님의 임재와 관련한 질서의 확립, 질서의 소멸, 질서의 복원이 곧 언약에 대한 서론임을 밝히는 것이라고 주장했다. 우리가 단락별로 설명했듯이 창세기 1-11장의 편집자가 자료를 선별하고 제시한 방식대로 우리는 질서와 임재의 요소를 관찰할 수 있다. 이러한 해석은 창세기 1-3장과 6-9장의 본문 상호 간 관련성을 통해 입증된다(명제 10을 보라). 여기서 우리는 창조/재창조 개념을 비질서-질서-무질서의 패러다임에 비추어볼 때 펼쳐지는 문예적-신학적 패턴을 밝힌다.

창세기 1장은 물과 어둠으로 구성된 비질서와 더불어 시작되었다. 하나님의 창조 사역은 하나님의 목적에 따라 역할과 기능을 확립함으로써 질서를 가져왔다. 창세기 6-8장은 홍수에 의한 무질서 상태의 반복과 질서의 재확립에 대해 말한다. 더 나아가 우주의 질서에 더 큰 영속성이 있었다는 암시가 주어진다(창 8:21-22). 창세기 9:8-17의 언약은 8장에서 우주에 질서가 회복된 방식과 비슷한 표현으로 축복을 반복한다. 창세기 8:21-22에서 하나님이 질서 정연한 우주에 또다시 그런 식으로 개입하지 않으실 것임을 암시한 것처럼 창세기 9:15에서도 하나님이 그런 식으로 축복에 개입하지 않으실 것임을 암시한다. 표 1은 본문 상호 간의 관련성을 요약한 것이다.

표 1. 창세기 1-3장과 6-9장의 본문 상호 간의 관련성

항목	창세기 1-3장	창세기 6-9장
질서 없는 우주	1:2	7:17-24
우주에 질서를 세우심	1:3-2:4	8:1-22(더 이상의 개입 없음)
축복을 주심	1:26-30	9:1-8
축복의 기능이 상실됨	2:5-6	7:17-24
새롭게 축복을 주심	2:7-24	9:9-17(더 이상의 개입 없음)
타락과 관련한 식물	2:9	9:20
벌거벗은 줄을 알지 못함	2:25	9:21
축복의 한계와 관련한 범죄	3:1-6	9:22-23
눈이 열려 알게 됨	3:7	9:24
심판 선언	3:14-19	9:25-27

홍수 이야기는 구체적으로 하나님이 어떻게 홍수 이전의 세상을 지배하게 된 무질서를 일소하기 위해 비질서를 대변하는 우주의 물을 끌어들인 후 질서를 다시 세우셨는지를 보여주는 역할을 한다. 이런 식으로 홍수 이야기는 창조를 반복한다. 화자가 이 이야기를 포함시킨 것은 바로 그 때문이다. 화자는 하나님이 과거에 질서가 세워지도록 역사하신 과정(창조와 홍수)을 보여주고 있다. 이는 또다시 언약을 통해 질서를 촉진하시려는 야웨의 전략에 대한 서론 역할을 한다. 언약은 선택, 관계, 계시의 메커니즘을 (처음에는 성막을 통해) 지상

에서 하나님의 임재를 재확립하기 위한 기초로 사용하는, 질서를 가져오는 전략이다.

명제 9에서 언급했듯이 저자의 권위의 핵심에 도달하려면 (하나님의 권위를 부여받은) 저자가 사건을 가지고 무엇을 하고 있는지에 초점을 맞춰야 한다. 우리 앞에는 이제 그러한 목표가 놓여 있고 우리는 굳이 사건 그 자체를 재구성하는 법을 알아야 할 필요 없이 본문의 권위 있는 메시지를 이해할 수 있다. 홍수에 대한 오늘날의 논의(예. 지질학과 전 세계의 홍수 전설들)를 살펴보기 전에 먼저 창세기 1-11장의 또 다른 두 가지 이야기가 수사적인 전략상 차지하는 역할을 이해하기 위해 그 두 이야기를 논의할 필요가 있다.

명제 12

'하나님의 아들들' 에피소드는 홍수의 서곡일 뿐만 아니라 가인과 아벨 이야기의 후속편이다

우리 두 사람은 모두 창세기 주석을 쓰고 성경 해석의 역사에서 제시된 '하나님의 아들들' 에피소드에 대한 다양한 관점들의 개요를 서술한 적이 있다.[1] 2세기 이래로 기독교 저술가들의 신학적 해석에서 일반적으로 하나님의 아들들은 곧 불경건한 가인의 계보에 속한 이들과 무분별하게 결혼한 셋의 계보에 속한 이들이라는 관점을 택했다. 랍비 주석가들은 이 범죄자들을 여러 아내를 둔 왕들로 보는 경향이 더 많았다. 이 두 가지 해석은 모두 면밀히 검토해본 결과 개연성이 부족하다고 드러났다.[2] 고대 근동에 주목해보면 고대 세계의 왕들은 자칭 신적으로 잉태된 존재(따라서 하나님의 아들들)였고 (길가메시 서사시에서와 같이) '초야권'을 실행하여 누구든 자기 마음대로 아내로 삼았다고 알려져 있다. 이와 대조적으로 성경의 어휘 사용에 초점을 맞춰보면 '하나님의 아들들'은 (비록 드물긴 하지만) 일관되게 신적인 어전 회의의 구성원을 가리키고 있음을 알 수 있고(예. 욥 1-2장) 이는 신약성경(베드로후서와 유다서)에 반영되어 있을 뿐만 아니라 최초의 자료들(에녹서와 같은 제2성전기의 저작들)에서도 채택된

1 Tremper Longman III, *Genesis*, SGBC (Grand Rapids: Zondervan, 2016); John H. Walton, *Genesis*, NIVAC (Grand Rapids: Zondervan, 2001); John H. Walton, "Genesis," *Zondervan Illustrated Bible Backgrounds Commentary*, ed. John H. Walton (Grand Rapids: Zondervan, 2009). 다음 글도 함께 보라. John H. Walton, "Sons of God, Daughters of Man," *Dictionary of the Old Testament: Pentateuch*, ed. T. D. Alexander, D. W. Baker (Downers Grove, IL: InterVarsity Press, 2003), 793-98.

2 Walton, *Genesis*, 291-95.

해석이다.[3] 우리는 주석가로서 각자 나름의 견해가 있지만 둘 다 하나님의 아들들이 누구인지에 관해 불확실한 점들이 많이 있음을 인정한다. 그러나 본서와 관련해서는 이들의 정체와 심지어 이 범죄에 대한 해석도 화자가 이 이야기를 어떻게 이용하고 있는지에 비해서는 덜 중요하다.

이 이야기가 창세기 1-11장의 수사적 전략에서 차지하는 역할을 이해하기 위해서는 창세기 편집자가 사용한 한 가지 패턴을 인식하는 것이 중요하다. 그 패턴은 회귀라는 기법 속에 반영되어 있고 이 기법은 몇 가지 예를 언급해보면 가장 잘 이해할 수 있다. 창세기 25장에서 화자는 아브라함의 죽음을 이야기한 뒤 이야기의 다음 단계로 넘어갈 준비를 한다. 그리고 그 전에 이스마엘의 족보를 제시한다(창 25:12-18). 이 족보는 시간상 조상들의 시대보다 훨씬 먼 후대까지 이어지지만 그 뒤로 화자는 다시 야곱과 에서로 표현된 이삭에 대한 이야기로 되돌아간다. 이것은 내러티브의 회귀, 즉 미진한 부분을 잘 매듭짓기 위해 시간상 앞으로 쭉 나갔다가 다시 주된 이야기로 되돌아오는 기법이다. 이 기법은 에서의 족보가 이어진 뒤에(창 36장) 화자가 야곱의 아들들에 대한 이야기로 되돌아올 때 다시 등장한다. 회귀의 기법은 창세기 1-11장에서도 나타난다. 특히 홍수

3 그와 동시에 신약성경은 제2성전기 문헌의 선례를 따르고 있다는 점도 인정해야 한다.

이야기 이후에 화자는 세상의 언어들이 발전해가는 과정이 담긴 노아의 아들들 각각의 계보를 쭉 추적하며 그다음에는 세상에 아직 언어가 하나밖에 없었던 시대—바벨탑 이야기(따라서 우리는 이 사건이 홍수 이후에 곧 발생했다고 추론한다)—로 되돌아간다. 바벨탑 이야기 뒤에 화자는 그다음 이야기인 아브라함의 언약 이야기로 넘어가기 위해 셈의 족보를 사용한다.

우리는 이런 이야기들에서 각기 시간상 한참 뒤까지 이르는 족보 기록 다음에 내러티브 회귀가 등장한다는 점에 주목한다. 창세기에서 내러티브 회귀가 어떻게 반복적으로 사용되고 있는지에 대한 관찰을 근거로 이 패턴을 창세기 6:1-4의 하나님의 아들들에 대한 이야기에 또다시 기꺼이 적용해야 한다. 다른 경우와 마찬가지로 여기서도 족보 뒤에 내러티브가 등장한다. 창세기 4:17-24에 나오는 가인의 족보 뒤에는 아담과 하와와 그들의 새 아들 셋으로 되돌아가는 내러티브 회귀가 등장했다(창 4:25-26). 그다음으로 창세기 5장에는 셋의 족보가 담겨 있고 그 족보는 노아까지 이어진다. 회귀의 패턴을 따른다면 창세기 6:1-4의 내러티브는 아담과 셋 이후 시대로 되돌아간다.[4]

이 이야기를 이런 식으로 읽어야 하는 증거는 이 짧은 단락의

---

4 이 해석은 John Walton의 제자 Scott Cunningham이 창세기 강좌에서 제기한 질문과 그 이후에 그 강좌에서 벌어진 난상 토론의 결과물이다.

표현에서 발견된다.

- 이 이야기는 '하아담'(*ha'adam*, 창 5:2에서와 같이 정관사를 동반한 '인간')이 번성하기 시작할 때 발생한다.
- 하나님의 아들들은 "사람의 딸들의 아름다움을"[5] 보았다—창세기 1장과 3장에 나온 것과 같은 표현을 사용하고 있다(X가 하나님이 보시기에 좋았다; 열매가 여자가 보기에 좋았다).

이러한 해석이 지닌 한 가지 문제점은 결과적으로 인간의 수명을 제한하는 것으로 흔히 해석되는 120년이라는 제한이 셋의 계보에 속한 장수한 사람들의 명단보다 먼저 나타난 것으로 보인다는 점이다. 그러나 우리가 이 단락을 홍수 바로 앞에 두더라도 이와 비슷한 문제가 존재한다는 점을 인정해야 한다. 노아와 셈의 족보에 속한 이들뿐만 아니라 아브라함, 이삭, 야곱도 모두 계속해서 장수했기 때문이다. 그와 동시에 120년을 인간의 수명에 대한 언급으로 해석하는 것은 유일한 대안이 아니다.

고대 근동의 용법에서 얻은 정보뿐만 아니라 성경 본문에 대한 재고를 통해 발전한 한 가지 대안적인 해석은 120년을 홍수 때까지의 인류의 생존 기간으로 간주하는 것이다. 우선 본문과 관련해서

---

5 이 단어는 아름다움을 가리키는 일반적인 히브리어 단어가 아니다.

창세기 6:3은 하나님의 영('루아흐')이 어떤 식으로든 120년 이전에 사라질 것임을 암시한다.[6] 이 구절에서는 그 영이 인간('하아담')에게서 떠날 것이라고 진술하며 스가랴 12:1에서 우리는 야웨가 (집합적인) 인간의 영혼을 지으신다는 것을 알 수 있다. 하나님의 영이 사라질 때 그 결과는 죽음이다. 결과적으로 이 구절은 (집합적인) 인간이 하나님의 영을 잃고 죽기 전까지의 120년이라는 기간을 가리킨다고 이해할 수 있다.

그러한 기간에 대한 언급은 아트라하시스 서사시에서도 홍수 이전에 등장한다. 거기서는 인간이 창조된 뒤에 "1200년도 아직 지나지 않아서 땅이 늘어나고 민족들이 번성했다." 인간과 신들 사이에서 이미 문제가 커졌다(명제 8을 보라—여기서는 문제에 대한 묘사는 중요하지 않다). 신들은 인구를 줄이기 위해 질병을 보내지만 인간들은 이에 대한 반응으로 일반적인 신들에게는 음식을 주지 않으면서 질병의 신에게는 선물을 보내어 그 마음을 누그러뜨리라는 조언을 받는다. 또다시 1200년이 아직 지나지 않아서 문제는 계속되고 신들은 가뭄과 그 결과인 기근을 보낸다. 또다시 인간들은 그에 대한 반응으로 폭풍의 신에게 신전을 지어주고 선물을 가져다주며 폭풍의 신은 마음을 누그러뜨린다.

---

6 하나님의 영이 하지 않을 일을 표현하는 동사('야돈')는 여전히 분석하기가 까다롭다.

이 대목에서 중요한 유사점은 신들이 인간으로 인한 무질서를 해결하기 위해 일정 기간의 시간이 흐른 뒤에 홍수로 이어지는 전략에 착수한다는 점이다. 홍수는 인간에 대한 심판일 뿐만 아니라 우주에 질서(메소포타미아에서 이는 신들을 위한 질서를 의미한다)를 가져오기 위해 계획된 전략이다. 따라서 성경 내러티브의 120년도 우주적 질서를 회복하기 위해 홍수라는 해결책을 동원하기 이전에 정해진 기간을 나타내는 것으로 간주할 수 있다.[7]

그러나 이 내러티브를 셋의 시대에 배치한다면 셋의 계보에 나오는 모든 긴 수명을 감안할 때 120년을 홍수 때까지 경과할 시간으로 간주하기는 어렵다는 문제가 여전히 남는다. 따라서 우리는 하나님의 아들들과 사람의 딸들 사이에 벌어진 일에 대한 묘사가 셋의 족보에 포함된 기간 내내 이어진다고 주장하고 싶다. 다시 말해 이것은 성경 본문이 홍수 이전 시대 전체를 묘사하는 방식이며[8] 그 기간이 끝나가는 어느 시점에 120년이라는 최후통첩이 주어진 것이다. '하나님의 아들들'의 시대는 셋의 시대에 시작되어 네피림과 위대한 영웅들이 (그들이 누구이며 그들과 하나님의 아들들 간의 생물학적 관

7 이 120은 아마도 1200과 비교할 수 있는 십진 표기법일 것이고 1200은 메소포타미아에서 사용된 60진법에 따른 표기법이다. 1200은 아트라하시스의 아카드어 본문에서 600.600으로 표현된다.

8 이는 사사기에서 찾아볼 수 있는 내용과 비슷한데 사사기에서는 사사 시대 전체를 "그때에는 이스라엘에 왕이 없었으므로 사람마다 자기 소견에 옳은 대로 행하였더라"라고 묘사한다.

계가 무엇이든 간에) 지배한 홍수 이전 시대 내내 계속되다가 노아 시대에 끝이 나며 이 시대 전체에 대한 평가는 창세기 6:5-8에 나오는 야웨의 독백에서 제시된다. 그다음으로 노아 이야기가 창세기 6:9에서 '톨레도트'(*toledot*)가 등장하면서 다시 이어진다.

이러한 관점에 따르면 사람의 딸들과 결혼하는 하나님의 아들들(섞여서는 안 될 것이 서로 섞이는 현상)은 홍수의 원인으로 간주되지 않는다. 그것은 단지 세상에 폭력과 타락이 점증하는 데 기여하는 네피림과 옛 시대 영웅들과 더불어 홍수 이전(태고 시대) 풍경의 일부에 불과하다. 홍수는 창세기에서 하나님의 아들들에 대한 심판으로 표현되지 않는다. 홍수는 점차 커지는 무질서로부터 질서를 다시 세운다. (생명을 유지시키는) 하나님의 생명을 주는 영이 없는 인간은 홍수가 새로운 시작을 위해 인간을 지면에서 쓸어버릴 때 죽음을 맞는다.

홍수 이전 시대에 관한 고대 근동 문헌과 제2성전기 문헌의 여러 요소를 비교해보면 이 본문과 그것이 묘사하는 시대를 이해하기 위한 또 다른 흥미로운 상관관계가 나타난다. 메소포타미아 전승에서는 홍수 이전 시대에 '압칼루'(*apkallu*)라고 불리는 인물들이 등장한다.[9] 이들은 일반적으로 신들로부터 인간에게로 문명의 기술을 가져다준 것으로 가장 잘 알려진 위대한 현자들인 반신(半神)적 피조

---

9 Anne Draffkorn Kilmer, "The Mesopotamian Counterparts of the Biblical Nephilim," *Perspectives on Language and Text*, ed. Edgar W. Conrad, Edward G. Newing (Winona Lake, IN: Eisenbrauns, 1987), 39-44.

물로 간주된다. 후자의 역할에서 그들은 가인의 족보에 등장하는 이들에 상응한다. '압칼루' 중 가장 유명한 인물은 '아다파'(Adapa)인데 그는 신들을 노하게 했고 그 결과로 영원한 생명을 잃었다. '아다파'는 "에아[신]의 아들"로 간주된다.[10] '압칼루'는 결코 집단적으로 '하나님의 아들들'로 불리지 않지만, 에녹서(기원전 2세기)에서 "파수꾼들"은 하나님의 아들들, 네피림의 부모이자 문명의 기술을 인간에게 가져다준 이들이다. 따라서 에녹서에서 파수꾼들은 메소포타미아의 '압칼루'나 창세기 6장의 하나님의 아들들과 같은 역할을 한다.[11] 시편 82편은 이 수수께끼를 푸는 데 또 다른 단서를 제공해줄지도 모른다. 하나님은 "신들의 모임"(다른 곳에서는 "하나님의 아들들"인 천상의 어전 회의)에서 말씀하시며 그들이 공의를 베풀지 않는 것을 책망하신다. 6절에서 이 "신들"은 "지존자의 아들들"이라고 불리지만 그럼에도 불구하고 그들은 사람처럼 죽을 것이다(이는 창 6:3을 떠올리게 한다). 이는 창세기 6:1-4에서 소개한 홍수 이전의 태고 시대와 관계있는 표현으로 그럴듯하게 이해할 수 있다.

창세기 6장, 시편 82편, 메소포타미아의 '압칼루', 에녹서의 파수꾼 사이의 4중적인 상관관계는 해석자로 하여금 이 다양한 자료들을 상호 보완적으로 함께 사용하도록 유도한다. 그러한 해석에 따

---

10 학자들이 흔히 '아다파'를 (아마도 에녹과 비교되는) "하늘로 올라간" '압칼루' 가운데 일곱 번째인 '우투압주'나 '엔메두란키'로 간주하는 것도 흥미롭다.

11 같은 책, 277-320.

르면 하나님의 아들들, '압칼루', 파수꾼들은 같은 집단으로 동일시된다. 이 집단은 인간 여자들과 통혼하며(이는 세 집단 모두에 해당한다)[12] 질서를 확대해야 했으나 그 대신 그들과 그들의 자손이 저지른 부패와 불의의 시대를 연다. '압칼루'는 하늘과 땅의 계획—신적인 임무—을 지휘하는 이들로 간주되기 때문에 신들과 관련한 이들로 볼 수 있다. 따라서 그들은 그 영향력으로 결국 무질서를 가져온 질서의 대리자들이다. (가인의 족보에 나오는) 라멕은 그런 자들에 속한 사람이었을 것이다.

결론적으로 이 에피소드는 이제 창세기 1-11장의 전반적인 수사적 전략에 비추어볼 수 있다. 이 에피소드는 하나님의 아들들로 표현된 하나님의 유사 임재를 기록한다. 그러나 하나님은 그런 형태의 임재를 거부하신다. 그것은 질서가 아닌 또 다른 무질서를 초래했다. 바벨탑 이야기(다음 명제)를 주의 깊게 살펴보면 그 또한 하나님의 임재를 회복하려다가 실패한 시도와 관련이 있음을 알 수 있을 것이다. 우리는 비록 주요 인물들의 정체나 핵심 단어들의 의미는 알아낼 수 없지만, 이 이야기의 문예적·신학적인 역할은 확언할 수 있다.

---

12 홍수 이후의 '움미아누'(*ummianu*)는 3분의 2가 '압칼루'이며 이는 '압칼루'가 인간 여자들과 결혼했음을 암시한다. 같은 책, 282를 보라.

명제 13

바벨탑(창 11:1-9)은 태고 시대 이야기에 대한 적절한 결론이다

바벨탑 이야기의 정확한 뿌리는 기원전 제4천년기 말부터 제3천년기의 처음 250년에 이르는 기간에 있다는 점을 먼저 언급하지 않을 수 없다. 앞에서 언급한 기술의 관점에서 보면 구운 벽돌은 메소포타미아만의 독특한 기술이었다. 충적평야에 위치한 메소포타미아에서는 멀리 떨어진 곳에서 돌을 운반하려면 많은 비용이 들었을 것이다. 그래서 보다 편리한 대안으로 가마에서 구운 벽돌이 역청 회반죽과 함께 흔히 사용되었다. 이 기술은 우루크 시대 말기에 처음 그 증거가 나타나며 젬데트 나스르(Jemdet Nasr) 시대에, 즉 기원전 제4천년기 말에 보다 일반화된다. 도시화가 시작될 때 공공건물에 이 기술이 사용되었다. 이 시기의 도시는 오직 공공건물, 그중에서도 주로 신전 건물로 이루어졌다.

지구라트 탑

바벨탑은 일종의 지구라트였다—그 점에 대해서는 의심의 여지가 거의 없다.[1] 고대 근동 문헌에서는 흔히 지구라트를 '꼭대기가 하늘에 닿도록' 지었다고 묘사한다. 더 나아가 연대기적·지리적 상황은

1 Andrew George, *House Most High: The Temples of Ancient Mesopotamia* (Winona Lake, IN: Eisenbrauns, 1993); Thorkild Jacobsen, "Notes on Ekur," *EI* 21 (1990): 40-47; Julian Reade, Irving Finkel, "The Ziggurat and Temples of Nimrud," *Iraq* 64 (2002): 135-216.

메소포타미아 남부의 유명한 지구라트를 암시하며 거기서는 지구라트가 도시의 지배적인 특징이었다. 지구라트 건축의 특징은 벽돌로 쌓은 외벽 내에 돌무더기를 채우는 것이었다. 즉, 피라미드와 달리 내부 공간이 없다. 이러한 건축물은 신전 단지의 가시적인 상징물이었지만 신성한 장소에서 주변적인 역할을 했으며 신성한 장소의 참된 중심은 인접한 신전이었다. 지구라트와 신전은 우주의 관문 역할을 하며 서로 다른 영역들 사이의 간극을 메워주었다. 지구라트에 붙여진 이름들은 이러한 이념을 확인시켜주었다. 탑은 신들이 예배를 받기 위해 신전으로 내려오도록 초대했으므로 지구라트는 그 우주적인 역할에서 신들에게 편의를 제공했다. 이는 현대의 고위 임원 전용 승강기를 떠올리게 한다. 그러나 기존의 해석과는 달리 그러한 건물은 창세기 11:5 자체가 증언하듯이 인간들이 올라갈 수 있는 길이 아니라 신들이 내려올 수 있는 길을 제공했다. 지구라트는 신성한 장소의 일부였고 대중이 접근할 수 없었다. 또한 지구라트 그 자체가 신전은 아니었다. 그곳에서 거행된 의식이 없었고 그곳에는 어떤 신의 형상도 없었기 때문이다. 그러나 지구라트는 신성한 장소의 일부로 간주되었고 따라서 그 이름에는 신전과 동일한 수메르어 명칭이 붙었다. 지구라트는 하늘로부터 내려오는 계단이었다.

성경 본문

가장 중요한 해석상의 쟁점은 "우리 이름을 내고"와 "흩어짐을 면하자"라는 표현을 중심으로 전개된다. 우리는 전자의 표현에 보다 주의를 기울이기 전에 후자의 표현을 먼저 간단히 다룰 것이다. 흩어지지 않기를 바라는 것이 자연스러운 일이라는 사실은 어렵지 않게 알 수 있다. 창세기 13장에서 아브람과 롯은 헤어지기를 원치 않았지만 상황 때문에 어쩔 수 없이 헤어졌다. 흩어진 가족은 불연속성 및 분열된 관계와 전승이 후대로 이어지는 결과를 가져온다. 흩어져야 할 필요성은 도시화를 통해 어느 정도 해소되었고 도시 건물은 이 점을 보여준다. 제한된 식량으로 인해 흩어져야 할 필요성은 질서에 저해되었는데, 도시 건설은 그들의 삶에 더 큰 질서를 가져오려는 시도를 나타냈다.

결과적으로 바벨탑 건축자들의 범죄를 창조 명령("땅에 충만하라")에 대한 불순종으로 간주하려는 강한 전통과는 반대로 우리는 불순종이 존재하려면 명령이 존재해야 한다는 점에 주목해야 한다. 이를 창세기 1장의 창조 명령과 연결시켜선 안 된다. '충만'은 지리적 확산이 아닌 번식을 통해 달성되기 때문이다. 더 나아가 이른바 창조 명령은 명령이 아니라 축복이며 불순종할 수 있는 대상이 아니다.[2]

2 동사 '충만하다'가 명령법인 것은 사실이지만 명령은 명령법 형태의 한 가지 가

이름을 내는 일과 관련하여, 먼저 사람들이 목표를 성취하는 것은 지극히 바람직했고 본질적으로 교만한 일은 아니었다는 점을 인식하는 것이 중요하다. 그것은 사람이 기억되는 결과를 가져오는 어떤 일을 통해서든 성취되었다. 그것은 동기가 교만일 수도 있지만 더 중요하게는 아마도 이름이 기억됨으로써 내세에 유익을 얻을 수도 있다는 생각과 관련이 있을 것이다. 정복이나 대형 건설 계획으로 그 목표를 이룰 수도 있지만 자녀를 갖는 것으로 그 목표를 이룰 수도 있었다.[3] 이 본문에서 건설 계획은 분명 건축자들이 이름을 내기에 적합했겠지만 이름을 내려는 욕구를 하나님께 대한 범죄와 동일시하기는 어렵다.

이 계획의 불쾌한 성격을 이해하기 위해서는 고대 세계의 인지 환경 속으로 들어가야 한다. 우리는 앞에서 신들이 고대 세계의 의식의 목표인 자신들의 필요를 충족시키고자 인간을 창조한 체계를 묘사하기 위해 거대한 공생이라는 개념을 도입했다(명제 8). 결과적으로 신들은 인간의 필요(부양과 보호)를 충족시켰다. 이러한 공생은 상호 의존으로 귀결되고 야웨에게는 부족한 것이 없다는 성경의 이

능한 역할에 불과하다. 창 1장에서는 구체적으로 발화 내 행위가 일종의 축복으로 말해진다. 축복은 명령이 아니다.

3 이러한 개념들에 대한 진술을 보려면 다음 책을 보라. Karen Radner, Eleanor Robson, *Oxford Handbook of Cuneiform Culture* (Oxford: Oxford University Press, 2011), 113-14.

상과 반대된다. 고대 세계의 종교 체계에 만연했던 거대한 공생의 사고는 상호 간의 필요를 바탕으로 했다.

거대한 공생과 지구라트의 관계는 지구라트 꼭대기에 있는 성소인 '기구누'(*gigunu*)에 대한 이해를 통해 인식할 수 있다.[4] "그것은 갈대 담장과 지구라트 꼭대기를 차지한 한 줄로 늘어선 [백향]나무들을 경계로 한 정사각형 모양의 건축물이었다."[5] '기구누'는 신이 신전 활동에 적극적으로 관여하지 않을 때 신을 위한 거주 구역[6] 역할을 했다. 그곳은 신상이 예배나 제사 의식을 받는 장소가 아니다. 신은 '휴식 중'이다. '어둠의 방'이라고 불리는 '기구누'의 안쪽 방은 침실이다. 음식, 목욕, 또는 기름 부음에 관한 준비도 이곳에서 이루어진다.

거대한 공생의 사고를 창세기 11장의 문맥에 포함시키면 자신들을 위해 이름을 내려는 건축자들의 욕구에서 한 가지 중요한 뉘앙스를 발견할 수 있다. 과거에는 이런 동기를 평가할 때 건축자들이 지은 죄는 하나님께 그들을 위해 이름을 내시게 하는 것이 아니라 그들 스스로 이름을 내려 했다는 사실에 있었다는 점을 흔히 지적했

---

4 Thorkild Jacobsen, "The Mesopotamian Temple Plan and the Kitîtum Temple," *EI* 20 (1989): 78-91; Jacobsen, "Notes on Ekur," 40-47. 가장 이른 시대의 성소는 인공적인 흙더미 위에 세워진 갈대로 된 건축물이었다(*CAD* G 69).

5 Jacobsen, "Notes on Ekur," 41.

6 무대 뒤의 배우들을 위한 시설인 오늘날의 공연 대기실과 비슷한 곳.

다. 그러나 우리는 그 대신 극명한 차이는 동사의 행위(이름을 내지 않는 것이 아니라 이름을 냄)나 주어(하나님이 그들을 위해 이름을 내는 것이 아니라 그들이 이름을 냄)가 아니라 간접 목적어(하나님을 위한 이름이 아니라 그들 자신을 위한 이름)에서 발견된다고 주장한다. (지구라트가 암시하듯이) 신성한 장소가 만들어지고 있다면 그 목표는 하나님을 위해 이름을 내는 것이어야지 그들 자신을 위해 이름을 내는 것이어선 안 된다. 예를 들어 에누마 엘리쉬 6.51을 보라. "이름난 성소를 짓자." 그러나 거대한 공생의 사고는 손쉽게 그들의 성공과 행복에 초점이 맞춰진 동기로 이어질 수 있었다.[7] 즉 그들이 신성한 장소를 만든 동기는 그들 자신에게 이익을 가져오기 위함이었다.

신성한 장소의 건축으로 결국 신이 이름을 얻도록 해야 한다는 이상은 지구라트나 신전의 이름[8]과 같이 고대 근동 문헌뿐만 아니라 성경의 관념 속에도 반영되어 있다.[9] 그러한 범죄는 (건축자들의 범죄로 자주 주장되어온 것처럼) 신적인 영역을 침범했다기보다는 신적인 속성을 손상시켰다고 표현된다. 건축자들은 신성한 장소를 만들려 했고 이

---

7 이는 John Walton의 제자 Justin White의 의견에서 영감을 얻은 생각이다.

8 A. George, *House Most High: The Temples of Ancient Mesopotamia* (Winona Lake: Eisenbrauns, 1993), #140: "House of Fame" (*bit dalili*) Nippur; #811: "House of the Exalted Name"; #812: "House Chosen by Name."

9 말 1:11-12에서 암시된 시 34:3("그의 이름을 높이세[*rum*]", 어떤 이름이 더럽혀질 수 있다면 그 이름은 이론상 위대해질 수도 있다); "여호와의 이름"을 위해 성전을 지음(왕상 3:2; 5:3-5; 8:16-29).

는 그 자체로는 칭찬할 만한 행동이었지만 동기가 잘못되었다.

이 대목에서 바벨탑 건축자들의 범죄에 대한 모든 중요한 해석은 의문시되는 것이 분명하다. 그들은 하늘로 올라가려고 하지도 않았고 겉으로 볼 때 교만의 죄를 저지른 것도 아니며 땅에 충만하라는 명령에 불순종한 것도 아니다.

지구라트는 어떤 종교 체계의 일부였다. 그 종교 체계에서는 신들이 자신들의 본질을 담아내도록 준비된 신상에 내려와 깃들고 그 신상을 통해서 그런 목적을 위해 고안된 의식을 통해 돌봄을 받았다. 성경 본문이 이런 체계를 명확히 밝히지는 않지만 그렇게 할 필요도 없다. 지구라트의 상징은 그 기능에 익숙한 이스라엘 민족에게 분명한 메시지를 전달했다. 창세기 28장에 나오는 야곱의 꿈은 그들의 관점을 보여주는 또 다른 증거다.

비교 연구: 고대 근동 문헌과 인지 환경

고대 근동 문헌에서 발견되는 어떤 이야기도 창세기 11:1-9에서 묘사한 사건과 유사하지 않지만, 이 단락은 그 인지 환경에서 알아볼 수 있는 출처가 확실한 개념과 요소로 가득하다. 우리는 이 요소들을 간략하게 요약한 다음 비교 연구를 통해 배울 수 있는 점을 논의할 것이다.

고대 근동 문헌에는 '불경한 왕'이라고 하는 친숙한 모티프가 등장한다. 이 모티프는 어떤 특정한 왕의 범죄를 지적하며 그 왕의 용납할 수 없는 행동은 한 도시나 왕조나 제국의 몰락을 가져온 것으로 해석된다. 우르 제3왕조로 알려진 한 왕조가 거의 끝나갈 무렵 장수를 누린 유명한 왕 슐기의 아들 아마르-수엔(Amar-Suen, 기원전 2046-2038년)이 우르의 왕위에 올랐는데 그가 바로 그와 같은 불경한 왕으로 묘사된다.[10] 그의 재임 기간에 있었던 일련의 사건이 친숙한 주제로 들린다. 제국의 정치적 중심은 우르에 있었지만 부근 마을인 에리두는 엔키 신의 권력의 중심으로서 큰 종교적 의미를 지니고 있었다. 에리두에 엔키의 신전과 지구라트를 건설하는 일은 이 왕조의 첫 왕인 우르-남무가 시작했지만 그는 이 일을 완수할 수 없었다.[11] 아마르-수엔은 이 건설 계획을 완수하는 일에 착수했지만 매년 신들에게 허락을 얻지 못했다. 보통 신들의 큰 소망 중 하나는 자신의 신전 건설이었으므로 허락을 얻지 못하는 것은 큰 실망의 표시로 간주되었다. 그럼에도 불구하고 아마르-수엔은 (신들의 허락을 받았는지 그렇지 않은지는 불분명하지만) 결국 일을 진행했고 더 나아가 명백히 "영원히 자기 이름을 내기 위해"[12] 그 일을 했다.

---

10 Piotr Michalowski, "Amar-Su'ena and the Historical Tradition," *Essays on the Ancient Near East*, ed. M. J. Ellis (Hamden, CT: Archon, 1977), 155-57.

11 신전은 '압수'(é.abzu), 지구라트는 '에 우니르'(é.unir, '신전 탑'이라는 뜻)라고 불렸다. 더 많은 정보를 보려면 다음 책을 보라. George, *House Most High*, 65, line 30, p. 154, line 1150.

12 Peeter Espak, *The God Enki in Sumerian Royal Ideology and Mythology* (Wiesbaden,

슈-수엔과 입비-수엔이 아마르-수엔의 뒤를 이어 왕이 된 뒤 왕조와 제국은 마침내 무너졌다. 우르의 멸망은 '아모리 족속'의 소행으로 간주된 수십 년에 걸친 분열 뒤에 발생했지만 최후의 결정타를 날린 것은 엘람 족속이었다. 이 멸망은 고대 세계의 유명한 두 작품인 "우르의 멸망에 대한 애가"와 "수메르와 우르의 멸망에 대한 애가" 속에 묘사되어 있다.

아마르-수엔이 이 멸망에 대해 책임이 있는 인물로 간주되었을 수도 있다는 생각은 몇 가지 암시에서 막연하게 도출된다. 아마르-수엔의 또 다른 찬양시(찬양시 B)에서는 사람들 사이에서 문제가 생긴 결과 엔키가 에리두에 있는 그의 신전을 떠났음을 암시한다.

> 그때에 인간은 [선하지/정돈되지] 않았고 [···]
>
> 지혜와 동떨어져 총명한 말을 하지 않고 [···]
>
> ···
>
> 악이 창조되었다. 나쁜 일을 하는 것은 좋았다(?)[13]

우르 제3왕조의 멸망으로 이어지는 마지막 몇십 년 동안의 일련의

Germany: Harrassowitz Verlag, 2015), 61. 다음 문헌도 함께 보라. "Amar-Suena and Enki's Temple" (Amar-Suena A), http://etcsl.orinst.ox.ac.uk/cgi-bin/etcsl.cgi?text=t.2.4.3.1&charenc=j#.

13 Espak, *God Enki*, 61.

역사적 사건들은 기록 부족으로 인해 불확실하다. 어떤 학자들은 에리두가 이미 아마르-수엔의 통치기에 버려졌거나 최소한 우르 성보다 먼저 함락되었다고 주장해왔다.[14]

아마르-수엔이 처한 상황과 바벨탑 기사 간의 유사점을 종합해 보면 이 둘이 똑같은 사건을 가리키고 있다거나 고대 근동의 특정한 문헌이 이 둘을 결합시키고 있다고 생각할 이유는 없다고 여겨진다. 그러나 이 둘을 비교해보면 바벨탑 이야기의 여러 측면이 고대 근동의 상황에서 매우 친숙하게 느껴졌을 것이 분명하다.

이와 관련한 고대 세계의 또 다른 흥미로운 참고 사항은 언급할 만하다. 우리는 이미 '압칼루'(*apkallus*)를 창세기 6장의 하나님의 아들들과 관련해서 언급했다. 주요 '압칼루' 전승은 홍수 이전 시대에 해당하지만 홍수 이후에도 네 명의 '압칼루'가 등장하며 각 '압칼루'는 (아무런 내용도 제시되지 않은 채 어떤 신을 노하게 한) 범죄와 관련해서 언급된다. 그러나 마지막 '압칼루'는 "이슈타르를 하늘에서 성소로

---

14 Dominique Charpin, *Clergé d'Ur au siècle d'Hammurapi* (Paris: Gallimard/NRF, 1986), 294. 이에 대한 논의를 보려면 다음 책을 보라. Espak, *God Enki*, 114. 만일 이것이 사실이라면 이는 흥미로운 일일 것이다. 에리두는 일반적으로 메소포타미아 전승에서 최초의 도시로 간주되지만 에리두라는 이름과 바빌로니아라는 이름은 초기 문헌에서 흔히 상호 교환적으로 쓰이며 에리두 창세기에서는 둘 다 같은 도시를 가리킨다. Stephanie Dalley, "Babylon as a Name for Other Cities Including Nineveh," *Proceedings of the 51st Rencontre Assyriologique Internationale Held at the Oriental Institute of the University of Chicago, July 18-22, 2005*, ed. R. D. Biggs, J. Meyers, M. T. Roth, RAI 51 (Chicago: University of Chicago, 2008), 25-34, 특히 25-26.

내려오게 한" 자로 비난받는다.[15] 지구라트의 계단은 신이 내려오기 위해 만들어졌다는 생각은 메소포타미아 신화 "네르갈과 에레시키갈"에서 입증되는데, 이 신화에서 신들의 사자는 계단(아카드어로 '심밀투')을 통해 하늘에서부터 지하 세계로 내려간다. 이 신화적인 계단과 지구라트의 관련성은 시파르(Sippar)에 있는 지구라트의 이름, 즉 "하늘에 이르는 순전한 계단의 신성한 장소"를 통해 구체적으로 밝혀진다.[16]

창세기 1-11장의 일관성

바벨탑의 범죄를 잘못된 동기에서 하나님의 임재를 회복시키려 했던 시도로 이해하는 관점은 우리에게 바벨탑 건축 이야기의 역할을 창세기 1-11장의 수사적 전략 속에서 이해하게 한다. 창세기 2장에서 하나님은 에덴동산에 신성한 장소를 만드셨다. 사람들은 제사장의 임무를 띠고 신성한 장소에 배치되었다(창 2:15). 하나님의 임재 속에서 (나무들이 상징하는) 생명과 지혜를 누리는 것이 가능했다. 사

15 A. Annus, "On the Origin of Watchers: A Comparative Study of the Antediluvian Wisdom in Mesopotamian and Jewish Traditions," *Journal for the Study of the Pseudepigrapha* 19 (2010): 297.

16 George, *House Most High*, 115, #672: é.kun_4.an.kù.ga. 여기서 수메르어 'kun_4'는 아카드어 '*simmiltu*'와 같다. '심밀투'와 어원이 같은 히브리어 '술람'(*sullam*)은 창 28:10-12에 나오는, 야곱이 꿈에서 본 사다리/계단을 묘사하는 단어다.

람들은 뱀의 꼬임에 빠져 스스로를 지혜와 질서의 중심으로 삼으려 한 순간("너희는 신들과 같이 될 것이다") 신성한 장소에서 쫓겨났다. 창세기 4장에서는 희생제물이 드려지고 4:26에서 사람들은 야웨의 이름을 부르기 시작했다(그러나 이는 둘 다 신적인 임재를 회복시키지 못한다). 창세기 6:1-4은 하나님의 아들들에게서 신적인 임재의 부족한 대체물을 보여주었고 그들의 시대는 아담부터 노아까지 이어진다. 창세기 11:1-9은 (지구라트와 관련한) 한 신전 안에 있는 지속적인 하나님의 임재를 통해 신성한 장소를 다시 세우고 하나님을 그곳에 내려오시게 함으로써 에덴에서 잃어버린 특권을 되찾으려고 적극적으로 나서는 바벨탑 건축자들에 대한 이야기를 들려준다.[17] 창세기 1-11장의 주제는 단순히 신적인 특권에 대한 침해나 신적 정체성과 인간적 정체성 사이의 경계선 위반이 아니라 질서 있는 영역에 대한 무질서의 침범이다. 아담과 하와는 (혼돈의 피조물인 뱀에게 부추김을 받아) 죄와 죽음이라는 무질서를 초래했다. 우리는 이미 질서라는 주제의 전개 과정을 추적했고(명제 11) 이제 창세기 1-11장 전체에 걸친 그 주제의 전개 과정에 다음과 같은 몇 가지 요점을 덧붙일 수 있다.

- 창세기 1장에서 창조가 질서를 세운 것처럼 홍수 이후에도 창조의 재현으로 질서가 다시 세워진다. 창세기 8장에서는

---

17 이는 John Walton의 제자 Eva Teague가 제안한 의견이다.

1장에서와 같이 우주적인 물에서부터 마른 땅이 나타난다. 두 곳 모두에서 사람과 짐승이 나타나고 두 곳 모두에서 축복이 주어진다. 그러나 핵심적인 차이점은 하나님이 자기 백성 가운데서의 임재 속에서 '안식'하지 않으셨다는 점이다.

- 홍수 이후의 노아 언약은 '정복하고 다스리라'는 말을 반복하지 않는다. 창세기 1장에서 이 말은 질서를 확대하는 인간의 역할을 표현하는 데 사용되었다. 그러나 이제 신성한 장소와 하나님의 임재를 바탕으로 질서를 확대하는 일은 더는 가능하지 않지만 인간들은 사회 질서를 유지할 것을 요구받으며 이는 여전히 하나의 의무다(예. 중죄를 심판하는 일; 창 9:6).
- 거대한 공생이 동기가 된 바벨탑 건축 계획은 하나님과 인간의 상호 관계 속의 무질서를 상징했고 언어의 혼잡에 의한 하나님의 질서 파괴로 귀결되었다.
- 바벨탑 건축자들은 신성한 장소를 그들 자신에게 초점이 맞춰진(그들 자신을 위해 이름을 내는) 곳으로 구상했고—이는 에덴동산이라는 각본의 반복이다—이로써 창세기 1-11장의 수미상관 구조가 형성되었다. 이 건축 계획의 동기는 그들이 질서를 정하고 그들을 중심으로 질서가 형성되게 하려는 것이었다.

창세기 1-2장에서 신적 임재에 의한 질서라는 주제를 인식하고 신적 임재의 회복을 지구라트 건축자들의 동기로 인식하면, 창세기

1-11장은 태고 시대의 기록에 대한 수사적 수미상관 구조의 역할을 하는 중요한 한 단락이라고 볼 수 있다.

창세기 1-11장과 12-50장의 연관성. 우리가 전반적으로 제시한 창세기 1-11장에 대한 해석과 11장에 대한 구체적 해석은 1-11장 전체의 주제적·신학적 연속성을 확증할 뿐만 아니라 창세기 1-11장에서 12-50장으로의 전환을 위한 기초를 제공한다.[18] 이 연관성을 이해하려면 바벨탑 이야기의 결론인 언어의 혼잡과 사람들의 흩어짐을 살펴볼 필요가 있다.

이미 제시한 창세기 1-11장의 범죄와 수사적 전략을 고려하면 언어의 혼잡과 그로 인한 흩어짐은 형벌 이상의 사건으로 간주할 수 있다. 더 정확히 말하면 그것은 그 자체로 목적이 아니라 하나의 수단이다. 목표는 성의 건축을 중단시키는 것이다.[19] 하나님은 실제로 건축자들이 의도한 대로 내려오시지만(창 11:5) 그들이 세운 계획의 바탕이 되는 전제로 인해 기뻐하지 않으신다. 그들은 신성한 장소와 신성한 장소가 촉진한 거대한 공생의 확립에 의해 질서를 세우려 함으로써 한계점을 넘어버렸다(창 11:6).

언어의 혼잡에 의한 흩어짐은 야웨가 의도하시는 계획에 의한

18 Mark A. Awabdy는 "Babel, Suspense, and the Introduction to the Terah-Abram Narrative," *JSOT* 35 (2010): 3-29에서 창 12장은 11:1-9에 대한 응답이라는 개념을 제시한다.

19 이는 John Walton의 제자 Ashley Edewaard의 견해에 영향을 받은 것이다.

대응 조치의 배경을 이룬다. 이는 창세기 10장에서 시작되었고 창세기 10장은 70개 민족의 등장을 묘사한다. 창세기 11장은 열방의 흩어짐을 묘사한다. 이는 신명기 32:8에서 하나님의 아들들에게 할당된 나라들로 인식될 수 있다.[20] 다음으로 창세기 12장은 (또다시 신 32:8에서 암시된) 이스라엘 민족에 대한 하나님의 선택을 발생시킨다. 선택(언약)은 (여럿 중에 하나가 선택되므로) 다양성을 필요로 한다. 따라서 이는 우리에게 창세기의 주요 두 단락의 수사적 관계를 살펴보게 한다.

바벨탑 건축 이야기는 해결할 필요가 있는 두 번째 신학적 문제를 끌어들였다. 첫 번째는 타락 때 시작된 죄와 무질서의 문제였고 이는 신성한 장소에 대한 접근 기회의 상실을 초래했다. 그런 문제들이 해결되려면 그 전에 하나님이 신성한 장소를 올바른 기초 위에 다시 세울 수 있도록 자신의 본성을 드러내셔야 한다.

이런 식으로 바벨탑 건축 이야기 다음에는 자신의 지속적인 임재를 통해 거룩한 장소를 회복하시려는 하나님의 계획이 자연스럽게 이어진다. 이 일은 궁핍한 신을 가정하지 않는 제의 체계라는 교정된 전제에 따라 신성한 장소(성막) 건축의 전주곡으로서 하나님이 어떤 관계(언약)를 세우시고 이를 통해 (조상들에게, 그리고 시내산에서) 자신을 계시하신 뒤에 일어날 것이다. 하나님은 자신의 이름이 높임

20 이는 John Walton의 제자 John Raines의 견해에 영향을 받은 것이다.

을 받을 장소를 마련하신다. 그리고 건축자들의 잘못된 전략을 거부하셨고 하나님 자신의 계획을 실행하기 시작하신다. 하나님의 계획은 그들의 단결된 힘에 의존해서가 아니라 그들의 다양성을 통해서, 그리고 상호 의존으로 특징지어지는 거대한 공생을 통해서가 아니라 토라로 특징지어지는 언약이라는 위대한 기획을 통해 하나님의 임재를 회복시킬 것이다. 이런 식으로 창세기 11장은 12장으로 넘어가는 가교를 제공한다. 창세기 11장은 하나님의 임재를 회복시키려는 인간의 실패한 계획이고, 창세기 12장은 하나님의 임재와 신성한 장소 속에서의 관계로 이어질 하나님의 계획이다.[21] 이는 또다시 창세기 1-11장이 12-50장에 나오는 조상들의 이야기에 서론을 제공하는 역할을 하고 있음을 뜻한다.

이를 뒷받침하는 마지막 관찰 사실로서 우리는 창세기 11장을 28장에 나오는 야곱의 꿈과 비교·대조할 수 있다. 창세기 11장에서 사람들은 하나님을 내려오시게 하고 신성한 장소를 만들기 위해 지구라트(계단)를 지었다. 창세기 28장에서 하나님은 언약을 맺는 과정의 일부로서 (계단을) 내려오시고 신성한 장소를 인정하신다(벧엘: 이곳은 하나님의 집이다!). 그다음에 우리는 야웨가 (성막에 거주하시기 위해 내려오실 때 완료될) 확고한 임재를 지향하시며 이제 언약과 관련해서 그렇게 하고 계시는 모습을 본다. 이러한 모든 문학적·신학적 관찰

21 이는 Eva Teague가 주장한 견해다.

을 바탕으로 언약은 이제 지상에서의 하나님의 임재에 접근하는 길을 회복하는 데 초점이 있다고 인식할 수 있다. 하나님은 그분의 언약 백성 이스라엘 가운데 거하실 것이다. 그것이 곧 그들이 선택된 이유다.

다른 본문들과의 관계. 다른 본문들과의 관계까지 포함하도록 우리의 관점을 확대시켜보면 사도행전 2장의 오순절 기사에 곧바로 시선이 끌린다. 이 기사는 바벨탑을 명시적으로 언급하며 언어라는 친숙한 모티프를 드러낸다.[22] 더 구체적으로 말하면 우리는 사도행전 2장과 창세기 11-12장 사이에 다음과 같이 보다 구체적인 여러 유사점을 발견할 수 있다.

- 누가는 창세기 11장의 70인역 본문에 나오는 세 단어를 사용한다(4절, '글로사이스'[*glōssais*, 혀]; 6절, '포넨'[*phonēn*, 소리]; '쉰케오멘'[*syncheōmen*, 소동하다]).
- 민족들의 목록은 오순절에 예루살렘에 모인 사람들의 광범위한 목록과 유사하다(행 2:9).
- 언어의 혼잡이 역전된 뒤에 언약이 성취된 것으로 선포된다("이 약속은 너희와 너희 자녀와 모든 먼 데 사람…에게 하신 것이라"; 행 2:39).

---

22 이는 John Walton의 제자 Kelly Brady의 의견을 바탕으로 한 생각이다.

이러한 명백한 유사점들을 바탕으로 우리는 비교·대조되는 또 다른 점을 확인하게 된다. 그 결과 사도행전 2장은 창세기 11-12장과의 관계에서 정경적·신학적 수미상관 구조의 역할을 한다고 볼 수 있다.

이 두 본문의 대조되는 점들은 다음과 같다.[23]

- 성령 강림은 창세기 11장에서의 잘못된 계획에 대응하기 위한 야웨의 강림과 대조되는 사도행전 2장에서의 올바른 하나님의 임재에 대한 확증을 표현한다.
- (성령으로 표현된) 신성의 본질은 신전 안에 있는 형상 속에 들어가기 위해서가 아니라(바빌로니아 모델) 사람들, 특히 교회—신약신학에서 자기 백성 가운데 계신 하나님의 궁극적 표현—로 표현된 자신의 형상 속에 들어가기 위해 내려온다.
- 올바르고 합당하게 확립된 하나님의 임재와 더불어 언어의 분화는 상징적으로 역전되고 이로써 하나님과 관계 맺을 수 있는 보편적인 가능성이 열린다.
- 오순절은 백성들이 얻은 것을 통해 그들의 이름을 확고히 하는 것이 아니라 하나님의 백성을 통해 하나님/그리스도의 이름을 확고히 한다.

---

23 이러한 대조되는 점 중 다수는 다음 책에서 확인된다. M. D. Goulder, *Type and History in Acts* (London: SPCK, 1964), 158-59.

- 바벨탑은 신적인 임재 속에서 연합을 얻기 위해 지어졌고 교회는 신적인 임재 속에서의 연합을 위해 하나님이 지으신다.
- 사도행전 2장에서는 사람들이 그들 각자의 언어를 가지고 각자의 고향으로 흩어질 때 실패한 계획을 남기고 가는 것이 아니라 하나님의 임재를 가져간다.

결론적으로 우리는 창세기 11-12장과 사도행전 2장에 대해 우리가 제안한 관점을 고려하여 도출할 수 있는 다음과 같은 몇 가지 신학적 함의를 확인할 수 있다.

- 오순절은 신약신학에서 (1) 하나님이 창세기 12장에서 언약을 통해 시작하신 계시의 프로그램을 마무리하며, (2) 예레미야 31장에서 선포한 새 언약을 세우는 사건으로 보인다.
- 신약신학에서는 에덴동산의 문제를 신약신학에서 그리스도가 해결하셨고 새 창조를 통해 반전된 사건으로 간주한다. 바벨탑의 문제는 언약에 의해 해결되고 오순절에 반전된 것으로 간주되며 오순절에는 언어의 다양성 가운데서 질서가 회복된다.
- 베드로는 오순절을 통한 하나님의 의도가 만국을 하나님께로 이끄는 것—신자를 성전으로 보는 바울신학에 반영된, 신적 임재와 신성한 장소에 담긴 또 다른 계획—이라고 선포한다.

마지막 두 명제에서 우리는 하나님의 아들들과 바벨탑에 대한 이야기를 고찰했고 화자가 각기 홍수 이전 시대와 홍수 이후 시대를 묘사하는 회귀적인 내러티브(6:1-4; 11:1-9)를 사용했다는 사실을 살펴보았다. 이 두 이야기는 모두 잠재적인 하나님의 임재의 회복(거짓된 하나님의 임재로서 사람들 사이에 거하는 하나님의 아들들; 지상에서의 하나님의 임재를 성전에서 확증하기 위한 탑 건축)을 표현한다. 화자는 또한 단락 전환의 특징이 되며 실제 사건으로 간주해야 하지만 몇 가지 원형적이고 반복적인 측면(자신이 중심이 되려는 인간들의 반복적인 시도, 엄청난 파괴와 새로운 시작을 가져온 반복되는 홍수들, 하나님을 내려오시게 하기 위한 일상적인 지구라트 건축)이 있을 수도 있는 중요한 사건들(타락, 홍수, 탑 건축)을 사용했다. 우리는 이제 이 모든 것이 어떻게 조상 내러티브와 관련한 뒷이야기를 제공하는지를 볼 수 있다.

제4부

세상: 홍수의 증거에 대해 생각해보기

명제 14

홍수 이야기의 배후에는 실제 사건이 있다

우리는 성경의 홍수 이야기를 신화라고 생각하지 않지만 창세기 6-9장의 저자가 홍수 이야기의 배경이 된 사건을 우리에게 직설적으로 묘사하려 한다고 생각하지도 않는다. 우리는 이 이야기에 영감을 준 한 사건이 존재한다고 생각한다. 결국 창세기 6-9장은 신학적인 역사다. 그러나 우리는 당연히 홍수 이야기를 포함하는 창세기 1-11장에 대한 최선의 관점은 이 본문이 비유적인 언어를 사용해 과거의 실제 사건들에 대해 말하고 있다는 것이라고 생각한다. 홍수 이야기에서 우리는 홍수를 묘사하기 위해 과장법이 사용된 것을 확인했다. 그러나 여호수아 1-12장에서 여호수아의 정복에 대한 과장된 표현의 배후에는 실제 정복이 존재했던 것처럼, 이 이야기의 배후에도 실제 사건이 존재한다(명제 4를 보라).

창세기 6-9장(과 다른 고대 근동의 이야기들)의 홍수 뒤에는 어떤 종류의 사건이 존재할까? 확신할 수는 없지만 우리에게는 이 이야기에 영감을 제공했을 가능성이 있는 홍수가 한 번 이상 있었다는 증거가 있다. 다시 말하지만 지금 그런 사건 중 하나가 성경과 고대 근동의 홍수 이야기들의 결정적인 역사적 자료라고 말하고 있는 것이 아니다. 선사 시대에 파괴적인 홍수들이 존재했다. 그중에 한 홍수는 아마도 몇백 년, 심지어 몇천 년을 이어져 내려온 인간의 기억 속에 뿌리를 두고 있어서 창세기 저자에 의해 하나님의 심판과 퇴보한 질서를 회복시키신 사건을 이야기하기 위한 수단으로 사용될 수 있었을 것이다.

하지만 이 대목에서 주의해야 한다. 우선 전 세계적인 홍수가 일어난 증거가 전혀 없으며, 온 세상을 아우르는 홍수가 있었다면 그 증거가 있어야 한다는 점을 기억할 필요가 있다(명제 15를 보라). 둘째, 다시 말하지만 그 사건을 재구성할 수가 없고 따라서 이 이야기에 영감을 준 사건이 (기원전 5500년 무렵에 오늘날의 터키 땅에서 발생한 홍수와 같은) 특정한 대홍수인지 보다 일반적인 규모의 또 다른 홍수인지(갑자기 퍼붓는 홍수가 과장법에 적합하다는 사실은 전자의 범주에 속하는 홍수를 암시하겠지만) 확실히 알지 못한다. 셋째, 우리는 어떤 한 홍수가 성경의 이야기에 영감을 준 증거에 대해 독단적으로 확신하지 않도록 주의해야 한다.

세 번째 주의사항과 관련해서 1920년대에 레너드 울리의 책이 제공한 교훈적인 이야기를 떠올릴 수 있다. 울리는 메소포타미아 남부의 고대 우르 땅인 텔 알-무카야르에 대한 중요한 고고학적 탐사로 인해 널리 알려졌고 그에 합당한 존경을 받아왔다. 역사적 홍수를 믿었던 울리는 땅을 충분히 깊게 파면 홍수의 증거를 발견할 수 있을 것이라 생각했고 이른바 우르의 왕실 묘지 아래서 그 증거를 발견했다고 확신했다. 그는 안에 아무런 인공물이 없는 3m 깊이의 실트층을 발견했다. 그는 이것이 메소포타미아의 충적평야에서 비록 국지적이기는 하지만 (그래도 수천 평방마일에 달하는) 전 세계적인 규모로 보이는 거대한 홍수의 증거를 제공해준다고 주장함으로써 상당한 파문을 일으켰다. 그러나 같은 기간의 비교할 만한 홍수 지층은 부근 도시들이나 심지어 우르의 발굴 현장 전체에서도 발견되지 않았고 따라서 오늘날에는 누구도 울리의 선정적인 주장에 동의하지 않을 것이다.[1] 라이언과 피트먼에 따르면 "연구자들은 퇴적물의 표면적이 한 지역에 국한되어 있고, 아마도 오늘날 수문학자들이 '스플레이 퇴적물'(splay deposit)이라고 부르는 것을 형성하며 기껏해야 몇 평방마일의 측면 방향 범람원을 덮고 있는 유프라테스강 제방에 난 단일하게 갈라진 틈에 불과한 것임을 알아냈다."[2]

울리가 말한 홍수는 성경(과 기타 고대 근동)의 홍수 이야기에 영감을 주었을 가능성이 희박하다고 드러났지만 정말로 엄청난 홍수들이 일어난 증거는 분명 있으며 그중 어느 것이든 생존자들로부터 구두 전승과 궁극적으로는 기록 전승을 통해 대대로 전해졌을 만큼 인간의 기억 속에 깊이 각인되었을 수도 있다. 실제 사건에 바탕을 둔 이 이야기는 성경 저자에 의해 그의 매우 중요한 신학적 목적에 기여하는 이야기를 구성하는 데 사용되었을지도 모른다.

학자들이 제안한 그와 같은 한 가지 예는 광대한 사막 지역을 가득 메워 지중해를 형성한 거대한 홍수다. 이 홍수는 '한 사람의 일

---

1 메소포타미아 남부에서 홍수가 일어난 증거로 주장된 모든 고고학적 정보에 대한 자세한 평가를 보려면 다음 책을 보라. Lloyd R. Bailey, *Noah: The Person and the Story in History and Tradition* (Columbia: University of South Carolina, 1989), 28-38.

2 William Ryan, Walter Pitman, *Noah's Flood: The New Scientific Discoveries About the Event That Changed History* (New York: Simon and Schuster, 1998), 55.

생' 동안 일어났고 우리가 이야기하고 있는 그런 규모의 홍수지만 그것을 목격할 인간이 아무도 없었던 5백만 년 전에 발생했기 때문에 논의에서 제외해야 한다.[3]

그러나 두 번째 예로 지난 수십 년 동안 연구자들은 노아 이야기에 영감을 주었을 만한 유형의 사건이라 할 수 있는 거대한 홍수에 대한 설득력 있는 증거를 발견했다. 주요 연구자들은 컬럼비아 대학교와 관련된 러몬트-도허티 지구 관측소의 과학자인 윌리엄 라이언과 월터 피트먼이다. 그들은 『노아의 방주: 역사를 바꾼 사건에 대한 새로운 과학적 발견』이라는 제목으로 눈길을 사로잡는 책에서 그들의 연구 결과와 결론을 설명한다.

이 증거에 관심이 있는 사람들은 그들의 책을 읽을 수 있겠지만 우리는 여기서 한 번의 홍수가 "기원전 5600년에 보스포루스 해협을 통해 매우 격렬하게 일어나 아나톨리아에서부터 유럽을 갈라놓았다"는 그 책의 결론을 다시 언급한다.[4] 이 홍수는 너무나 강력해서 담수호 한 곳을 오늘날의 흑해로 바꾸어놓았다. 더 이상 존재하지 않는 그 담수호의 호반과 그 부근 지역에 살았던 많은 이들이 죽거나 고향에서 쫓겨났다.

이 홍수를 경험한 사람들의 유형에 대한 라이언과 피트먼의 묘

---

3 같은 책, 91.
4 같은 책, 188.

사는 길게 인용할 만하다.

> 거기서 흑해의 홍수를 목격하고 범람으로 인해 고향을 잃게 된 사람들은 밭을 갈고 파종하고 작물을 수확하고 가축을 기르는 일에 어느 정도 능숙한 마을 사람들이었을 가능성이 꽤 커 보였다. 그들은 심지어 기초적인 관개를 위해 물길을 바꾸는 실험을 하고 있었을지도 모른다. 많은 이들이 장인, 벽돌공, 목수, 화가, 조각가, 바구니 제조업자, 가죽 세공인, 보석 세공인, 옹기장이, 장의사였을 것이다. 고든 차일드가 예견한 대로 내수를 위한 상품과 레반트 지역, 심지어 동유럽에 있는 멀리 떨어진 다른 지역과의 무역을 위한 상품이 만들어졌다. 사회의 한 계층은 행정 업무를 수행하고 어떤 계층은 육체노동에 종사하며 무당과 같은 계층은 종교 의식, 마술, 심지어 뇌수술까지 행하는 일종의 사회적·정치적 구조가 존재했을 것이다. 그들은 말라리아와 관절염을 포함한 질병에 시달렸다. 인간의 평균 수명은 겨우 30년에 불과했지만 소수의 연장자들은 60대까지 살았다. 혹자는 그들이 수천 년 전에 살았던 나투프 문화에 속한 조상들처럼 급격한 환경 변화에 직면했을 때 이에 대처하여 습득한 지식, 도구, 문화를 계속 이어가기 위해 짐을 싸고 새로운 본향을 찾아 떠났다고 추정할 수도 있다.[5]

---

5 같은 책, 187.

라이언과 피트먼은 이 홍수에서 살아남은 이들이 새로운 장소로 이주하면서 그 홍수를 기억했고 이를 통해 바빌로니아와 성경의 이야기를 포함하여 후대의 문화들 속에서 우리가 알고 있는 홍수 이야기들에 영감을 주었다고 주장한다. 우리는 여기에 이 이야기들은 그들이 가진 문화적인 믿음과 특히 종교적인 믿음에 따라 각각 나름의 구체적인 형태를 취했을 것이라는 주장을 덧붙인다.

라이언과 피트먼의 명제는 흥미롭다. 그들은 이 증거를 발견하기 전에는 성경의 홍수 이야기가 실제 역사적 사실과 관련이 있을지 의심했다. 그것은 순전히 신화에 불과했다. 이제 그들은 홍수 이야기의 배후에 실제 사건이 있다고 믿는다.

그러나 흥미롭기는 하지만 우리는 이 특정한 홍수가 홍수 이야기를 만들었다고 주장하지는 않는다. 우리는 성경의 이야기로부터 역사적 사건을 재구성할 수 있다고 믿지 않는다. 그러나 창세기 6-9장의 장르(신학적 역사)로 인해, 그리고 성경이 단언하는 모든 것은 참되다는 우리의 진술 속에서, 역사적 사건이 존재했을 것이라고 확신한다. 우리의 결론은 흑해의 홍수가 그 자체로 성경의 사건은 아닐지라도 궁극적으로 성경의 이야기에 영감을 주었을지도 모르는 유형의 파괴적인 홍수라는 것이다.[6]

---

6 연구자들이 최근에 제안한 또 다른 이론은 약 8천 년 전에 페르시아만이 메소포타미아 남부에 유입된 일을 성경의 홍수와 관련시키려는 이론이다. 이 이론의 문제점은 이 일이 갑작스러운 유입이 아니라 수천 년에 걸쳐 일어났다는 점이다.

정확한 역사적 사건이 무엇이든 이 이야기는 대대로 전해져 마침내 노아와 홍수에 대한 이야기를 자신들의 중요한 신학적 메시지로 사용한(명제 11을 보라) 이스라엘의 화자들과 그 이후 모세 오경 최종 형태의 편집자들에게까지 이어져 내려온 '톨레도트'(또는 이야기; 명제 2를 보라)의 기초를 형성했다.

명제 15

지질학은 전 세계적인 홍수를 뒷받침하지 않는다

스티븐 O. 모쉬어

노아 홍수의 지질학과 수문학적 규모에 대한 일체의 주장은 자연 세계에 대한 관찰을 통해 검증될 수 있어야 한다. 보통 홍수 하면 강둑 위로 범람했다가 몇 시간, 며칠, 또는 몇 주 뒤에 원위치로 되돌아가는, 빠르게 움직이는 거친 물살을 연상한다. 그러나 대부분의 홍수는 흙과 무른 퇴적물인 지표면의 물질을 침식시켜 다른 곳에 퇴적시키기도 한다. 만일 창세기의 홍수가 온 땅을 덮어서 모든 지형이 물에 잠겼다면 침식과 퇴적의 중요한 증거가 있어야 하지 않을까? 실제로 홍수 지질학을 옹호하는 이들은 복음주의 기독교인 대중을 겨냥한 여러 출판물, 비디오, 웹사이트, 관광지에서 홍보하듯이 그와 같은 증거가 있다고 주장한다.[1] 그러나 전 세계 과학계는 홍수 지질학자들의 지질학적 해석을 압도적으로 거부한다.[2]

---

1 홍수 지질학을 홍보하는 가장 눈에 띄는 책들은 다음과 같다. John C. Whitcomb, Henry M. Morris, *The Genesis Flood: The Biblical Record and Its Scientific Implications* (Philadelphia: Presbyterian and Reformed, 1961); Steven A. Austin, *Grand Canyon: Monument to Catastrophe* (El Cajon, CA: Institute for Creation Research, 1994); Andrew A. Snelling, *Earth's Catastrophic Past: Geology, Creation and the Flood* (Dallas: Institute for Creation Research, 2009).

2 주류 과학계에는 홍수 지질학을 받아들이지 않는 많은 복음주의 기독교인들이 속해 있다. 다음 책은 기독교인 지질학자들이 쓴 중요한 비판서다. Davis A. Young, Ralph F. Stearley, *The Bible, Rocks and Time: Geological Evidence for the Age of the Earth* (Downers Grove, IL: InterVarsity Press, 2008). 다음 책의 여러 장은 기독교인 저자들이 기고한 글이다. Carol Hill et al., eds., *The Grand Canyon, Monument to an Ancient Earth: Can Noah's Flood Explain the Grand Canyon?* (Grand Rapids: Kregel, 2016) 『그랜드캐니언, 오래된 지구의 기념비』(새물결플러스 역간, 2018).

홍수에 잠긴 세상은 오늘날 어떻게 보일까? 홍수 지질학의 한 인기 있는 옹호자는 전 세계적인 홍수가 "땅에 묻혀 있는 수많은 죽은 것들"을 퇴적시켰을 것이라고 즐겨 말한다. 실제로 약 4백 년 전에 암석을 최초로 연구한 르네상스 시대 과학자들은 화석이 성경의 대홍수의 증거라고 가정했다. 레오나르도 다 빈치(1452-1519)는 오늘날의 해변에 있는 조개껍데기의 배열을 암석 속에 포함된 화석과 비교하여 화석은 격변에 의해 멀리 운반된 적이 없다고 결론지었다. 그 후 오랜 기간의 연구와 발견을 통해 자연 과학자들은 성경의 홍수가 암석을 만들고 지형을 형성하는 원인이 되지 않았음을 깨닫게 되었다.

지질학자들은 오늘날의 변화 과정과 오래된 암석들에 대한 관찰을 통해 암석의 순환이라는 개념을 발전시켜왔다. 다양한 종류의 암석들 사이의 상호 관계는 다양한 종류의 암석 형성 및 재순환 과정을 나타냈다. 화성암은 마그마나 용암에서 결정화되고, 퇴적암은 보다 오래된 암석에서 풍화된 (석회암은 바다의 조개껍데기가 축적된) 입자들로 구성되어 있으며, 변성암은 보다 오래된 암석으로부터 열과 압력을 통해 변형된다. 퇴적암은 고대 생명체(화석과 발자국), 퇴적 과정(연흔, 건열, 우흔, 침식면 등과 같은 층리 구조), 심지어 과거의 기후 조건(암석 내의 생물학적·화학적 구성 요소) 등의 증거를 포함하고 있기 때

문에 지표면의 상태에 대한 역사적 기록을 제공한다.[3]

퇴적암의 두께는 대륙과 대양 분지에 따라 크게 다르다. 북미 대륙에는 콜로라도 고원 지역과 같은 곳들이 있는데 그런 곳의 퇴적 암층은 두께가 7,600m가 넘는다! 많은 사암 및 이판암층은 오래전에 사라진 산악지대의 노출된 암석에서 침식된 모래와 점토 퇴적 입자들로 구성되어 있다. 다른 지층들은 대륙을 간헐적으로 뒤덮은 얕은 바다에서 축적된 조개껍데기 파편들과 진흙으로 된 석회질 퇴적물로 구성되어 있다. 멕시코만은 북아메리카에서 쓸려나온 퇴적물로부터 축적된 12,000m가 넘는 높이의 퇴적물을 품고 있고 막대한 양의 해수가 증발해야만 형성될 수 있는 1,500m 높이의 소금을 함유하고 있다.[4] 이런 식의 전 세계적인 층서학적 정보를 바탕으로 주류 지질학자들은 지난 250년 동안 퇴적암에는 수억 년에 걸친 퇴적 기록이 보존되어 있다는 일치된 의견에 도달했다.[5]

홍수 지질학자들은 동일한 전 세계적인 층서학적 정보를 창세기 7-8장에 서술된 전 세계적인 홍수를 뒷받침하는 증거로 재해석

---

3 다음 책은 독자 대중들을 위해 이러한 특징들을 설명하고 예시한다. Hill, *Grand Canyon*.

4 John M. Armentrout, "Sedimentary Basin Analysis," *Treatise of Petroleum Geology/Handbook of Petroleum Geology: Exploring for Oil and Gas Traps*, ed. E. A. Beaumont, N. H. Foster (Tulsa: American Association of Petroleum Geologists, 1999), p. 4-1—4-123.

5 Martin J. S. Rudwick, *Earth's Deep History: How It Was Discovered and Why It Matters* (Chicago: University of Chicago Press, 2014), 360.

한다. 그들의 시나리오에 따르면 수위가 급격하게 올라간 물은 홍수 이전의 지형을 일소하고 물이 가장 높은 산을 뒤덮을 때 물 밑에서 움직이던 급류에 의해 재분배된 퇴적 입자를 만들어냈다. 급류는 며칠 또는 몇 달 만에 엄청난 양의 모래를 대륙들을 가로질러 운반했다. 실제로 수없이 많은 사체가 부패하여 급류 아래의 수천 미터에 이르는 퇴적물 속에 묻혔고 퇴적물은 신속히 퇴적암으로 굳었다.

지질학과 홍수에 관한 이 두 가지 상반된 견해—'증거가 없다'와 '전부 다 증거다'—를 어떻게 검증할 것인가? "전 세계적인 홍수에서 어떤 결과가 예상되는가?"라는 질문에 대해 우리는 먼저 홍수의 수문학에 대해 창세기에 쓰여 있는 내용이 정확히 무엇인지부터 고찰해야 한다. 홍수의 원천에는 "큰 깊음의 샘들…하늘의 창문들"이 포함된다(창 7:11). 비는 물이 땅을 뒤덮었던(땅에 넘친) 150일 중에 처음 40일 동안 계속 내렸다(창 7:12, 24). 바람이 땅 위에 불고 "깊음의 샘과 하늘의 창문이" 닫히고 나서 그다음 150일 동안 물은 땅에서 물러간다(창 8:1-3). 땅이 마르는 데는 그 뒤로 70일이 더 걸렸다(창 8:14). 우리는 해발 고도 5,137m인 아라랏산을 덮기 위해 물이 얼마나 빨리 솟아올랐는지를 계산할 수 있다. 150일 동안 물은 하루 평균 약 34m씩 솟아올라야 했을 것이다(그리고 그 물은 150일 동안 거의 같은 속도로 빠져야 했을 것이다).

이 이야기에서 묘사된 현상에 대해 어떻게 말할 수 있는가? 다른 곳에서 우리는 이 이야기가 평평한 땅 아래에는 지하수가 있고 하늘 문을 열면 궁창 위에 매달려 있는 물이 쏟아질 수 있다는 고대의 우주론을 반영한다는 점을 언급했다. 풍부한 지하수를 내는 샘들은 (카르스트 지형으로 알려진) 복잡한 지하 균열 구조를 지닌 석회석 기반암으로 인해 메소포타미아와 그 주변 고지 전체에 널려 있다. 이 샘들은 유프라테스강과 티그리스강의 지류에 흘러들며 계절성 홍수가 나는 동안에는 팽창한다고 알려져 있다.[6] 그러나 전 세계적인 홍수가 나려면 전 세계적으로 물이 땅에서 흘러나오고 하늘에서 떨어져야 할 것이다. 현재의 지구 시스템에 대해 우리가 아는 바로는 그런 짧은 시간에 비나 지하수로부터 그렇게 많은 물이 나오는 현상을 설명할 수 있는 것이 아무것도 없으므로 홍수 지질학자들은 홍수 이전의 지구가 우리가 오늘날 관찰하는 지구와는 매우 달랐다고 주장한다. 그들은 성경의 내러티브에서 발견되지 않는 현대의 지질학적 개념을 적용하고, 고대 근동의 본문 이해를 초월함으로써 지각 심층부나 상부 맨틀에 있는 어떤 거대한 저수조에서 물이 솟아나는 해저의 파쇄대와 열곡을 큰 깊음의 샘과 동일시한다.

그렇지만 홍수 이전의 지구는 과연 얼마나 달랐는가? 성경의 내러티브에는 홍수 이전과 이후에 지형이 어떻게 바뀌었는지에 대한 구체적인 내용이 없다. 홍수 이전에도 산들이 있었다. 물은 산들을 뒤덮

---

6 Carol A. Hill, "Qualitative Hydrology of Noah's Flood," *Perspectives on Science and Christian Faith* 58 (2006): 120-29.

었다. 물은 육지 지형에서 빠져 바다로 돌아갔다. 노아는 자기 집 뒤뜰이나 여행이 시작된 데서 분명히 멀지 않은 곳에서 하선한 것처럼 보인다. 그러나 홍수 지질학자들은 홍수 기간에 온 지구가 사실상 다시 만들어졌다고 주장하며 대륙 이동이나 판 구조론 같은 주류 지질학적 개념들을 자신들의 시나리오에 적용한다. 그들은 지각의 물리적 제약과 역학적 성질을 무시하면서 하루에 8-16km의 속도로 움직이는 지각판을 상상한다(현재 지각판은 해마다 몇 센티미터의 속도로 움직인다). 흥미롭게도 홍수 지질학자들은 홍수 기간에 물리적 과정의 진행에서 하나님의 초자연적 개입에 호소하는 것을 피한다.

전 지구적인 홍수를 홍보하는 한 주요 단체는 다섯 가지 범주의 지질학적 증거를 제안한다. 전반적으로 보기에 이 증거는 직관적으로는 합리적이다. 그러나 주의 깊게 분석해보면 각각의 주장은 지질학에 관해 실제로 알려진 내용을 잘못 표현하고 있다.

1. 해발 고도 위의 암석에 포함된 바다 조개껍데기 화석. 홍수 지질학자들은 해수가 대륙 위로 흘러넘치지 않았다면 풍부한 해상 화석의 잔해를 포함하고 있는 퇴적암이 어떻게 해발 고도 수천 미터 위에 퇴적될 수 있었겠느냐고 질문한다. 그러나 오늘날 지구상에는 매우 두꺼운 퇴적물과 퇴적암이 해수면 아래 대륙 지각 위에 쌓여 있는 곳이 많다.[7] 층층이 쌓인 퇴적물들이 퇴적될 때 각 층은 단단히

7 몇 가지 예만 들자면 대서양과 멕시코만을 둘러싼 대륙붕 전체, 영국과 노르웨

다져지고 그 아래에 깔린 지각은 얇은 매트리스 위에 무거운 책들을 쌓아놓은 것처럼 짓눌린다. 이런 과정을 통해 몇 마일 두께의 퇴적물이 꽤 일정한 깊이를 유지하는 수역에 축적될 수 있게 된다(그와 같은 좋은 예는 오늘날의 멕시코만이다). 지체 구조운동은 퇴적암층을 포함하고 있는 대륙 지각을 해수면 위로 솟아오르게 할 수 있다. 산악지대의 화석을 포함하고 있는 암석들은 과거에 몇 번의 지각 융기 사건이 일어나는 동안 (습곡과 단층으로) 변형되었다. 콜로라도 고원과 같은 곳은 (평평한 판이 습기를 머금으면 휘어질 수 있는 것처럼) 광범위한 변형 없이 폭넓은 지각의 곡륭(曲隆)을 경험했다.

2. 대륙 전체에 포진한 암석 지층들. 지질학자들은 다양한 퇴적암층을 대륙을 가로지르는 먼 거리에 걸쳐 수평적으로 추적할 수 있는 서로 다른 층들로 지칭한다. 홍수 지질학자들은 전 지구적인 홍수만이 퇴적물들을 대륙을 넘어 운반할 수 있었을 것이라고 추론한다.[8] 많은 퇴적암층이 대륙의 광대한 지역을 뒤덮고 있지만 홍수 지질학자들이 주장하는 것처럼 이쪽 끝에서 저쪽 끝까지 대륙 전체를 뒤덮고 있는 단일 지층은 존재하지 않는다. 사실 자세한 지질도를

이 사이의 북해, 호주와 파푸아뉴기니 사이의 카펀테리아만, 남중국해 등이 그와 같은 예에 속한다.

8 사실 주요 수계들은 국지적인 홍수가 일어나면 대륙을 가로지르는 엄청난 거리로 퇴적물들을 운반한다. 그러나 미네소타주의 모래 알갱이가 미시시피강 삼각주에 도달하려면 얼마나 오랜 시간(수십 년, 수백 년, 수천 년?)이 걸릴지 생각해보라.

그려 보면 암석층들이 마치 잔디밭에 쌓여 있는 낙엽처럼 서로 중첩되어 있는 것을 볼 수 있다. 주류 지질학자들은 하나의 거대한 홍수의 증거를 찾은 것이 아니라 해수면 높이가 현재보다 최대 120m 정도 위아래로 오르내린 시기가 여러 번 있었다는 풍부한 증거를 발견했다.[9] 현재 해수면 위에 존재하는 이런 퇴적층들을 낳은 것은 바로 낮은 대륙 지각(첫 번째 요점을 보라)과 높은 해수면의 조합이다.

3. 대륙들을 가로질러 운반된 모래의 신속한 퇴적. 대륙들 곳곳에 걸친 모래의 퇴적은 그랜드캐니언에 있는 한 특정한 암층인 코코니노 사암에 대한 홍수 지질학자들의 연구와 관련이 있다. 주류 지질학자들은 암석층에 있는 층리 구조와 작은 동물 발자국이 고대의 사구가 있었던 사막 환경을 나타낸다고 해석한다. 이 암층은 그랜드캐니언에서는 두께가 180m에 이르고 애리조나주 남쪽으로는 두께가 300m에 이른다. 모래 입자는 보다 오래된 기반암의 한 근원에서 서쪽과 북쪽으로 약 960km 떨어진 퇴적 장소(오늘날의 유타주와 와이오밍주)까지 강에 의해 운반된 것으로 보인다. 홍수 와중에 사막의 암석이 퇴적된 것은 홍수 지질학과 관련한 한 가지 문제점이므로 홍수 지질학자들은 이 모래가 깊은 물 속에서 시속 3-6km 급류에 의해 운반되었을 것이라고 해석한다.[10] 1년이라는 홍수 기간에 끼워 맞추려면 코코

9 Kenneth G. Miller et al., "The Phanerozoic Record of Global Sea-Level Change," *Science* 310 (2005): 1293-98.

10 Andrew A. Snelling, "Sand Transported Cross Country: Flood Evidence Number

니노 층이 며칠 안에 퇴적되어야 할 것이고 그렇게 되려면 두께가 수백 미터, 폭이 수백 킬로미터에 이르는 모래 덩어리가 수천 평방 마일에 걸쳐 시속 수 킬로미터 속도로 이동해야 한다![11] 이런 천재지변적인 퇴적 시나리오는 가냘픈 동물 발자국들이 어떻게 층리 속에 풍부하게 보존될 수 있었는지를 제대로 설명해주지 않는다.

지구상의 한 지역에 있는 두께 7,600m 또는 다른 지역에 있는 두께 12,000m의 퇴적물이 퇴적되는 데 필요한 엄청난 퇴적 속도를 생각해보라. 퇴적이 150-200일에 걸쳐 발생했다면 이는 해저에 매일 약 45-60m 두께의 퇴적물이 쌓였음을 의미한다! 광범위한 홍수 지질학의 어떤 견해에 의하면 그랜드캐니언에 노출된 지층들은 홍수가 난 해의 처음 150일 동안의 홍수에 의한 초기 퇴적을 나타낸다. 따라서 약 1,200m 두께의 퇴적물이 하루에 약 7m, 즉 한 시간에 약 30cm의 평균 속도로 그곳에 퇴적되었을 것이다.[12]

4. 빠르게 연속적으로 만들어진 지층들. 또 다른 문제점은 지층 속에 존재하는 경사가 최대 90도에 이르는 습곡이 발생한 두꺼운 일련의 퇴적암층이다. 홍수 지질학자들은 취성 파괴(brittle fracture)의

Four," *Answers* 3, no. 4 (2008): 96-99.

11 Timothy K. Helble, "Sediment Transport and the Coconino Sandstone: A Reality Check on Flood Geology," *Perspectives on Science and the Christian Faith* 63, no. 1 (2011): 25-41.

12 같은 책.

증거를 관찰하지 않기 때문에 지층들이 빠르게 연속적으로 쌓인 뒤에, 퇴적물이 단단한 암석으로 굳어지기 전에 습곡 작용이 발생했다고 주장한다.[13] 사실 주류 지질학자들은 이런 암석들에서 지층들 사이의 표면을 따라 취성 파괴와 미끄러짐이 발생한 풍부한 증거를 발표해왔다.[14] 장기간에 걸쳐 암석에 높은 수준의 압력이 가해지면 이러한 종류의 변형이 단단한 암석에서 발생할 수 있다.

5. 느린 속도의 점진적인 침식은 없다. 퇴적암층이 홍수 아래서 빠르게 연속적으로 퇴적되었다면 퇴적암층 사이나 그 안에 침식 혹은 공기 노출의 증거가 없어야 한다. 그러나 부정합(不整合)이라고 불리는, 일련의 퇴적암 지층들 사이에서 침식이나 무퇴적의 증거를 보여주는 접촉면들은 모든 대륙에서 흔하게 발견된다. 홍수 지질학자들은 그랜드캐니언에 있는 층들 사이의 '칼날' 같은 접촉면들을 암석의 순서상 위부터 아래까지 중단 없이 연속적으로 퇴적이 일어난 증거로 언급한다. 그들은 대부정합이라고 알려진, 그랜드캐니언의 지층 순서상 단 하나의 중요한 부정합만을 홍수 퇴적의 시작을 보여주는 것으로 인정한다. 그러나 그랜드캐니언의 1,500m에 이르는 일련의 퇴적암층에는 최소한 19회의 입증된 부정합이 있다! 그

---

13 Snelling, *Earth's Catastrophic Past*, 599-601.

14 Louis Cyril Niglio, "Fracture Analysis of Precambrian and Paleozoic Rocks in Selected Areas of the Grand Canyon National Park, USA" (master's thesis, University of Oklahoma, Norman, 2004), 68.

와 같은 두 개의 층간 접촉면에는 아래에 깔린 지층들이 퇴적되고 그 위쪽 면이 침식된 뒤에 형성된 장대한 매몰 수로가 나타난다! 나중에 이 수로들은 위에 쌓인 지층에서 나온 퇴적물로 뒤덮였다. 주류 지질학자들은 이것을 (해수면이 지난 2백만 년에 걸쳐 빙하기 동안 여러 번 백 미터 높이로 상승과 하강을 반복한 것과 비슷하게) 여러 대륙에 걸쳐 장기간의 해수면 상승과 하강이 발생한 증거로 간주한다. 지층 위쪽 표면상의 침식을 보여주는 그러한 지층 중 하나는 레드월 석회암이다. 우리는 수로를 따라 나중에 무너졌거나 위에 쌓인 지층에서 나온 퇴적물로 덮인 고대의 용식함지와 동굴들을 발견한다.[15] 민물 지하수가 수천 년에 걸쳐 가용성 암석을 용해시키면 단단한 석회암 속에서 동굴이 형성된다. 부정합과 고대 동굴의 증거는 느리거나 점진적인 침식 없이 신속한 퇴적이 일어났다는 홍수 지질학의 해석을 부정한다.

홍수 지질학이 지닌 다소 심각한 한 가지 문제점은 몇 가지 일반적인 유형의 퇴적암(예. 멕시코만의 두꺼운 소금 퇴적물)의 많은 양과 분포 상태를 설명하는 일과 관련이 있다. 이판암은 지구상에서 가장 풍부한 퇴적암이다(50% 이상). 이판암과 그 밖의 이암을 구성하는 점토 광물은 보다 오래된 화성암에 풍부한 장석과 운모를 포함해서 광

15 George H. Billingsley, Stanley S. Beus, "Geology of the Surprise Canyon Formation of the Grand Canyon, Arizona," *Museum of Northern Arizona Bulletin* 61 (1999): 254.

물들의 화학적 풍화에서 비롯된다. 이와 대조적으로 사암과 실트암의 주된 광물인 석영은 화학적 풍화가 일어나는 동안 변성되지 않는다. 점토는 기반암 위에 있는 표토에 누적된다. 토양 침식은 바람과 물에 의해 점토를 호수나 바다로 운반하며 거기서 점토는 잔잔한 물 속에서 부유 상태를 벗어나 가라앉는다(난류는 점토를 부유 상태에 머물게 한다). 지각의 가장 풍부한 암석 속에 들어 있던 모든 점토는 먼저 토양 형성 과정을 통해 만들어지고 나서야 비로소 퇴적될 수 있었다. 지구상의 모든 흙은 역사상의 어느 순간에도 이 모든 암석을 만들어내기에 충분한 점토를 제공할 수 없었다! 홍수 지질학자들이 그토록 자주 떠벌린 홍수의 오르락내리락하는 난류는 점토 입자들을 항구적으로 부유 상태에 머물게 할 가능성이 컸을 것이다.

석회암은 온전한 껍데기, 깨진 껍데기, 석회질의 진흙으로 구성되어 있다. 석회암에 들어 있는 껍데기들은 동물들과 석회조류가 해저에서 생활한 곳에서 멀리 운반되지 않았다. 대부분 유형의 오래된 석회암은 바하마 해안 대지, 플로리다만, 페르시아만, 그레이트 배리어 리프 같은 오늘날의 해안 지대에 쌓인 퇴적물과 비교할 수 있다. 이런 석회암들은 간조면 아래와 간조와 만조 사이 갯벌 위의 얕은 물에서 형성된다. 지구상의 모든 조개는 역사상 어느 순간에도 전 세계에 있는 석회암의 총 두께를 만들어내기에 충분한 석회질 퇴적물을 제공할 수 없었다. 석회질 퇴적물이 밀려오는 홍수에 의한 보다 오래된 석회암의 침식에서 유래될 수도 없었다. 동굴과 용식함지를 기억하는가? 석회암은 매우 부드럽고 용해가 잘 되기 때문에 석회암의 풍화로는 많은 퇴적물을 만들어내지 못한다.

우리는 다음과 같은 질문으로 이 명제를 시작했다. 창세기의 홍수가 온 땅을 덮어서 모든 지형지물이 물에 잠겼다면 침식과 퇴적의 중요한 증거가 있어야 하지 않는가? 전 지구적인 퇴적암 기록이 전세계적인 홍수와 일치하지 않는다면 어떤 종류의 증거가 그러한 홍수에 더 유리할까? 이는 대답하기 어려운 질문이다. 전 세계적인 홍수에 어떤 물리적 과정이 동반되었을지 생각해내기가 극히 어렵기 때문이다. 그런 규모의 사건은 현대의 과학 연구에서는 관찰된 적이 없다. 우리가 할 수 있는 최선은 보다 국지적으로 발생한 가장 재앙적인 홍수에 대한 관찰을 '확대시켜' 보는 것이다. 예를 들어 인도양(2004)과 일본(2011)을 강타한 최근의 파괴적인 지진 해일은 빠르게 솟구쳐 먼 거리를 가로질러 오는 물에 대해 약간의 단서를 제공해준다. 육지 쪽으로 몇 킬로미터를 시속 15-30km의 속도로 밀려오는, 일반적인 해수면보다 최대 30m나 높은 지진 해일로 인한 파도는 인공 구조물을 쉽게 파괴할 수 있다. 그러나 지질학자들은 지진 해일로 인한 퇴적물이 일반적으로 두께가 25cm 이하이며 그 이전의 지형과 일치한다(즉, 지형적으로 어떤 중요한 변화도 일으키지 않는다)는 사실을 발견했다.[16] 해안가의 큰 폭풍도 해안에서 육지 쪽으로 물이 밀어

16 Robert A. Morton, Guy Gelfenbaum, Bruce E. Jaffe, "Physical Criteria for

닥치게 하지만 폭풍으로 인한 퇴적물은 약간 더 두꺼울 뿐이며 해안과 근처 해변에만 국한된다.

우리는 150일 만에 가장 높은 산까지 물에 잠기려면 물이 하루에 30m 넘게 솟아올라야(반대의 경우는 대략 그와 같은 속도로 수위가 낮아져야) 한다고 추정했다. 이는 특히 방주에 있지 않은 사람이면 누구에게나 극적인 수위 상승처럼 보이지만 물이 불어나거나 빠지는 동안 그렇게 많은 퇴적물이 전부 만들어지거나 매우 멀리 이동하기란 불가능하다. 지질학적 침식 작용은 대부분 물과 땅의 접촉면(수위가 상승하는 해안선)에서 발생하겠지만 밀려오는 지진 해일의 경우와 마찬가지로 침식으로 인해 다량의 퇴적물이 나올 시간은 많지 않다. 더구나 전형적인 지진 해일의 경우에 시속 15km의 속도(이는 하루 평균 360km와 같다)라면 이는 전 세계적인 홍수의 수위 상승 또는 하강 속도에 대한 우리의 추정치보다 약 1,200배 빠르다. 하루당 30m의 속도는 모래 알갱이를 옮기기에도 너무 느리다.[17]

지표면 위로 솟아오르는 홍수의 영향은 다양한 고도와 깊이에서 지표면과 해저면의 비율을 보여주는 그래프인 고도분포 곡선으

Distinguishing Sandy Tsunami and Storm Deposits Using Modern Examples," *Sedimentary Geology* 200 (2007): 184-207.

17 하루당 30m는 초속 0.04cm와 같다. 퇴적 입자 운동에 대한 실험 및 야외 실습 관찰을 통해 볼 때 모래 입자를 운반하는 데는 초속 10-100cm의 해류 유속이 필요하다(모래 크기는 직경이 1/16-2mm다).

로 설명할 수 있다(그림 1을 보라). 홍수가 해수면 위로 솟아오르기 시작하면 지구의 총 표면적의 약 20% 내지 지구의 총 육지 면적의 약 70%를 나타내는 보다 낮은 고도를 넘어설 것이다. 보다 낮은 고도는 큰 표면적에도 불구하고 심한 침식을 일으키지는 않을 것이다. 앞에서 논의한 수면 상승 속도라면 침식은 지표 물질에만 국한되고 단단한 기반암은 대체로 그대로 남을 것이다. 지구의 총 표면적 중 10% 또는 지구의 총 육지 면적 중 약 30%만이 육지 평균 고도 위에 있다. 고지대 표면적은 퇴적물을 덜 만들어내겠지만 사면이 가파를수록 확실히 침식 능력은 더 커진다. 높은 고도에서 만들어진 퇴적물 중 일부는 더 낮은 고도로(그러나 일반적인 해수면에서 멀지 않은 바다로) 쓸려갈 가능성이 크다. 물이 빠지는 150일 동안에는 더 많은 퇴적물이 침식되어 더 낮은 고도로 운반되겠지만 역시 홍수가 빠지는 속도는 퇴적물을 침식시키거나 운반하기에는 그다지 효율적이지 않다.[18] 이러한 사고 훈련은 1년간의 전 세계적인 홍수 기간에 전 세계의 여러 장소에서 발견되는 수만 피트에 이르는 퇴적물이나 퇴적암과 비슷한 것은 아무것도 만들어지지 않을 것을 의미한다.[19]

18 퇴적물의 재분배에는 밀려오고 빠져나가는 홍수에 의한 침식 외에 다른 해저의 물리적 과정이 포함될 수도 있다. 홍수 지질학자들은 그랜드캐니언에 있는 몇몇 암석층들에 대해 해저 산사태와 중력류(혼탁류)를 주장한다. 그러나 여기서의 사고 훈련은 재분배할 퇴적물이 그리 많지 않을 것임을 보여준다.

19 홍수 지질학자는 홍수 이전 세상의 고도 분포의 윤곽은 지금과 달랐을지도 모르고 지질 구조상의 융기가 홍수 기간에 땅덩어리의 높이를 높이거나 낮추었을 것이

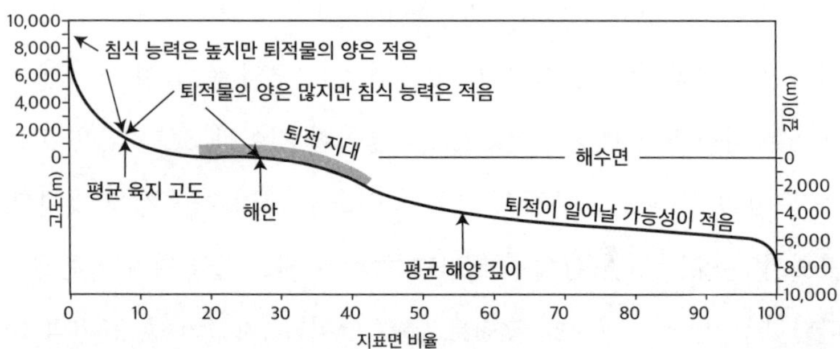

[그림 1] 수위가 상승하거나 하강하는 전 세계적인 홍수가 퇴적물을 만들어내고 퍼뜨릴 수 있는 잠재적 능력을 적용한 고도분포 곡선. 성경의 내러티브에 따른 수위 상승 및 하강 속도로는 전 세계에 분포한 퇴적암의 양을 만들어내지 못할 것이다.

전 세계적인 홍수가 일어난 지질학적 증거는 존재하는가? 지질학은 이 질문을 일차적인 목표로 삼아 시작되었다. 초창기의 지질학자들, 특히 19세기 중엽의 지질학자들은 그들이 연구한 두꺼운 퇴적암층이 노아 홍수로 퇴적된 것이 아니라는 사실을 알아냈다. 그 대신 이 암석들이 오늘날의 지구에서 일반적으로 관찰할 수 있는 과정을 통

라고 대답할지도 모른다(앞에서 우리는 빠른 속도의 판구조론을 언급했다). 그러나 홍수 기간에 솟아올랐다는 산들은 대개 홍수에 의해 퇴적되었다고 주장되는 단단한 퇴적암을 포함하고 있다!(다빈치는 이를 500년 전에 관찰했다) 홍수 밑에서 솟아오르거나 침강하는 땅덩어리들은 우리가 오늘날 관찰하는 퇴적암의 대량 형성 및 분포라는 결과를 가져오지 않았을 것이다. 이는 전 지구적인 홍수를 주장하는 해석이 지닌 여러 가지 내적인 모순점 중 하나에 불과하다.

해 엄청나게 오랜 기간에 걸쳐 퇴적되었다고 결론지었다. 현대 지질학자들은 지구의 역사와 동적 구조에 대한 훨씬 더 광범위한 지식을 가지고 그러한 관점에 동의한다. 홍수 지질학은 암석 기록을 창세기의 홍수 이야기에 고도로 공을 들인 해석과 일치하도록 재해석하려는 시도다. 홍수 지질학의 동기는 오로지 성경이 전 세계적인 홍수를 요구한다는 신념이다. 홍수 지질학 옹호자들은 성경의 이야기에 언급되지도 않았고 자연 속에 분명히 나타나지도 않는, 홍수에 수반된 지질학적 과정에 대한 추론적 가정에 호소한다. 우리는 성경의 이야기가 전 세계적인 홍수를 요구한다고 생각하지 않으며, 어떤 특정한 고대의 암석 형성 과정이나 오늘날 지형의 특징에서 그런 홍수의 지질학적 증거를 발견한 것도 아니다.

명제 16

세계 곳곳의 홍수 이야기들은 한 번의 전 세계적인 홍수를 입증하지 않는다

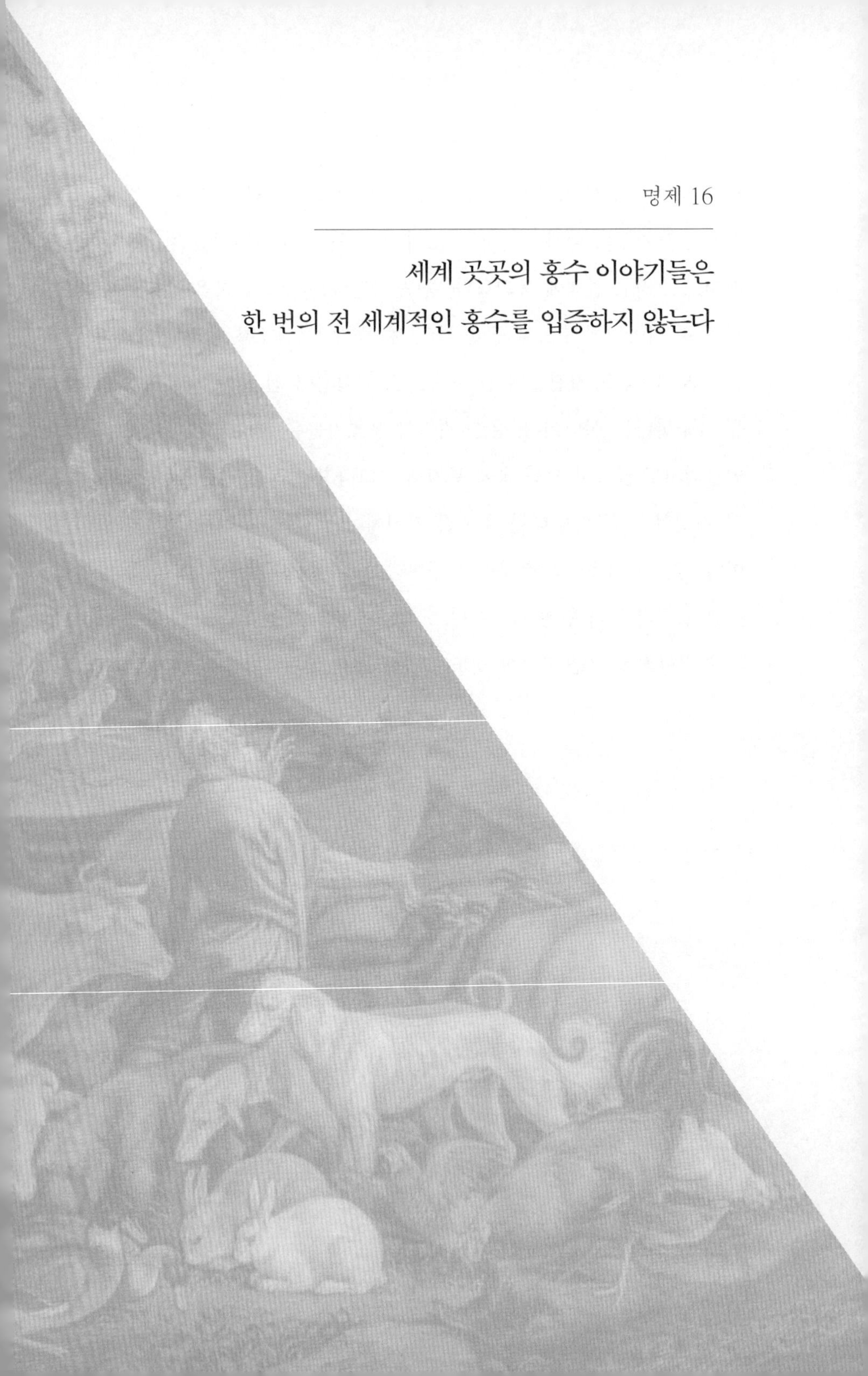

아마도 독자들은 세계 곳곳에 홍수 이야기가 존재한다는 이야기를 들어본 적이 있을 것이고 그것은 사실이다.[1] 그러나 아마도 그 정보는 그러한 홍수 이야기들이 전 세계적인 홍수가 있었음을 입증한다는 주장을 하는 데 이용되었을 것이고 그런 주장은 거짓이다.

세계 곳곳에 많은 홍수 이야기가 있지만 그 이야기들은 대부분 홍수가 일어날 가능성이 높고 잦은 홍수를 경험하는 곳에서 나온 것이다. 어떤 사람들은 이를 이 모든 이야기가 한 번의 전 세계적인 홍수로 거슬러 올라가며 사람들이 궁극적으로 노아와 그의 세 아들로 거슬러 올라가는 이야기를 가지고 전 세계로 흩어지면서 후대에 전해졌으며 그 이야기를 한 번만 읽어보면 그들이 곧 오늘날 살아 있는 모든 이들의 조상임을 이해하게 될 것이라는 주장의 근거로 사용한다. 따라서 아메리카, 호주, 태평양제도, 유럽(많지는 않지만 고대 그리스와 중세의 이야기들), 아프리카(많지는 않음), 아시아(많지는 않음)에 홍수 이야기가 존재한다는 것은 전 세계적인 홍수의 존재를 입증해 줄 것이라고 말한다.

이러한 주장은 대체로 찰스 마틴(Charles Martin)이 그의 대중적

1 이러한 홍수 이야기들에 대한 오늘날의 초기 모음집은 다음 책에서 찾아볼 수 있다. J. G. Fraser, *Folk-Lore in the Old Testament: Studies in Comparative Religion, Legend, and Law* (1918; repr., New York: Macmillan, 1927), 46-143. 다음 책들도 함께 보라. T. H. Gaster, *Myth, Legend, and Custom in the Old Testament* (New York: Harper Torchbooks, 1969), 82-131. Lloyd R. Bailey, *Noah: The Person and the Story in History and Tradition* (Columbia: University of South Carolina Press, 1989), 5-10.

인 책 『홍수 전설: 한 공통된 사건에 대한 전 세계적인 단서』에서 말한 내용이다.[2] 그는 신화의 배경에는 사건이 있다고 믿는다. 다음으로 그는 세계 곳곳에 많은 홍수 신화가 있다는 점을 지적하고 인기 있는 '전화' 놀이에서 따온 명칭인 '전화 신화학'이라는 개념을 도입한다. 전화로 누군가가 다른 사람의 귀에 말을 하고 그 사람은 돌아서서 그 말을 또 다른 사람에게 전해주는 과정이 반복된다. 그러면 메시지는 계속 전해지지만 그 과정에서 아마도 기본적인 개념을 제외하고는 메시지도 바뀔 것이다. 이 과정은 시간이 흘러 여러 민족이 노아와 그의 세 아들에게서 나오고 서로 다른 민족 집단으로 쪼개지고 그 후 자기들만의 문화와 종교를 발전시키면서 많은 홍수 이야기들이 발전해오고 그것이 그들이 그 이야기를 하는 방식에 영향을 준 과정에 대한 그의 관점에 영향을 끼친다. 그렇더라도 그는 대홍수라는 기본적인 개념은 이런 다양한 이야기들 속에 계속 남아 있다고 주장한다. 특히 그는 「마하바라타」(인도[힌두교])의 홍수 이야기, 카리나족(베네수엘라 동부의 카리브해 인디언)의 홍수 이야기와 창세기를 비교한다. 우리는 이 세 가지 홍수 전설에 대한 그의 비교를 비판하는 대신 이런 접근 방식 전체에 대해 몇 가지 질문을 제기할 것이다.

2 Charles Martin, *Flood Legends: Global Clues of a Common Event* (Green Forest, AR: Master Books, 2009).

한마디로 마틴과 그와 비슷한 몇몇 사람들은 그다지 설득력 있는 주장을 펼치지 못한다. 첫째, 세계 여러 지역에 홍수 이야기가 존재한다는 사실이 곧 이 지역들에서 홍수를 경험했다는 의미는 아니다. 오히려 이 논리에 따르면 그 이야기는 홍수가 있었던 시대로부터 전해진 것이다. 다시 말해서 홍수 전설이 가령 국지적인 홍수보다 전 세계적인 홍수를 더 지지해주는 논거는 아닐 것이다.

홍수 이야기의 보편성에 대한 보다 합리적인 설명은, 재앙적이지만 국지적인 한 홍수가 사람들에게 너무나 깊이 각인되어서 전 세계적인 홍수 이야기로 문화를 초월하여 후대에 전해졌다는 것이다. 사실 성경의 (수사적으로) 전 세계적인 홍수의 배경에는 재앙적인 한 국지적 홍수가 있다는 우리의 관점이 옳다면 그 홍수는 다양한 민족들에게 매우 깊은 인상을 남긴 나머지 파급 효과를 통해 보다 널리 전해졌을 가능성이 다분하다.

둘째, 우리가 명제 7에서 연구한 고대 근동의 홍수 이야기들과 아마도 (똑같은 경험의 영향을 받았거나 고대 근동의 이야기에서 영향을 받았을지도 모르는)[3] 그리스의 홍수 이야기를 명백한 예외로 치면 대부분의 홍수 이야기에는 매우 피상적인 공통점, 즉 주로 생존자가 있는 홍수가 있었다는 공통점만 존재할 뿐이다. 많은 홍수 이야기들은 다

---

3 다음 책을 보라. M. Astour, *Hellenosemitica: An Ethnic and Cultural Study in West Semitic Impact on Mycenaean Greece* (Leiden: Brill, 1967).

양한 문화 속에서 그들 나름의 홍수에 대한 경험에 바탕을 두고 출현했을 가능성이 훨씬 더 높다. 어느 학자는 다음과 같이 말한다.

> 우리는 수많은 민족의 문학 속에 홍수 전설이 없다는 것을 알고 있다. 홍수 이야기는 아프리카에 거의 전혀 없고 유럽에는 이따금씩만 등장하며 아시아의 여러 지역에는 존재하지 않는다. 반면 아메리카, 호주, 태평양제도에는 널리 퍼져 있다. 게다가 알려진 홍수 전설 중 다수는 성경의 이야기와 근본적으로 다르며 성경 이야기나 다른 홍수 전설과 독립적으로 존재한다. 많은 이들이 전 세계적인 홍수를 전혀 알지 못하며 단지 국지적인 홍수만 알 뿐이다. 모든 홍수 이야기가 '야웨께 은혜를' 입은 한 사람이나 한 가족의 구조를 이야기하는 것은 아니다. 주인공들은 종종 신들의 개입 없이 배에 타거나 산에 오름으로써 스스로 목숨을 구한다. 더 나아가 몇몇 홍수 이야기만이 인간의 악함을 홍수의 원인으로 제시한다. 많은 경우에 홍수의 특징이나 홍수가 발생하는 방식에 대해서는 아무것도 말할 수 없다. 종종 폭풍이 홍수를 초래하며 때로는 비와 바다의 해일이, 가끔은 지진이 홍수를 초래한다. 구조된 이들은 단 한 사람(남자나 여자)일 수도 있고 한 부부, 한 가족 전체, 일정한 수나 불특정한 수의 사람들일 수도 있다. 몇몇 전설에서만 구원의 배에 탄 다양한 종의 동물들의 종자와 대표가 등장한다. 홍수가

지속된 기간이 제시될 경우에는 며칠부터 몇 년까지 다양하다.[4]

셋째, 대부분의 비슷한 홍수 이야기 중 다수는 중세 유럽의 이야기나 아메리카 원주민들의 이야기처럼 아마도 성경 이야기 자체에서 영향을 받았을 것이다. 선교사들이 성경의 홍수 이야기를 북미 원주민들에게 들려주었을 때 성경의 몇 가지 개념이 원주민들의 이야기 속에 결합되었을 수도 있다.

따라서 세계 각지의 홍수 전설의 존재가 전 세계적인 홍수가 있었다는 생각에 어떤 근거를 제공한다는 주장을 신뢰하는 것은 잘못된 생각으로 보인다. 본질적으로 이런 이야기들은 성경의 이야기에 대한 우리의 이해와 무관하다.

보충 설명: 오늘날의 노아 방주 찾기는 근거가 박약하다

이 주제는 로이드 베일리(Lloyd Bailey)의 철저하고 신중하게 균형 잡힌 평가 속에서 자세히 다루어졌다. 독자들은 거기서 모든 자세한 내용을 찾을 수 있으므로 우리는 그의 결론만 인용할 것이다.

방주가 현존한다는 이런 유형의 증거에 대한 탐구는…문제가 많다. 자

---

4 J. H. Marks, "Flood," *IDB* 2:280.

료는 보통 3차, 4차 자료다. 그중에 일부를 검증하는 데도 여러 해가 걸릴 수 있고 그렇게 걸렸다. 원본 문서는—실제로 존재한다 해도—보통 찾을 수 없다. 목격자로 추정되는 이들은 죽었고 따라서 그들의 말로 간주되는 보고들은 검증할 수 없거나 결정적인 내용을 분명히 밝힐 수 없다. 그런 보고들은 불일치로 가득하며 그중 어떤 것은 사소한 불일치지만 어떤 것은 신뢰성에 문제를 제기할 만큼 중요한 것이다. 몇몇 보고는 객관성에 대한 어떤 주장도 무력화할 정도로 귀에 거슬리는 논쟁적인 어조로 표현되어 있다. 몇몇 보고자들의 진실성을 의심하지 않는다면 그들이 관찰한 내용이 다시 진술될 때 내용이 추가된 것으로 보인다.[5]

5 Bailey, *Noah*, 88. 다음 책에서 인용했다. Walton, *Genesis*, 321.

명제 17

과학은 종교를 정화할 수 있고 종교는 과학을 우상숭배와 잘못된 절대적 원리로부터 정화할 수 있다*

* 이 장의 제목은 요한 바오로 2세의 다음과 같은 말을 각색한 것이다. "과학은 종교를 오류와 미신으로부터 정화할 수 있고 종교는 과학을 우상숭배와 잘못된 절대적 원리로부터 정화할 수 있다." "To the Reverend George V. Coyne SJ, Director of the Vatican Observatory," June 1, 1988, http://w2.vatican.va/content/john-paul-ii/en/letters/1988/documents/hf_jp-ii_let _19880601_padre-coyne.html.

우리도 독자들이 우리가 현대 과학에서 단서를 취하고 있는 것처럼 보이는 부분에 대해 우려를 표하고 있음을 잘 알고 있다. 그들은 이렇게 질문할지도 모른다. "성경은 과학을 능가하지 않습니까?" 결국 성경은 인간에게 주어진 하나님의 말씀이고 따라서 언제나 참이다. 과학은 인간적인 노력이고 따라서 인간의 온갖 오류와 잘못에 영향받기 쉽다.

우리는 이미 성경은 그것이 가르치려 하는 모든 것에서 진실로 오류가 없다는 견해에 대한 긍정을 역설했다. 또한 어떤 인간의 기획도 계산 착오와 오류에 빠질 수 있다는 데 동의한다. 그러나 이런 식으로 성경과 과학을 대립시키는 것은 한 가지 이상의 이유에서 문제가 있다.

첫째, 정통 기독교는 전통적으로 하나님의 진리를 '두 책'으로 보는 관점을 긍정해왔다. 하나님은 성경과 자연 속에서 자신을 계시하신다. 진리를 두 책으로 보는 접근 방식은 고전적인 개혁파의 벨기에 신앙고백서에 잘 표현되어 있다.

> 우리는 두 가지 방법을 통해 그분을 안다. 첫째, 우주의 창조, 보존, 통치를 통해서다. 이는 우리 눈앞에 가장 우아한 책으로 존재하며 그 속에서 크고 작은 모든 피조물은 바울이 로마서 1:20에서 말하는 대로 우리에게 하나님의 보이지 않는 것들, 즉 그분의 능력과 신성을 묵상하도록 인도하는 너무나 많은 등장인물들이다. 그 모든 것이 사람들을

설득하기에 충분하며 그것들을 그대로 두는 것은 변명의 여지가 없다. 둘째, 그분은 자신의 거룩하고 신적인 말씀을 통해서, 즉 우리가 현세에서 그분의 영광과 우리의 구원을 아는 데 필요한 만큼 자신을 보다 분명하게, 충분히 우리에게 알리신다.[1]

이 통찰력 있는 논평은 신학자들로 하여금 모든 사람을 향한 일반계시와 성경을 통해 오는 특별계시를 구별하게 하며 특별계시는 구원을 위해 필요하다. 그러나 일반계시도 우리에게 진리를 계시하며 두 책 모두 궁극적으로 하나님이 '쓰신' 것이므로 제대로 이해한다면 궁극적으로 서로 충돌하지 않을 것이며 후자의 조건은 자연에 대한 이해 못지않게 성경 해석에도 적용된다.

우리가 과학적 수단을 통해 자연을 연구하기를 두려워해서는 안 되는 이유는 과학도 하나님의 진리를 반영하고 있으므로 둘 다 제대로 이해하면 과학은 결코 성경과 모순되지 않을 것이며 그 점은 다음과 같은 요점으로 이어진다.

둘째, 과학과 성경에 대한 우리의 이해는 해석의 결과임을 기억해야 한다. 우리는 자연에 대한 우리의 과학적 해석이 부정확할 수도 있다는 점을 알고 있고 이를 고려해야 한다. 하나님이 기적적인 방식으로 행동하셨다고 생각하거나 실제로 상황이 달랐다는 증거도

---

1 www.creeds.net/belgic에서 발견한 벨기에 신앙고백서 제2조.

없이 먼 과거에는 상황이 달랐다고 주장할 이유가 전혀 없을 경우 증거를 조작하거나 기적에 호소하지 않도록 주의해야 하지만, 과학적 결론에 의문을 제기하는 것은 정당하다.[2]

그러나 기독교인들이 잊기 쉬운 점은, 성경은 그것이 가르치려 하는 모든 내용에서 참이지만 우리의 해석이 언제나 옳은 것은 아니라는 점이다. 우리는 특정 본문을 아마도 완전히는 아니지만 어떤 중요한 점에서 잘못 이해했을 가능성을 받아들일 필요가 있다.

계속해서 예를 들면서 과학이 우리의 해석에 어떻게 도움을 줄 수 있는지에 대해 이야기하기에 앞서 여기서 잠시 성경의 명확성(명료성)을 주장하는 이들의 견해에 동의한다는 사실을 말해둘 필요가 있다. 우리는 개인으로서나 교회로서나 우리의 해석을 바꾸는 일에 대해 개방적이어야 한다. 더 나아가 종종 성경 그 자체의 바깥에 있는 어떤 것이 우리에게 어떤 본문의 의미를 더 분명히 이해시켜주기도 한다.

종교개혁 이래로 개신교 교회는 성경의 명확성과 충분성을 정확하고 열정적으로 변호해왔다. 명확성(perspicuity)은 명료성을 가리키는 전문적인 용어이며 성경은 명료하다. 불행하게도 어떤 독자들

2 불행하게도 이런 전략들은 자신들의 성경 해석을 변호하려는 시도로 주류 과학의 연구 결과를 훼손하려 애쓰는 이들이 종종 사용한다. 예를 들어 다음 책에 실린 K. Ham의 기고문을 보라. *Four Views on Creation, Evolution, and Intelligent Design*, ed. J. B. Stump (Grand Rapids: Zondervan, 2017).

은 이를 성경은 그것이 말하는 모든 내용에서 명료하다는 의미로 받아들인다. 웨스트민스터 신앙고백서에 나오는 다음과 같은 진술은 이 교리를 잘 보여준다.

> 성경에 있는 모든 것은 그 자체로 똑같이 분명한 것도 아니고 모두에게 똑같이 명료한 것도 아니다. 그러나 구원을 위해 알고 믿고 지킬 필요가 있는 것들은 성경의 이곳 또는 저곳에 너무나 분명하게 제시되고 공개되어 있어서 배운 사람들뿐만 아니라 못 배운 사람들도 일반적인 수단을 합당하게 사용하면 그에 대한 충분한 이해에 도달할 수 있다. (웨스트민스터 신앙고백서 1.7)

히브리어와 그리스어(그리고 약간의 아람어)는 번역되어야 하지만, 성경의 중요한 주요 메시지('구원을 위해 알고 믿고 지킬 필요가 있는 것들')에 관한 것들은 "성경의 이곳 또는 저곳에 너무나 분명하게 제시되고 공개되어 있어서" 서툰 번역자라도 그 메시지를 엉망으로 만들 수는 없을 것이다.

그러나 구원을 위해 알 필요가 있는 것은 무엇인가?

그것은 이런 것일 것이다. "나는 죄인이며 도움이 필요하다. 예수님은 나를 죄와 사망에서 구원하시려고 죽으시고 부활하셨으며 나는 그분을 믿어야 한다."

그렇다. 참으로 기본적인 것이다. 그리고 이는 성경에서 너무나 분명하게 가르치고 있어서 이 요점을 놓치기란 쉽지 않다.

이것은 복음이고 성경의 큰 이야기와 잘 들어맞으며 우리는 그 큰 이야기 또한 분명하다고 생각한다.

창조—(죄에 빠지는) 타락—구속—완성

이것이 창세기부터 요한계시록까지 성경의 기본적인 줄거리다. 하나님은 인간을 포함한 만물을 창조하셨고 인간을 도덕적으로 순결하게 창조하셨다. 인간은 하나님께 대한 반역을 선택했고 이는 죄와 사망의 존재를 설명해준다. 그 후 하나님은 인간 피조물을 그들의 죄에서 구속하심으로써 화해를 추구하셨다. (이것은 창 4장부터 계 20장까지 성경 대부분의 주된 요점이다.) 성경의 이야기는 미래의 완성(새 예루살렘[계 21-22장])에 대한 묘사와 함께 끝난다. 성경이 제시하는 이 큰 그림을 부정하는 것은 정말로 문제가 된다.

그러나 신앙고백서에서 진술하는 대로 (그 진술이 이런 말로 시작되는 것을 주목해보라) "성경에 있는 모든 것은 그 자체로 똑같이 분명한 것도 아니고 모두에게 똑같이 명료한 것도 아니다." 성경의 모든 내용이 다 명료한 것은 아니다. 우리는 구원에 필수적이지 않은 주제에 대해 우리와 다른 의견을 가진 사람들과 소통할 때 그 점을 기억할 필요가 있다.

홍수에 대한 견해—홍수는 전 세계적인 사건인가, 아니면 이 책에서 주장하는 것처럼 국지적인 사건인가, 홍수 이야기는 신학적인 메시지를 전달하기 위해 국지적 홍수를 전 세계적인 홍수로 묘사하는 데 과장법을 사용하고 있는가?—에 관한 한 우리는 복음의 핵심을 다루고 있는 것이 아니다. 우리의 의견이 서로 다른 것은 당연하다. 명확성의 교리는 서로 다른 우리의 해석으로 인해 위협받지 않는다.

성경의 충분성 교리는 '오직 성경'이라는 종교개혁의 원리에 바탕을 두고 있다. 우리의 구원에 대한 필요와 그 구원의 수단을 이해하기 위해 우리에게 필요한 것은 성경이 전부다. 우리가 자신이 죄인이며 그리스도께서 우리 죄를 위해 죽으시고 영광 중에 부활하셨다는 사실을 아는 데 성경 이외의 다른 자료(고대 근동 문헌, 과학적 통찰, 고고학적 발견 등)는 불필요하다.

그렇긴 하지만 성경의 충분성 교리가 성경 외의 자료들이 있으면 성경 본문의 원래 의미를 알고자 하는 우리의 욕구에 큰 도움을 얻을 수 있다는 점을 부정하는 것은 아니며 그것이 곧 이 책의 요점이다. 우리는 고대 근동의 홍수 이야기와 전 세계적인 홍수의 가능성과 관련한 과학적 결론으로부터 홍수 이야기에서 저자가 의도한 의미를 이해하려는 노력에 도움을 얻는다.

우리에게는 성경 밖의 증거에 비추어 교회의 성경 해석에 극적인 변화가 일어난 많은 예가 있다. 홍수라는 주제로 되돌아가기 전에 두 가지 예를 들어보자.

첫 번째 예는 아가서와 관련된다. 오늘날 특별히 개신교 해석자들 사이에서 광범위하게 일치된 견해는 아가서가 연애시라는 것이다. 아가서가 두세 명의 등장인물에 대한 이야기를 하는 시인지, 또는 연애시 선집인지에 대해서는 의견이 일치하지 않지만 사실상 모두가 아가서를 연애시로 읽는다.[3]

그러나 19세기 이전에는 사정이 달랐다. 그 시대 이전에는 교회도 회당도 아가서를 하나님과 그의 백성과의 관계, 즉 전자는 교회, 후자는 이스라엘과의 관계에 대한 풍유로 간주했다. 따라서 유대인 해석자들 사이에서는 아가 1:2-4을 사랑받고 싶은 여자 편에서의 친밀함에 대한 욕구의 표현이 아니라 출애굽에 대한 언급으로 받아들이는 것이 보통이었다.

내게 입맞추기를 원하니
네 사랑이 포도주보다 나음이로구나.
네 기름이 향기로워 아름답고
네 이름이 쏟은 향기름 같으므로
처녀들이 너를 사랑하는구나.
왕이 나를 그의 방으로 이끌어 들이시니

3 자세한 내용을 보려면 다음 책을 보라. Tremper Longman III, *Song of Songs*, NICOT (Grand Rapids: Eerdmans, 2001), 20-49. 『NICOT 아가』(부흥과개혁사 역간, 2018).

너는 나를 인도하라.

우리가 너를 따라 달려가리라.

결국 아가서가 여자는 이스라엘을 상징하고 남자는 하나님을 상징하는 일종의 풍유라면, 이 책을 이스라엘(여자)이 하나님(남자)께 자기를 이스라엘(그의 방)로 인도해달라고 간구하는 것으로 해석하는 것은 이치에 맞다. 그러나 19세기에 대체 무슨 일이 일어났기에 독자들이 아가서는 풍유가 아니라 연애시라고 확신하게 되었는가? 확실히 한 가지 이상의 요인이 있지만 핵심적 요인은 이집트와 고대 근동의 연애시의 재발견이었다.[4] 성경 밖에 있는 어떤 것이 현대의 독자들에게 아가서의 고대적 의미를 중세 시대와 심지어 종교개혁 시대보다 더 잘 이해하는 데 도움을 주었다.

두 번째 예는 본서의 주제와 밀접하게 관련된 것인데, 과학 분야에서의 새로운 통찰력이 성경 본문에 대한 우리의 해석을 바꾸어 놓은 경우다. 다시 말해 이는 '신학을 정화하는 과학'의 경우다.

초기 교회와 중세 시대에는 성경이 태양계의 중심을 지구라고 가르친다고 생각되었다. 어쨌든 뜨고 지는 것은 태양이었다. 여호수아 10장에서 하나님은 하늘에 있는 태양의 운행을 멈추게 하셨다. 이러한 표현과 그 밖의 표현은 독자들에게 성경이 태양계의 중심을

4 충분한 설명을 보려면 같은 책 49-54를 보라.

지구라고 가르치고 있음을 의미했다.

천문학자 갈릴레이(1564-1642)는 그러한 믿음의 배경 속에서 등장했다. 그의 이야기는 때때로 과장되기는 하지만 잘 알려져 있다. 그의 발견으로 이어지는 역사까지 언급할 필요 없이 그가 자신의 관찰이 지구는 우주의 중심이 아니며 심지어 태양계의 중심도 아니라는 점을 확증했다고 주장함으로써 교회의 심기를 건드렸다는 사실을 언급하는 것만으로도 충분할 것이다.[5]

교회는 갈릴레이의 선언에 반발하며 갈릴레이는 성경의 분명한 가르침을 훼손한 이단자라고 주장했다. 오늘날에는 거의 모든 사람이, 심지어 가장 보수적인 사람도 우주에 대한 갈릴레이의 관점에 동의할 뿐만 아니라 그의 관점이 성경의 진리와 기독교에 위협 요소로 여겨졌다는 사실을 믿기 어려워한다.

이러한 예들, 특히 갈릴레이 사건으로부터 우리가 얻어야 할 교훈은, 교회가 우리의 성경 해석을 의문시하는 것처럼 보이는 과학적 발견에 대해 반사적으로 부정적인 반응을 보여선 안 된다는 것이다. 과학적 발견이 실재에 대한 정확한 설명이라면 성경과 충돌하지 않을 것이다. 오히려 성경으로 되돌아가 우리가 본문을 정확하게 이해했는지, 또는 우리를 저자의 의도로 되돌아가게 해준다는 의미에서

5 Kerry Magruder, "Galilei, Galileo," *The Dictionary of Christianity and Science*, ed. Paul Copan et al. (Grand Rapids: Zondervan, 2017), 298-300.

더 나은 해석이 있을 수 있는지 살펴보아야 한다.

우리는 길게 인용할 만한 가치가 있는 아우구스티누스의 다음과 같은 권면을 명심해야 한다.

> 보통은 비기독교인이라도 땅과 하늘과 이 세상의 다른 요소들에 대해, 별들의 운동과 궤도와 심지어 별들의 크기와 상대적인 위치에 대해, 예측 가능한 일식과 월식, 해와 계절의 순환에 대해, 동물들과 관목과 돌들의 종류에 대해 무언가를 알고 있고 이성과 경험을 통해 이러한 지식을 확실한 것으로 고수한다. 성경의 의미를 설명하는 어떤 기독교인이 이런 주제들에 대해 말도 안 되는 이야기를 하는 것을 이교도가 듣는다면 이는 수치스럽고 위험한 일이며 우리는 사람들이 기독교인의 엄청난 무지를 폭로하며 조롱하는 당황스러운 상황을 막기 위해 모든 수단을 취해야 한다. 그 수치는 어떤 무지한 개인이 조롱을 당하는 것이라기보다는 믿음의 권속 밖에 있는 사람들이 우리의 신성한 저자들이 그런 의견을 가졌다고 생각하는 것이며 우리가 위하여 수고하고 있는 그들의 구원에 큰 손해가 되도록 성경 저자들이 비판을 받고 무식한 사람들로 거부당하는 것이다. 만일 그들이 잘 알고 있는 어떤 분야에서 한 기독교인이 잘못 생각하는 것을 발견하고 그 기독교인이 우리의 책들에 대해 어리석은 견해를 주장하는 것을 듣는다면, 그들이 스스로 경험을 통해 이성에 비추어 터득한 사실에 관해서 그 책들은 오류로 가득하다고 생각하는데 죽은 자의 부활, 영생의 소망, 하늘나

라에 관한 문제에 있어서 그 책들을 어떻게 믿겠는가? 부주의하고 무능력한 성경 해설자들은 해로운 잘못된 견해 중 하나에 사로잡혀 우리의 신성한 책들의 권위에 구속받지 않는 이들에게 맹렬히 비난받을 때 그들보다 더 지혜로운 형제들에게 말할 수 없는 어려움과 슬픔을 안긴다.[6]

그렇다면 종교가 과학을 정화하기도 하는가? 종교는 어떻게 '과학을 정화'하는가?

우리는 분명히 종교가 과학을 정화한다고 믿지만 아마도 과학이 종교에 영향을 끼치는 것과 정확히 같은 방식으로 영향을 끼치지는 않을 것이다. 왜냐하면 성경은 우리에게 과학적 진리를 가르치려는 의도가 없기 때문이다. 불가능한 일은 아니지만 우리는 성경이 합리적인 과학적 결론을 거부할 것이라고 생각하지 않는다. 가장 중요한 것은, 우리는 기독교인들이 무엇을 연구할 수 있고 무엇을 발견하거나 발견하지 못할지에 대해 분명히 밝혀야 한다고 생각하지 않는다는 점이다. 예를 들어 과학자들이 생명의 기원에 대한 과학적 근거를 발견할 수 있는지 살펴보지 못하도록 의욕을 꺾어선 안 된

6 Augustine, *Literal Meaning of Genesis* 5.11, 162. 다음 책에서 인용했다. Conor Cunningham, *Darwin's Pious Idea: Why the Ultra-Darwinists and Creationists Both Get It Wrong* (Grand Rapids: Eerdmans, 2010), 294. 『다윈의 경건한 생각』(새물결플러스 역간, 2012).

다. 하나님이 어떤 특별한 창조 행위를 통해 최초의 유기 물질을 창조하셨다면 과학적 설명이 곧바로 나오지는 않을 것이다. 그러나 하나님은 최초의 인간이 생겨나게 하기 위해 2차적인 원인을 사용하셨다고 많은 사람이 믿는 것처럼, 생명을 탄생시키기 위해 2차적 원인을 사용하셨을 수도 있다. 하나님의 행위를 기적이 아닌 섭리로 설명할 수 있다는 사실 때문에 하나님의 행위가 조금이라도 부족해지는 것은 아니다. 성경은 창조에서 사용된 메커니즘이 아니라 하나님의 섭리에 관심이 더 많다.

과학에 영향을 끼치는 종교는 과학의 토대로 거슬러 올라간다고 주장하고 싶다. 과학은 우주에 일관성이 있다고 이해하는 성경적 토대를 바탕으로 작동된다. 하나님은 관찰을 통해 연구할 수 있는 질서 잡힌 우주를 창조하셨고 인간 피조물에게 그들의 관찰을 바탕으로 어떤 결론에 도달할 수 있도록 지능을 주셨다. 따라서 우리는 과학사가 테드 데이비스(Ted Davis)가 "그럼에도 불구하고 과학 혁명은 본질적으로 기독교적 현상이 아니었지만 거의 전적으로 기독교인들에 의해 수행되었다"고 말할 때 놀라지 않아도 된다.[7]

---

7 다음 글을 보라. Edward B. Davis, "Scientific Revolution," *Dictionary of Christianity and Science*, ed. Paul Copan et al. (Grand Rapids: Zondervan, 2017), 619-21. 다음 글도 함께 보라. Edward B. Davis, "Christianity and Early Modern Science: The Foster Thesis Reconsidered," *Evangelicals and Science in Historical Perspective*, ed. David N. Livingstone, D. G. Hart, Mark A. Noll (Oxford: Oxford University Press, 1999), 75-95.

둘째, 종교는 과학이 그 한계를 넘어 자신이 진리의 유일한 결정권자라고 선언할 때, 특히 과학자들이 과학의 이름으로 종교는 거짓이라고 선언할 때 과학에 도전해야 한다. 이 지점에서 과학은 우상숭배가 되며 절대다수의 과학자들은 그렇게 어리석지 않지만 불행하게도 소수의 유명한 예외가 존재한다. 아마도 오늘날 가장 잘 알려진 인물로는 리처드 도킨스와 스티븐 호킹이 있을 것이다. 이 두 저명한 과학자들은 종교에 대해 말할 때 그들의 무지를 드러내면서 종교적이지 않은 많은 과학자와 지성인까지도 당황스럽게 했다.[8]

따라서 기독교 지도자들을 포함한 일부 기독교인들이 어떻게 과학을 일종의 믿음의 원수로 다루는지를 보는 것은 낙심되는 일이다. 그런 태도는 온갖 종류의 피해를 초래한다. 첫째, 그것은 사람들에게 과학자들이 도달한 결론 중 일부를 의문시하게 할 뿐만 아니라—예를 들어 홍수의 경우에—증거가 압도적인데도 과학의 토대 자체를 훼손시킬 것을 요구하기 때문에 성경과 교회의 평판을 손상시킨다. 이런 움직임은 과학의 토대가 성경적 세계관에서 영감을 얻지는 않는다 하더라도 성경적 세계관과 조화를 이룰 수 있기 때문에

---

8 예를 들어 Richard Dawkins, *The God Delusion* (repr., New York: Mariner Books, 2008). 『만들어진 신』(김영사 역간, 2007); Stephen Hawking, Leonard Mlodinow, *The Grand Design* (New York: Bantam Books, 2012). 『위대한 설계』(까치 역간, 2010). Richard Dawkins의 *God Delusion*에 대한 Terry Eagleton의 서평도 함께 보라. *The London Review of Books* 28 (2006): 32-34.

특히 난처하다.

따라서 우리는 과학이 우리가 성경을 정확하게 읽고 있는지 알아보기 위해 우리로 하여금 성경의 홍수 이야기로 되돌아가게 했다는 비난에 위축되기보다 그 비난을 전적으로 받아들인다. 과학은 성경의 이야기를 저자의 의도와 일치하게 읽도록 우리를 인도했기 때문이다.

결론

방법론적으로 우리는 사건에 권위가 있는 것은 아니라는 점을 지적했다. 성경 저자에 의한 사건의 해석이 권위를 지닌 것이다. 물론 해석이 권위를 갖기 위해서는 해석의 배후에 사건이 존재해야 한다(명제 14를 보라). 그러나 사건의 실재는 사건의 재구성에서 발견되는 것이 아니라 저자가 사건에 부여하는 문학적·신학적 위치에서 발견된다. 사건 그 자체는 고대 세계에서 지금과 다르게 보이며 어떤 이야기든 필연적으로 문학적 관습, 신학적 가정과 목표, 문화적 관점에 의해 구체화된다. 특히 우주적 의미를 지니고 있는 사건에서는 더욱 그렇다. 성경 저자는 어떤 사건을 권위 있게 (회의론자를 만족시킬 만큼 사건의 역사적 진실성을 입증하려는 식으로) 묘사하고 있는 것이 아니라 자기 나름의 인식과 관습을 사용하여 그 사건을 통해 하나님이 행하시는 일을 권위 있게 해석하고 있는 것이다. 따라서 권위는 사건의 범위를 재구성하거나 어떤 재구성을 제시하든 그것을 과학적으로 변호할 수 있는 능력에 달린 것이 아니다.

우리는 창세기 6-9장의 내러티브가 어떻게 기능하는지를 알아볼 수 있도록 내러티브를 구성하기 위한 수사적 장치의 사용을 인식하는 일의 중요성을 언급했다. 창세기는 신학적인 목적을 달성하기 위해 수사적으로 구성된 문학적 표현이므로 (실제) 사건을 재구성하는 데 창세기를 사용할 수 있을 것으로 기대해선 안 된다. 한 가지 예를 들자면, 우리는 반 고흐의 〈별이 빛나는 밤에〉를 보면서 그 그림에 보이는 하늘이 어느 부분인지, 남반구인지 북반구인지, 밤 몇 시의 모습인지

등을 재구성해서 그것을 허블 망원경에서 찍은 사진과 맞춰볼 수 있을 것이라고 기대하지 않는다. 별이 빛나는 하늘은 실재하지만 반 고흐는 그 하늘을 예술적으로 표현하고 있다. 문학적인 묘사도 마찬가지로 예술적이다. 따라서 우리는 고대의 홍수 전승에 대해 수사적으로 구성된 이야기를 가지고 그것을 오늘날의 수문학적·지질학적 관점에서 재구성할 수 있을 것이라고 기대하지 않는다. 그렇게 할 수 없는 이유는 그것이 거짓이기 때문이 아니라 문화적 상황 속에 놓여 있는, 수사적 관습을 사용한 문학 작품이기 때문이다.

우리가 고대 근동에서 인식한 수사법은 그 범위와 효과를 우주적인 규모로 묘사한다.[1] 우리는 홍수 이야기를 '천재지변 이야기'로 분류한 다음 고대 근동과 성경의 천재지변 이야기를 우주적 규모로 묘사된 이야기로 간주할 수 있다. 이런 묘사는 또 다른 장르인 묵시에서도 발견된다고 언급되었다. 그러므로 이 이야기는 과장법을 성경의 다른 곳에서도 성경 저자들이 자주 사용하는 것으로 입증된 보편주의적인 수사법의 일부로 사용한다.

창세기 1-11장의 문학적 전개에서 저자/편집자는 홍수를 창조와 유사한 사건으로 해석한다. 창조는 질서를 가져오는 사건이었지만 언약과도 유사하며 언약은 질서를 확대하기 위한 전략으로 존재

---

1 Yi Samuel Chen, *The Primeval Flood Catastrophe* (Oxford: Oxford University Press, 2013), 204.

한다. 신학적 전개에서 이 이야기는 죄와 심판의 또 다른 예를 제공하면서 하나님이 죄에 대해 어떻게 극적인 방식으로 응답하시면서도 자신의 계획과 목적을 계속해서 수행하시는지를 잘 보여준다.

우리는 창세기 1-11장 전체와 그 안에 있는 홍수 내러티브가 창세기 12-50장에 있는 조상 내러티브에서 펼쳐지는 아브라함과 그의 가족과의 언약에 대한 뒷이야기를 제공해준다는 개념을 발전시켜왔다. 하나님은 언약을 통해 인간에게 은혜를 베푸시고 언약 안에 있는 토라를 통해 질서를 가져다주시며 에덴에서 상실되었고 성막에서 다시 세워지는 지상에서의 임재의 회복을 향해 계속해서 역사하신다.

결과적으로 '창세기 편집자는 왜 창세기 1-11장을 포함시켰는가'라는 질문을 제기한다면 '그는 우리가 이 사건들에 대해 알기를 원했다'라는 것이 이 질문에 대한 답은 아닐 것이다. 오히려 그는 아브라함과의 언약이 어떻게 우주, 피조물, 하나님의 백성, 역사에 대한 하나님의 계획 및 목적의 흐름 속에 들어맞는지에 대한 독자들의 이해를 돕기 위해 과거의 잘 알려진 이런 사건들을 사용하고 있다. 창세기 1-11장의 뒷이야기는 하나님이 왜, 어떻게 언약 관계를 맺기 위해 택하신 특정한 한 민족을 발견하게 되셨는지를 설명해준다.

우리는 성경의 이야기가 메소포타미아의 이야기들과 같은 대화의 흐름을 따라 전개되지만 창세기에 나오는 이야기에 대한 해석은 메소포타미아 전승에서 발견되는 해석과 극적으로 다르다는 점을 언급했다. 양자는 똑같은 문화적 흐름 속에서 서로 대화하고 있는 것이 분명하지만 창세기는 메소포타미아 문헌에서 나타나는 해석과 근본적으로 결별한다.

과학적인 문화적 흐름에 의해 제기되는 질문들로 화제를 돌리자면, 우리는 과학적인 내용이나 계시를 위해 성경 본문에 천착할 수는 없다고 주장한다. 우리는 사건의 물리적인 범위나 폭을 성경 저자가 선택한 문학적·신학적 표현에서 이끌어낼 수 없다. 이 홍수가 전 세계적인 홍수였는가라는 질문을 받는다면 그 영향과 의미에서 분명 전 지구적이라고 대답하겠지만 홍수의 물리적인 범위와 폭도 전 지구적이었다고 생각할 이유는 없다. 성경은 홍수를 묘사하기 위해 과장법이라는 수사법을 사용하므로 이 홍수가 물리적인 범위와 폭에서도 우주적이었다고 주장하지 않는다. 오히려 성경은 수사적인 효과를 위해 홍수를 보편주의적인 관점에서 묘사한다. 과학으로 화제를 돌리면 우리는 전 지구적인 홍수를 암시하는 어떤 증거도 찾을 수 없다. 과학이 우주적인 사건을 암시하지 않고 성경이 (우리의 함축적인 해석에 따르면) 우주적인 사건을 주장하지 않는다면 홍수가 우주적인 사건이었다고 결론지을 이유가 없다. 이와 같은 결론은 본문의 권위도, 창세기 저자의 해석 속에서 펼쳐지는 사건의 의미도 축소시키지 않을 것이다.

마지막으로, 우리는 이런 일을 행하신 하나님에 대해 어떻게 생각해야 하는가? 첫째, 성경이 신정론에 몰두하지도 않고, 우리에게 그렇게 하라고 권유하지도 않는다는 점을 언급하지 않을 수 없다. 우리는 하나님의 공의를 평가할 위치에 있지 않다. 우리가 하나님께 책임이 있지 하나님이 우리에게 책임이 있지 않으시다. 하나님은 자비를 사랑하시며 긍휼이 많으시지만 공의를 행하지 않는 하나님은 결코 하나님이 아닐 것이다.

둘째, 우리는 성경 본문이 우리에게 하나님의 마음의 내적 작용에 대해 제한된 지식만을 제공할 뿐이라는 점을 기억해야 한다. 하나님의 길은 우리의 길과 다르며 하나님의 생각도 우리의 생각과 다르다(사 55:8). 우리는 하나님을 완전히 알 수 없다. 하나님이 자신에 대해 계시하신 것만 알 수 있을 뿐이다. 하나님은 우리가 그분의 계획과 목적을 어느 정도 깨닫고 그 계획과 목적에 동참하기 충분하게 하나님을 신뢰할 수 있도록 우리에게 충분한 계시를 주셨다. 홍수는 우리에게 그런 문제들에 대한 통찰력을 성공적으로 주고 있다. 우리의 반응은 하나님의 지혜와 권위를 인정하는 것이어야 한다. 야웨를 경외하는 것은 지혜의 시작이다. 우리는 질서와 지혜의 중심이신 그분의 권위에 겸손하게 복종함으로써 그분을 경외한다.[2] 하나님이 행하시는 일이나 선택하신 시기의 동기가 되는 모든 요인을 다 이해할 수는 없다. 우리는 하나님께 조언할 위치에 있지 않다(사 40:13-14; 롬 11:34). 우리가 보여야 할 반응은 하나님을 신뢰하는 것이다.

---

2 John Walton의 제자 Rhett Austin이 제안한 표현이다.

노아 홍수의 잃어버린 세계

신화, 신학, 홍수 논쟁

1쇄 발행 2021년 1월 20일

지은이 트렘퍼 롱맨 3세, 존 H. 월튼
옮긴이 이용중
펴낸이 김요한
펴낸곳 새물결플러스

편 집 왕희광 정인철 노재현 한바울 정혜인
이형일 나유영 노동래 최호연
디자인 윤민주 황진주 박인미 이지윤
마케팅 박성민 이원혁
총 무 김명화 이성순
영 상 최정호 곽상원
아카데미 차상희

홈페이지 www.holywaveplus.com
이메일 hwpbooks@hwpbooks.com
출판등록 2008년 8월 21일 제2008-24호
주 소 (우) 04118 서울시 마포구 마포대로19길 33
전 화 02) 2652-3161
팩 스 02) 2652-3191

ISBN 979-11-6129-188-8 93230

책값은 뒤표지에 있습니다.